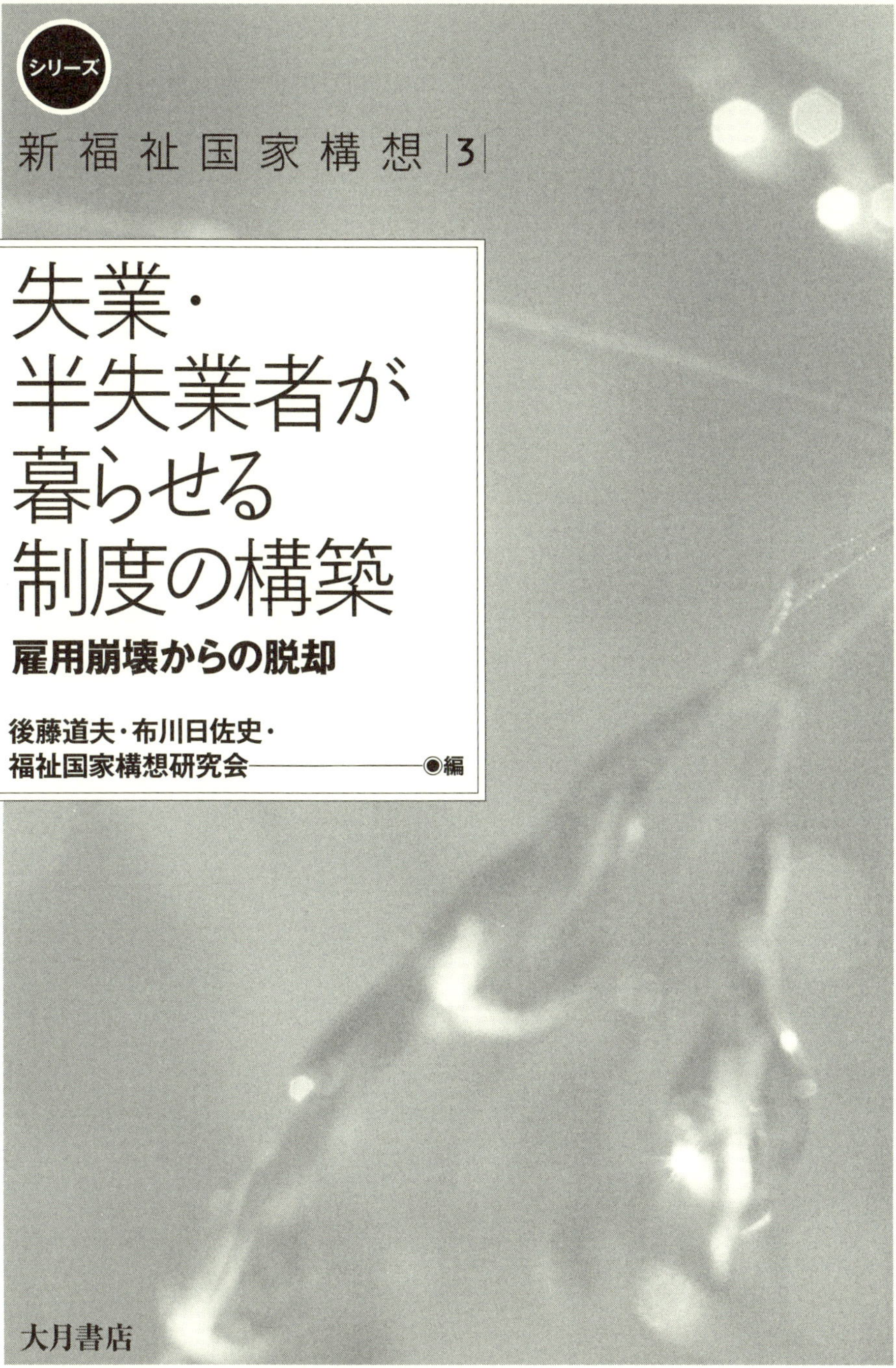

シリーズ

新福祉国家構想 3

失業・半失業者が暮らせる制度の構築

雇用崩壊からの脱却

後藤道夫・布川日佐史・
福祉国家構想研究会 ◉編

大月書店

シリーズ刊行にあたって

このたび、福祉国家構想研究会が、その研究の成果を「シリーズ新福祉国家構想」として大月書店から刊行することになった。本書はその一冊である。刊行開始にあたって、本研究会がこうした企画を行なうに至った理由、ならびに研究会が共有している立脚点などを明らかにしておきたい。

本研究会は、現代日本で進行している構造改革政治を止めさせ政治を新たな福祉国家建設の方向に転換させるために、福祉国家型対抗構想を作成、発表して活発な論議を喚起することを目的としてつくられた。

では、いま、なぜ福祉国家型対抗構想が求められているのか。その点から説明しよう。

最も基本にある理由は、一九九〇年代中葉から推進された新自由主義改革により引き起こされた深刻な社会の危機に対処するためである。一九八〇年代初頭から一部先進国ではじまり九〇年代に入って世界的に普及した新自由主義改革は、日本でも「構造改革」の名のもとに展開されたが、その矛盾と被害はとりわけて深刻なものとなった。ヨーロッパ福祉国家では、新自由主義改革はグローバル企業の蓄積の増大、競争力強化をねらって福祉国家を成り立たせる二本柱、すなわち産業別労働運動による労働市場規制と、社会保障の制度に攻撃をしかけたが、ほかでもなく、これら二本柱の頑強な抵抗にあってジグザグを余儀なくされた。それに対し、戦後日本国家は、この二本柱がもともと致命的に脆弱であり、企業支配と日本型雇用、「土建国家」すなわち自民党政権の開発型政治による地方への補助金と公共事業への資金撒布を通じて国民統合をはかってきた。これが、日本企業の類い稀な競争力の源泉となり、他の先進国にない経済成長の持続を可能にしたのである。ところが、構造改革は、企業のリストラにより日本型雇用を縮小・改変し、さらに大企業負担の軽減のため地方に対する公共事業を容赦なく削減した。その結果、社会保障需要は大きくなったが、政府は、またしても大企業負担軽減のため、ただでさえ脆弱な社会保障制度についても本格的な削減に乗り出したから、社会の破綻は劇的なものとなった。企業リストラによる正規従業員の大量整理、非正規労働者の激増、いままで失業の吸収装置となっていた地域経済の停滞と雇用の縮小、最後の砦たる社会保障の削減が相俟って、餓死、自殺、ネットカフェ難民、ワーキングプアの激増というかたちで爆発したのである。

構造改革の矛盾が顕在化した二〇〇六年以降、政府も、それに対処するための対抗策を模索しうちだしたが、それは二つの方向をとった。一つは、構造改革の矛盾に対して一定の財政支出を行なうとともに大企業負担の増加を防ぐために消費税の大幅引き上げで対処しようという構造改革の漸進路線であり、他の一つは、大規模な公共事業による開発型政治への回帰である。しかし、いずれも事態の根本的な解決にはなっていない。国民の側からは、構造改革を停止するにとどまらず、その被害を拡大した「企業社会・開発型政治」のあり方を変革し、福祉国家型の対抗策すなわち労働市場規制と社会保障制度の拡充を行なうことが不可欠となった。これが、私たちが福祉国家型の対抗構想の必要を訴え、その研究を開始した基本的理由である。

こうした対抗構想の必要性は、この間の政治の激動のもとで、いっそう緊急性をおびるに至った。

第一に、二〇〇九年の総選挙で民主党が大勝し、民主党政権が誕生したことである。民主党政権の誕生自体が、構造改革政治を止めてほしいという国民の期待の所産であった。もともと、急進構造改革の路線を掲げて自民党と政権の座を争うべく登場した民主党は、二〇〇七年の参議院議員選挙を境に構造改革に懐疑的な路線に転換し、国民はその民主党に期待し、政権を委ねた。鳩山政権は、期待に応えるべく構造改革の枠から踏み出したが、財界、マスコミの圧力のもと、動揺をはじめ、続く菅政権での構造改革回帰をふまえて、野田政権ではふたたび構造改革政策の強行路線に立ち戻ることになったのである。

民主党政権という国民的経験は、二つの教訓を与えた。一つは、政権を替えれば、構造改革型政治に歯止めをかけて福祉型政治に転換できるという確信を与えたことである。子ども手当の半額支給、公立高校授業料無償化でさえ、自公政権下では、その実現は覚束なかったであろうことは明らかである。二つ目は、しかし、選挙めあての、トッピングのような福祉支出では、構造改革政治を止めることなどとうていできないという教訓である。構造改革政治を止めるには、労働市場の規制による安定した雇用の確保、体系的な社会保障制度、それを支える税・財政政策さらには大企業本位でない経済政策を含む国家レベルの対案が必要であることが明らかとなった。この二つの教訓は、いずれも福祉国家型対案が緊急に必要であることを示している。

第二に、三月一一日に日本を襲った大震災と原発事故の復旧・復興という課題も、福祉国家型対案の切実性、緊急性を示した。東北地方を襲った津波や原発事故の被害が異常に深刻化し、その復旧・復興が遅延しているのは、大企業本位の開発型政治と構造改革の結果にほかならない。東北地方を中心とした被災地域は、高度成長期から農業や地場産業の衰退にみまわれてきたが、自民党政権は自らの支持基盤維持のために大量の補助金、公共事業を撒布し雇用の場をつくると同時に企業の誘致をはかって、その衰退を取り繕ってきた。「土建国家」である。ところが、構造改革は、大企業負担軽減のため地方に対する財政資金を削減したから矛盾は一気に深刻化した。公共事業の削減は、地方の雇用を収縮し、財政危機は公務員の削減、医療、福祉、介護施設の統廃合をまねいた。財政支出削減をめざして強行された市町村合併も、公務員の削減、地方の公共サービス、福祉、医療の削減を加速した。地方が構造改革によって破綻しているところに、地震と津波が襲ったのである。

原発事故は、徹頭徹尾、大企業本位の政治の所産である。大企業本位のエネルギー政策が国策として原発建設を推し進め、利益誘導政治が、補助金撒布を通して地域に原発誘致を押しつけた結果である。オイルショック以降、いっそう原発重視に踏みこんだ政府は、通例の公共事業投資の行き届かない「僻地」にねらいを定め、電源三法交付金、固定資産税、電力会社からの補助金、原発への雇用をえさに、原発建設、増設を誘導した。さらに、地方構造改革のもと、原発誘致地域は、原発増設を認めるなかで自治体財政と地域の雇用をやりくりせざるをえなくなり、原発依存の悪循環に入りこんだのである。

したがって、大震災、原発事故の復旧・復興のためには、緊急に農地・漁港の修復、医療・社会保障施設の再建・充実、公務員の拡充をはかるとともに、長期的には農業、地場産業の本格的再建、福祉施設拡充による雇用拡大などを通じた福祉国家型の地域づくりが不可欠である。原発事故の被災地域においても、国の責任で、事故を収束させ、除染を行なうと同時に、原発ぬきのエネルギー・電力政策の実行、原発に依存しない地域づくりの構想が不可欠となる。これらは、いずれも福祉国家型対抗構想の重要な柱となる。

第三に、三月一一日後、政府は、構造改革路線を反省するどころか震災を好機として、それまで停滞していた構造改革路線の再強化のため、構造改革国家づくりの構想を提起したことである。一つは、構造改革型復興をうちだした東日本大震災復興構想会議の「復興への提言」である。これは、震災復興をテコに東北地方を構造改革型地域づくりのモデルとするべく、被災地域の農業・漁業の集約化、東北州というかたちでの道州制の先行モデル化、特区制度による企業活動に対する規制緩和、法人税引き下げ、原発再稼働などをうちだした。二つめは、消費税の当面五％引き上げを謳った「社会保障と税の一体改革」構想である。こうした構想を批判し、その実現を阻止するためにも、福祉国家型の対抗構想が急がれることとなったのである。

こうして、三月一一日を機に、大震災の復旧・復興の方向をめぐっても、構造改革か福祉国家型政治かの対決が激しくなっている。しかも、菅政権のあとを継いだ野田政権は、菅政権期の構造改革政治の停滞に苛立って、消費税引き上げ、環太平洋経済連携協定（ＴＰＰ）参加、原発再稼働、普天間基地の辺野古移転などの早期実行を求める保守支配層の期待に応えるべく、これら課題の実現を急いでいる。

以上の諸点から、構造改革国家に対抗する福祉国家型対抗構想の策定、対置がますます急がれている。


では、構造改革に対置される「新しい福祉国家」とは何か。その構想の詳細は、本書も含めシリーズ各巻をご覧いただくほかはないが、ここで最低限の説明をしておかねばならないことがいくつかある。

まず、「福祉国家」とは何か、いかなる概念かという点にふれておかねばならない。福祉国家をひとまず定義づければ、産業別労働運動と国家による労働市場への規制、国と自治体による社会保障・教育保障をつうじて、すべての人々の最低生活保障に責任をもつ国家ということができる。この定義は、福祉国家による生活保障の二つの柱を包含している。福祉国家では、就業している労働者は、労働運動と国家の労働市場規制により安定した雇用と適正な賃金が保障される。他方、労働市場から排除された失業者、リタイアした高齢者、労働市場に参入する準備期にある子ども、障害のある人々等に対しては、社会保障、教育保障により生活保障がなされる。良質な雇用と社会保障によって生活保障に責任をもつ国家、これが福祉国家である。

こうした福祉国家は、歴史的には、一九世紀末に、産業資本主義、自由主義国家の矛盾の深刻化のもとで登場し、第二次世界大戦後の生産力増大に裏づけられて確立をみた。このような戦後福祉国家の雇用と社会保障の制度的確立には、労働組合の力を背景とした労働者政党の政権掌握があった。その意味では、労働者政党の政権獲得は、福祉国家の定着・確立の土台あるいは条件となったということができる。

福祉国家という理念は、第二次世界大戦後に普及したが、この理念はきわめて政治的、論争的なものであった。冷戦期には、資本主義的生産様式でも矛盾の解決が可能であることを証明する、社会主義に対する対抗国家構想として「西側」で頻繁に使われ、そのため戦後日本の社会運動の分野では「福祉国家」は資本主義の矛盾を隠蔽するものとして批判の対象でもあった。それでも、本研究会があえて「福祉国家」を対抗構想として使用したのは、現代の新自由主義改革が攻撃したのが、また私たちが追求する対抗国家構想の主たる内容が、「福祉国家」が掲げ確立した、雇用保障と社会保障という二つの柱だからである。

この点は、研究会がなぜ「新しい」福祉国家というのかという問いにつながる。

戦後ヨーロッパで確立をみた「旧い」福祉国家は、冷戦期に社会主義との対抗として登場したことから、アメリカを盟主とする軍事同盟体制の一翼に組みこまれ、その枠内で自由市場に参入し、またアメリカに軍事的負担の一部を肩代わりしてもらうことで成立した。冷戦体制の一翼としての国家であった。それに対して、新しい福祉国家は、アメリカを盟主とする帝国主義がグローバルな世界秩序の維持拡大のため、新自由主義と軍事大国化をめざして福祉国家の旗を投げ捨てていることに対し、反グローバリズム、反帝国主義、多国籍企業を規制する国家構想として掲げられている点で、正反対の位置に立っている。

また、旧い福祉国家が、重厚長大型の産業発展と大企業の成長に乗りその繁栄から得た税収で福祉国家政策を展開し、大企業も労使関係の安定のためにこの体制を容認したのに対し、新しい福祉国家は、現代の大企業がグローバル競争に勝ちぬくために福祉国家的制度を否定し、新自由主義を要求するのに対抗し、大企業に対する強い規制と負担によりその運営をはかろうとする点で、大きく異なっている。

にもかかわらず、旧福祉国家にもめざすべき新福祉国家にも共通するのが、そしてほかでもなく、戦後日本国家に欠落していたのが労働市場規制による雇用保障と強い社会保障制度である点は、あらためて強調しておかねばならない。

本研究会がめざす「新しい福祉国家」は、新自由主義型国家に対抗して、六つの柱をもっている。

第一の柱は、憲法第二五条の謳う、人間の尊厳にふさわしい生活を営むことを保障する権利を実現するために必要な雇用保障と社会保障の体系である。安定した雇用と社会保障は、車の両輪であり、どちらが欠けても人間らしい生活を営むことはできない。その意味で、この柱は、福祉国家型構想の中核をなすものである。この柱については、本研究会の特別部会である「福祉国家と基本法研究会」が社会保障憲章、社会保障基本法というかたちで具体化し、『新たな福祉国家を展望する——社会保障基本法・社会保障憲章の提言』(旬報社)として刊行した。

第二の柱は、そうした雇用と社会保障の体系を実現し福祉国家を運営する税・財政政策である。福祉国家型の税・財政とは、雇用、社会保障、地域の産業を支える大きな財政である。新しい福祉国家構想は、税・財政政策ぬきには現実性をもちえない。菅政権が集中検討会議の議論をふまえて決定した「社会保障・税一体改革成案」は、社会保障制度改革と消費税引き上げを主とする税制改革——つまり第一の柱と第二の柱に対応する構造改革型構想を文字どおり一体のものとして提示した。私たちの対抗構想は、これに正面から対置されるものである。

第三の柱は、政府の「新成長戦略」や復興構想会議の「提言」が示すような、大企業本位の経済成長ではなく、農業、漁業、地場産業、福祉型公共事業、教育・医療・福祉領域の雇用を中心とする地域社会と地域に根ざす産業主体の経済構想である。大震災からの復興において、復興構想会議は、大企業本位の「地域主権型」地域づくりの構想を提示しただけに、被災地域の住民本位の復旧・復興のためにも、対案の具体化が急がれる。

第四の柱は、国家責任を放棄して地方に構造改革を丸投げする、いわゆる「地域主権改革」に対抗する福祉国家型の国と地方のあり方を示す対案である。今度の大震災、原発事故ほど、国家が、生存権の保障のためにいかに大切な責任と役割をもっているかがわかったことはない。同時に、人々の暮らしが、市町村をはじめとした自治体、その制度の支えにより成り立っている「地域」の結びつきなくしてはありえないこともあらためて実感された。国と地方自治体は、人権保障のにない手として共同しなければならない。

第五の柱は、原発を廃止し原発に代わる自然エネルギーを中心としたエネルギー政策である。これも福島原発事故という、きわめて高い代償を払って私たちが実感した点である。原発ぬき、脱化石燃料依存のエネルギー政策がうちだされなければならないし、そのためには、エネルギー多消費型産業の転換、過労死社会のライフスタイルの転換も展望されねばならない。

第六の柱は、日米軍事同盟を見直し安保条約を廃棄し、自衛隊を縮小し、憲法第九条を具体化する安保・外交構想である。

本研究会のめざす新しい福祉国家は、大企業本位の資本主義に強い規制をかけるものではあるが、資本主義そのものの否定ではなく、それに修正をくわえるものである。

この新しい福祉国家構想を日本で掲げるさいに留意すべき点が二つある。一つは、日本における新福祉国家戦略では、戦後日本国家の特殊性から、まずは、ヨーロッパ福祉国家がすでに確立した労働市場規制と強い社会保障制度そのものの継承と実現、すなわち旧い福祉国家の完成をもめざさねばならない、という大きな課題をもっている点である。企業主義的労働運動による産業別労働運動の弱体と相俟って、これら制度の致命的脆弱性が、現代日本社会に特別の困難をもたらしているからである。

二つめは、日本の新福祉国家建設は、その拠り所として、日本国憲法の諸原則、とくに憲法第九条と第二五条をもっているということである。日本国憲法が、アジア・太平洋戦争に対する強い反省と、当時世界史的に課題となっていた貧困の克服、福祉国家建設をめざして制定されたことから、日本国憲法は新福祉国家の理念を規範的に表明したものといえるからである。

本研究会は、構造改革の被害が顕在化し福祉国家型の対抗構想の必要性が高まった、二〇〇八年に四名を共同代表に発足した。私たち四名は、すでに一九九〇年代半ばから、冷戦終焉後の経済グローバル化のもとで大企業の競争力強化をねらって展開された構造改革を批判し、それへの対抗構想として新たな福祉国家構想の具体化を主張してきたが、その具体化のためには研究会による共同作業が不可欠であると考えたからである。

本研究会は、二つの目標をもって出発した。一つは、全領域で展開されている構造改革の手法とその新たな展開について機を失せず、批判的解明を行うことである。もう一つが、生活の領域ごとに、構造改革に対抗する福祉国家型対案を具体的に作成・公表することである。

本研究会は、構造改革に反対し、雇用の確保や社会保障の充実をめざすさまざまな領域の運動が進むべき方向を提示することで運動の期待に応えようとしてつくられたものであるから、対案作成においても、各領域の活動家と研究者の緊密な共同作業を心がけた。そのため、研究会には研究者だけでなく、多数の現場の活動家がくわわることとなった。本研究会は、全体会において、つねに進行する構造改革の現段階の分析を行ない、国家レベルの対抗構想を念頭におきながら、同時に分野ごと課題ごとに部会や検討チームを設けて、各論的対案の作成にあたることとした。本シリーズは、そうした全体会、部会での共同の検討の成果である。

本研究会では、先に掲げた福祉国家の六つの柱を念頭におきつつ、第一の柱に対応して、医療と介護部会、教育の無償化や後期中等教育などを議論する教育部会、失業時保障の構想や労働市場政策を議論する雇用部会、所得保障構想部会などを設け、続いて、第二の柱に対応する税・財政構想部会、第三の柱に対応する地域経済構想と産業構造を研究する部会、第四の柱に対応して原発政策の政治・経済学的検討を行なう部会、第五の柱に対応し「地域主権改革」批判、福祉国家型地方自治体構想を策定する部会、第六の柱に対応する安保・外交政策部会、さらに、全体にかかわって福祉国家の理論と思想を検討する部会などを設け、その成果を逐次、出版物として発表していくつもりである。

本書の読者が、本研究会の意図に応えて、本シリーズの全体に目を通しこれら対抗構想を批判的に検討され、運動や分析の武器として活用されることを期待したい。

二〇一一年一一月

福祉国家構想研究会共同代表　岡田知弘・後藤道夫・二宮厚美・渡辺治

◉目次

序章　高失業社会の到来

日本の労働市場はひどいありさまになった。

失業が増大し長期失業率の高止まりが続いているが、失業者中の雇用保険の受給割合は二割程度にすぎず、給付を受けられない失業者が二〇〇万人を超す状態が続いている。

女性と若年を中心に大量の正規雇用が非正規に置き換えられ、正規雇用男性でも企業規模を問わず低賃金労働者が急増した。学校を終えた若者が無業あるいは非正規でいる割合は、この一〇年以上、五割弱に高止まりしたままである。他方、週に四九時間を超える長時間労働者は一五〇〇万人近くにまでふくれあがった。

いまの日本は、一人前の職業人への途を見出せず途方に暮れている若者、生活できるようになる見込みのない仕事で働かざるをえない労働者、失業時保障がない失業者、そして長時間労働にあえぐ労働者があ

表1　就業構造基本調査を用いた，労働者世帯と年金世帯の貧困推計

	総世帯数（万世帯）			貧困世帯数（万世帯）			貧困世帯率（%）		
	1997年	2002年	2007年	1997年	2002年	2007年	1997年	2002年	2007年
賃金・給料が主な収入の世帯	3,070	3,035	3,148	**390**	**552**	**582**	12.7	18.2	18.5
年金・恩給が主な収入の世帯	727	1,054	1,255	**180**	**279**	**319**	24.8	26.4	25.4
全世帯数	4,625	4,961	5,225	756	1105	1160	16.3	22.3	22.2

注）貧困基準は生活保護被保護世帯のそれぞれについて計算される，当該年の最低生活費の世帯人数別平均値（「被保護者全国一斉調査」各年より計算），および，それに給与所得控除を加えた額を用いた。後者は「賃金・給料が主な収入の世帯」に適用し，前者は「年金・恩給が主な収入の世帯」を含む他の収入の種類の世帯に適用した。就業構造基本調査では世帯の主な収入の種類を10に分けて問うている。世帯収入は100万円ごとの階層を答えさせる調査であるため，それぞれの収入階層内の均等分布を仮定し，世帯人数ごとに推計して合算した。

出典）総務省「就業構造基本調査」1997年，2002年，2007年より作成。

ふれかえっている、まさに「底が抜けた」状況といってよい。

この十数年の貧困増大は、何よりもまず、労働市場のこうした急激な劣化の産物である。実際、数のうえでもワーキングプア世帯は貧困世帯の中心をなしており、急な増大をみせている（表1）。[*1] 一時期、格差・貧困の最大要因は高齢化にあるとの誤った認識が流布されたことがあった。たしかに、高齢者世帯の貧困率は高いままに放置されてきたため、高齢者の人口割合の上昇によって貧困高齢者世帯は大きく増加している。だが、それにもかかわらず、この間の貧困増加の最大要因はワーキングプア世帯の急増である。

「3・11」は、労働市場がこのように劣化した状況のもとで起きた。この状況では、復興需要の増大すら、非正規増と労働力のいっそうの流動化の機会となるだろう。労働市場の健全性を本格的に取り戻すべく、構造的な見通しをもった多くのとりくみが急がれなければならない。

本書は、そのなかで、失業時保障の極端な脆弱に着目し、関連する現状の分析をふまえたうえで、失業時保障制度の抜本的な改善・新設を提案する。労働市場の「底が抜けた」状態をつくりだしている中心要因の一つが、失業時保障の極端な脆弱にあるからだ。

失業時保障は失業者、失業世帯の生活保障が第一の機能だが、それと同時に、そのことによって、失業者が悪条件の職への就業を余儀なくされる状況を緩和し、労働条件全般の悪化を防ぐことをもう一つの機能とする。現在のわが国では失業時保障のこうした二つの機能が非常に貧弱なものとなり、労働条件悪化に歯止めがかかりにくい状況となっている。

失業を原因とする貧困の増大は、失業時保障が十分でないことによる失業者の困窮と、それが強制する悪条件の職への大量の移行が生み出す労働条件の全般的低下との、二つの経路で生ずるのである。

本書の課題は、悪条件の職への就業強制を含め、こうした現在の雇用＝失業情勢をできるだけトータルに理解し、失業時保障のあるべき姿を検討することである。

広義失業の増大と高失業社会の到来

総務省「労働力調査」による完全失業は、①調査期間中まったく就業しておらず、かつ、②求職活動を行なっており（結果の待機を含む）、③仕事が見つかればすぐに就くことができる状態をさしている。しかし、本書全体が問題にする失業は、これより広く、おおまかにいえば、「生活可能な職を必要としながら就けずにいる状態」をさす。こうした広義失業には、①完全失業のほかに、②生活することが困難あるいは持続困難な職で働くことを余儀なくされながら、そうした状況を変えたいと願っている状態（「半失業」あるいは「不完全就業」）が含まれ、さらに、③実際上は完全失業に近い状態でありながら求職活動を休んでいる状態（「潜在的失業」）も含まれる。

ＯＥＣＤ、ＩＬＯ、アメリカ労働局などの議論を概観すると、広義失業の指標としておおまかな合意があるのは、①ＩＬＯ定義の完全失業、②「求職意欲喪失者」あるいは労働力への「限界接触者[*2]」として理解された潜在的失業、③不完全就業（「非自発的パートタイマー」、あるいは、「時間関係の不完全就業」）として理解された半失業、を合計した数値であるようだ。

日本の場合、半失業を就業時間の不足（非自発的パートタイマー、時間関係の不完全就業）によって測定することが適切とは思えず、この点は第4章で扱うが、さしあたり先進諸国が合意する枠組みにそって、ＯＥＣＤの「統計抜粋（Stat Extract）」からダウンロードできる資料（完全失業率、求職意欲喪失者、非自発的パートタイマー）の合計で広義失業をみたのが、図1である。

「非自発的パートタイマー」は、労働時間を増やしたいと希望する短時間労働者をさす。パートタイマーとフルタイマーの「均等待遇」が前提されていれば、労働条件についての差異のなかでは、労働時間の違いが大きな位置をもつから、非自発的パートタイマーは、自分が望まない条件の仕事に就きながら状況

図1　失業・潜在的失業・半失業の各国比較（2009年，対労働力比）

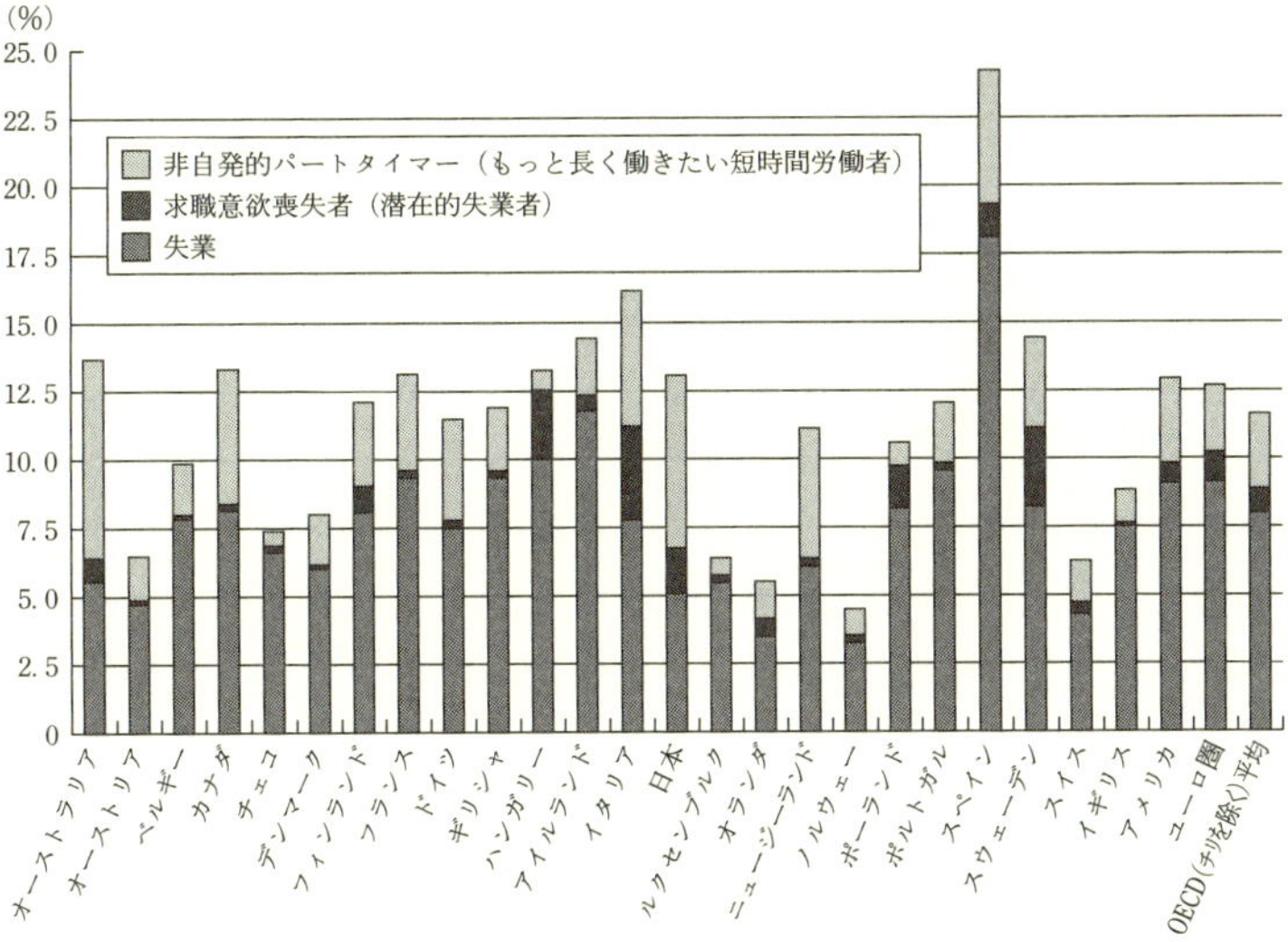

出典）OECD : Stat Extract より作成。

の改善を希望する労働者、つまり「半失業」状態の労働者の代表的存在となる。

求職意欲喪失者は、無業・就業希望・非求職、かつ、仕事があれば就業可能と答えた者のなかで、求職活動をしなかった理由を「適当な仕事がありそうにない」とした者を数えている。

図1をみると、日本の広義失業率はOECD平均を上回り、労働力人口の一三％程度に達している（二〇〇九年）。日本はすでにヨーロッパなみの「高失業社会」となっているといってよかろう。だが、このことは、いまだ日本国民に十分に意識されていない。なお、日本の実情に適合的と思われる指標で数値を置き換えても、この結果はほとんど変わらない（第4章）。

図2　失業時保障のカバー割合（対失業者）

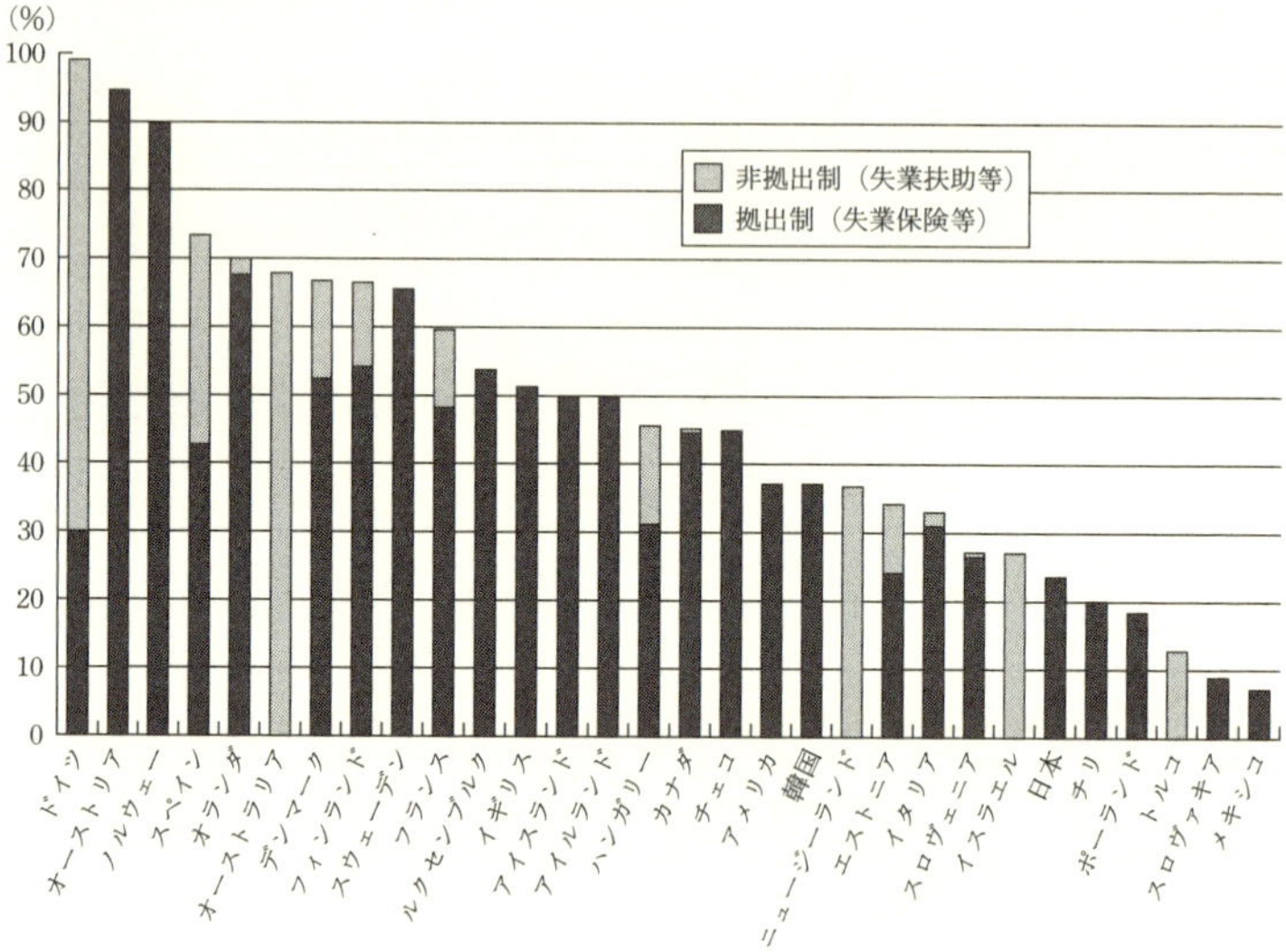

注）各国のデータは2007年または2008年（オーストラリアのみ2006年）。
出典）ILO : World Security Report 2010/2011, Annex Table 22a より作成。

失業時保障が低いと、失業に比して半失業が多くなる

ところで図1をみると、他のＯＥＣＤ諸国とくらべ、日本の完全失業率は低く、半失業の部分は逆に高いことがわかる。広義失業と完全失業のギャップ（潜在的失業＋半失業）は、ＯＥＣＤ諸国のなかで日本が最も大きく、潜在的失業と半失業の合計は、完全失業の一・五倍を占めている。なぜだろうか。

一般に、失業時保障のカバー率が低いか、あるいはその保障水準が低ければ、完全失業状態でいつづけることは困難となり、意にそわない条件の職であっても就かざるをえない場合が多くなろう。その場合、完全失業は減って半失業が増えるはずである。

図3　先進諸国の半失業率／失業率と失業時保障カバー率の相関

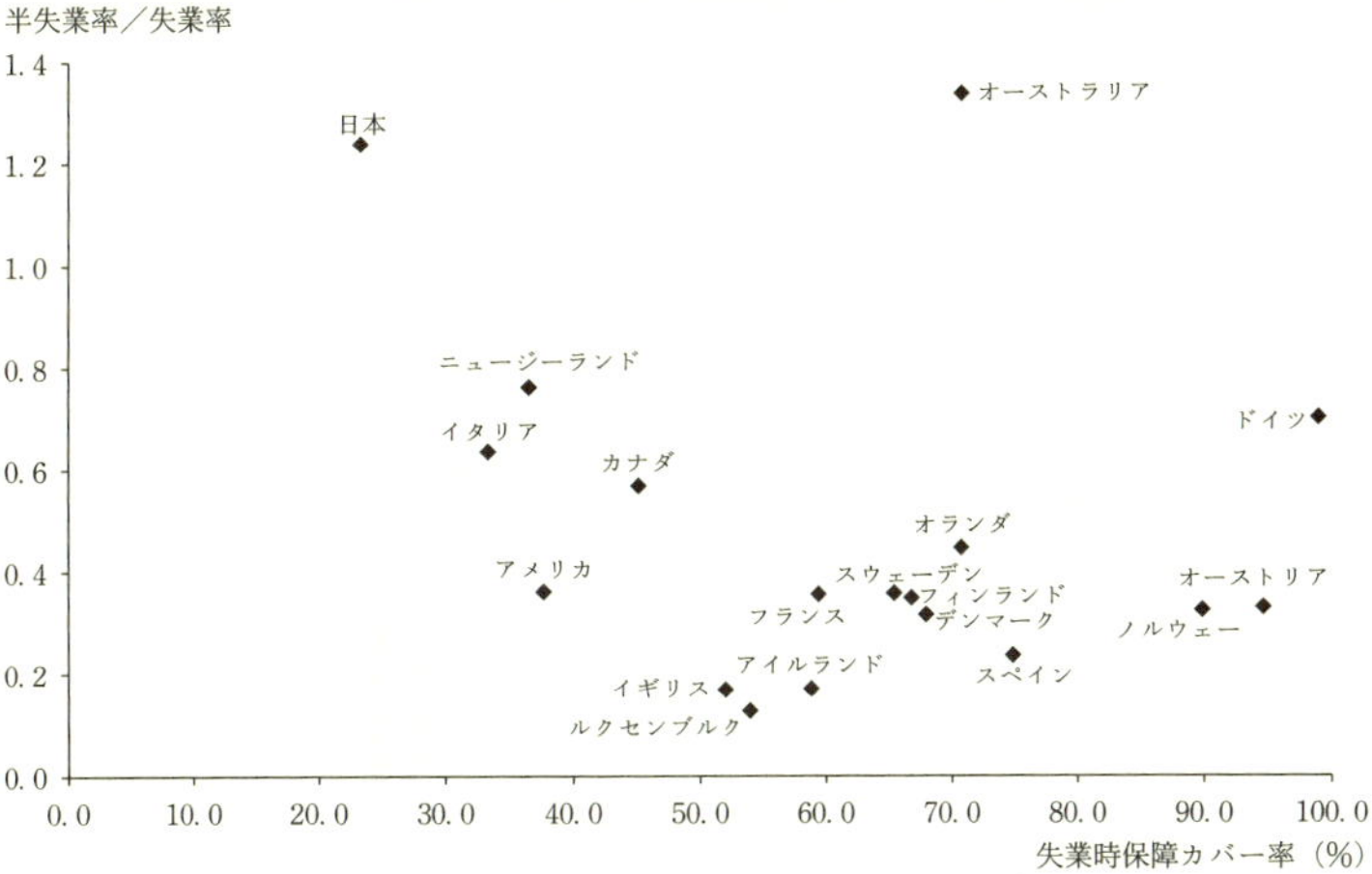

注）失業時保障の数字は主に2007，08年，半失業／失業は09年のデータ。OECD加盟国のうち，国民1人当たりGDPが2万ドル以上の国で，失業時保障率と半失業率のデータが入手できた18か国である。

出典）OECD : StatExtract，および，ILO : World Social Security Report 2010/11より作成。

まず、OECD諸国の失業時保障のカバー率（図2）をみると、日本より低いのはチリ、ポーランド、トルコ、スロヴァキア、メキシコだが、これらは国民一人当たりGDPが二万ドル未満（二〇一〇年）の諸国であり、先進国では日本のカバー率の低さが際立っている。

図3は、先進諸国について、完全失業に対する半失業の比と失業時保障カバー率（対失業者）の相関をみたものである。日本は失業時保障カバー率の低さ、および、失業に対する半失業の比の高さという点で、極端な位置を占めていることがわかる。図3に示した一八か国から統計的「外れ値」ともいうべきオーストラリアを除くと、この二つの量には相当の相関関係があった。*3 要するに、失業時保障のカバー率が高いと、失業から半失業への移行が起きにくいこ

図4　雇用保険一般求職者給付の受給・非受給別失業者

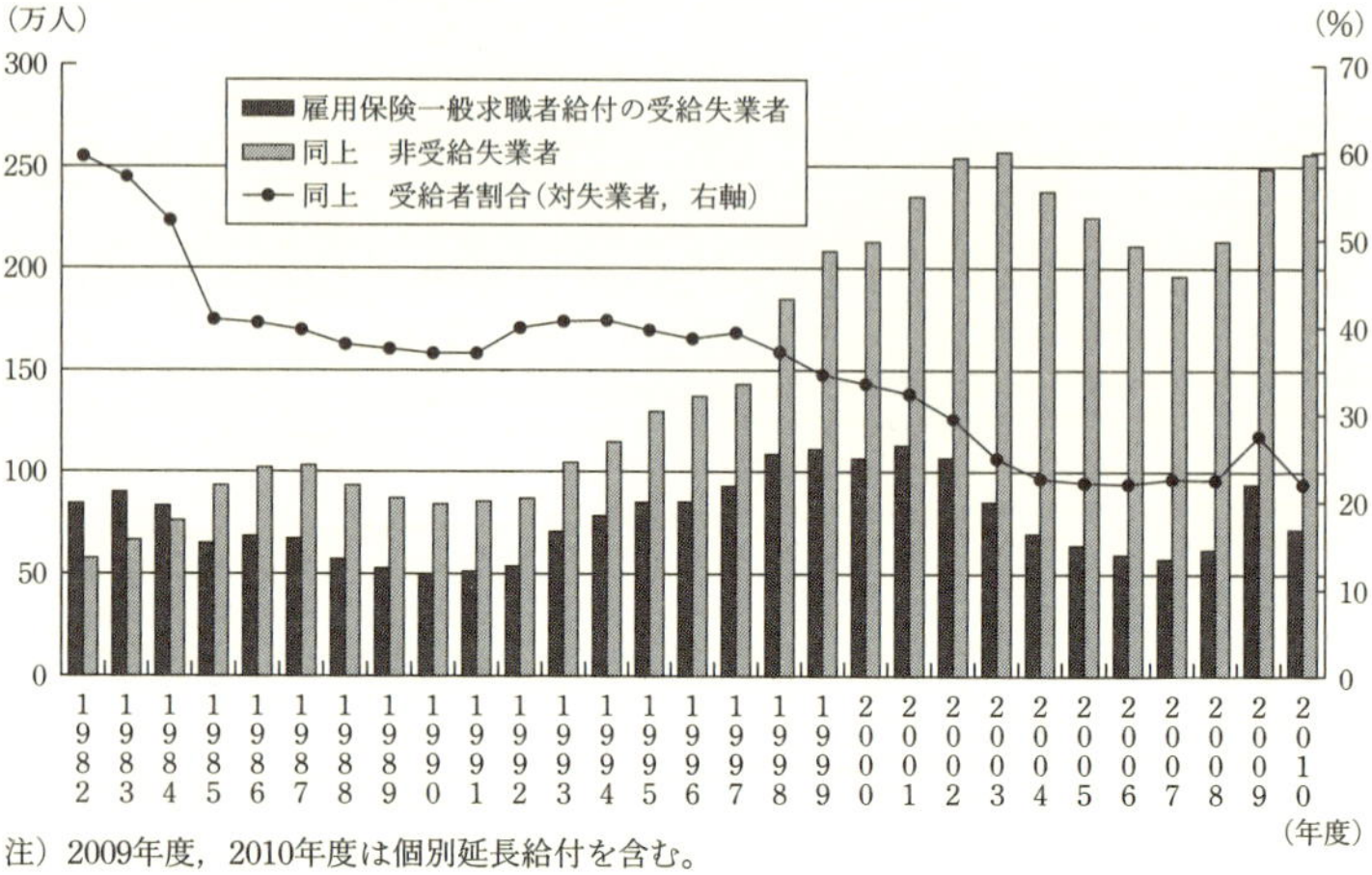

注）2009年度，2010年度は個別延長給付を含む。
出典）厚生労働省「雇用保険事業年報」各年版，および総務省「労働力調査」（2002年から「労働力調査（基本集計）」各年度）より作成（数値は各年度のもの）。

とがわかる。失業の現れ方という角度からみると、日本は先進国中最も規制されず、失業時の生活が保障されない労働市場をもっていることになる。

失業時保障の脆弱による悪条件職への就業強制の現状を含め、現状把握の一つのカギは、広汎な「半失業」の実態を把握することである。

国際比較だけでなく、日本での歴史的推移をみても、失業時保障のカバー率が下がると失業から半失業への移行が増大している。実際、日本の失業時保障のカバー率は、一九九〇年代半ばまで四割弱であったものが、現在二割強と、極端に低くなった（図4）。非受給失業者は一三〇万人前後から二五〇万人超にまで増えている。労働市場の規制撤廃と呼応する二〇〇〇年以降の大きな制度改正（第1章4節、第2章1節、第4章3節）の影響は見過ごせない。

低い失業率と高い貧困率

半失業の人々が就いている仕事の労働条件は悪い。労働条件の悪い仕事でも、就かざるをえない人々がいれば、悪い労働条件の仕事は生き残り、多くの求職者がそうした職に応募すれば、労働条件はさらに下がる。

悪条件の仕事でも「ないよりまし」、最低賃金に達しない仕事でも「ゼロよりはよい」、こうしたとらえ方は、保守政治家だけではなく、広く人々のなかに根を下ろしている。だが、もとよりこの見解は誤りである。本来、「生活できない仕事」は労働市場にあってはならない。それをなくすのが、社会政策であり、政府の責任である。

これは、そうした仕事で働く人々が困窮するから、というだけの問題ではなく、「生活できない仕事」が規制されなければ、それは企業どうしのコスト競争を通じて必ず労働市場に広がり、労働条件全般を低下させる強力な圧力となり、さらに広汎な人々を困窮させるからである。失業時保障の脆弱と「生活できない仕事」への規制の不在は、二重の意味で困窮を拡大させるのである。

失業時保障が弱く、半失業に移動せざるをえない失業者が多ければ、失業率は下がるが、就業貧困者が増える。その場合、失業率は低いが貧困率は高くなる。逆に、失業時保障がしっかりしていれば、失業率が高くても貧困率は低いだろう。

図5は、ＯＥＣＤ加盟で国民一人当たりＧＤＰが二万ドル以上の国々の、相対的貧困率と失業率を同時

図5　先進22か国の貧困率と失業率

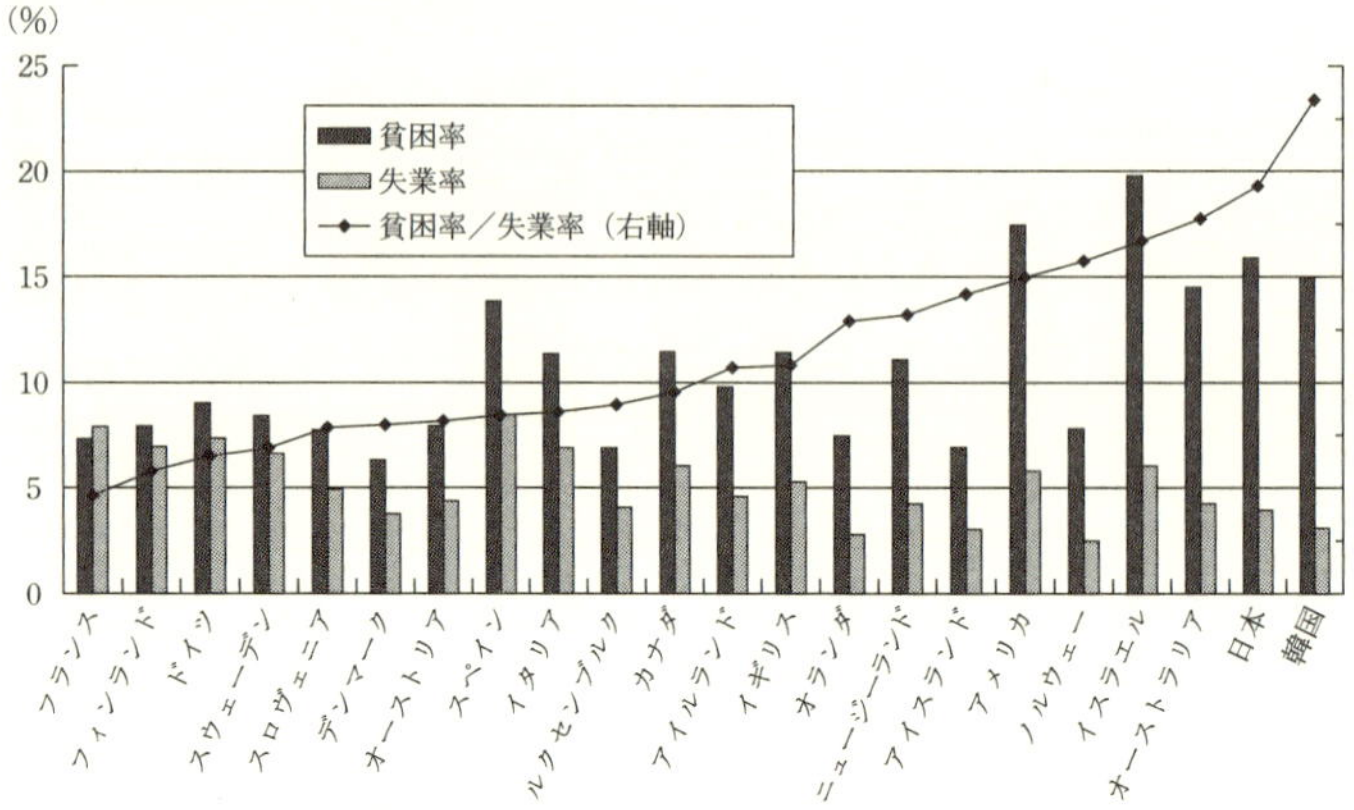

注）スイス，ベルギー，ギリシア，ポルトガルは失業時保障のデータがないため，図2，4，5の比較を考慮して除外した。貧困率は，OECD の50%水準での相対的貧困率（Late2000s）。失業率は貧困率が示されている年の調整失業率を用いた（Dataset : Key　Short-Term economic Indicators）。

出典）Provisional data from OECD Income distribution and poverty database（www.oecd.org/els/social/inequality）.

に示したものである。

日本、アメリカ、韓国、アイルランドなどは失業率が低めであるのに対し、貧困率はきわめて高い。逆に、福祉国家諸国は失業率は高いが貧困率は低い。

貧困率の失業率に対する比と失業時保障のカバー率との相関をみたのが図6である。貧困にも失業を原因とする場合とそうでない場合があるため、図5の二二か国から失業率が例外的に低いオランダ、アイスランドとノルウェーおよび、旧東欧圏であるスロヴェニアを除き、統計上の「外れ値」と考えられるオーストラリアを除いた一七か国についてのものだが、これもはっきりした相関が認められる。[*4]

図3と合わせて考えると、失業時保障が充実していれば、失業から半失業への移行が抑制さ

図6　先進諸国の貧困率／失業率と失業時保障カバー率の相関

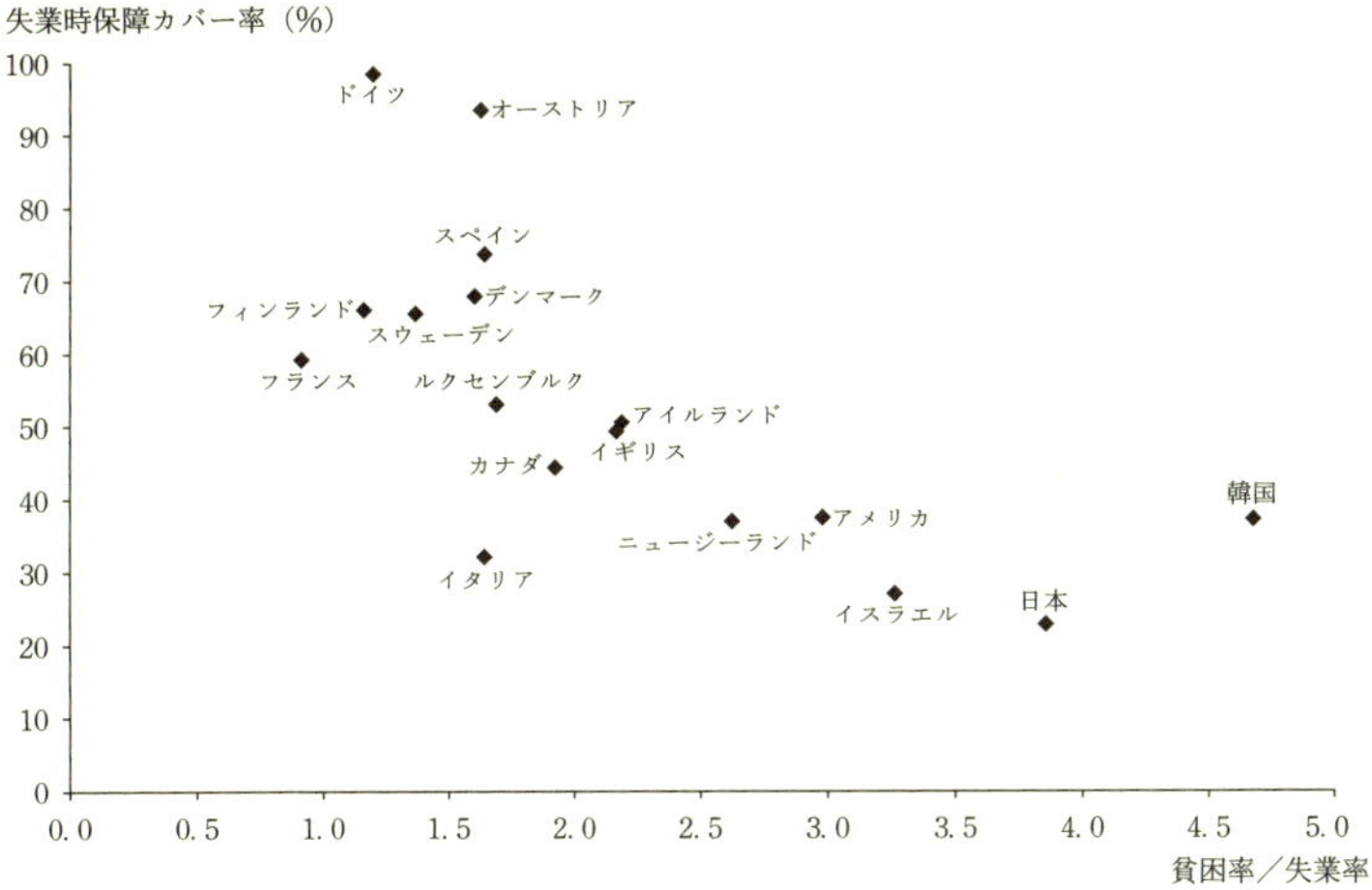

注）貧困率／失業率は図５に同じ。OECD 加盟国のうち，国民１人当たり GDP が２万ドル以上の国で，失業時保障率のデータがある22か国から，例外的に失業率が低いオランダ，アイスランド，ノルウェー，および，旧東欧圏であるスロヴェニア，統計的「外れ値」と考えられるオーストラリアを除く17か国。

出典）World Social Security Report 2010/11 : Providing coverage in times of crisis and beyond, International Labour Office-Geneva : ILO，2010，および図５における貧困率／失業率の数値より作成。

れ、失業を原因とする貧困が抑えられることがわかる。

本書の構成は以下のとおりである。

第1章は、現在の高失業と失業時保障の脆弱の背景を、失業理解と失業時保障の歴史のなかに位置づけ、現在の政策課題を概観するための失業問題総論である。半失業（不完全就業、不安定雇用）を含めた広いカテゴリーとしての失業は、資本主義経済の本質的な要素とされ、そのあらわれ方、それに対する社会政策と社会政策をめぐる対抗の歴史が、日本の構造改革期を含んで描かれ、雇用保険制度の変遷と今日の制度改革の課題が総括的に提起される。

第2章は、こうした理解と提起にもとづいて、現行の雇用保険制度の抜本的改善と「求職者保障制度」（失業扶助）の新たな創設、および生活保護の制度・運用の徹底的改革を提案する。なお、第2章補論1は、漏れのない失業時保障を実現可能とするハローワーク体制の提言であり、補論2は、あるべき失業時保障の姿を検討するさいの一つの材料となったドイツの制度の紹介である。

第3章は、生活保障全体のあるべき姿と関連させて失業時保障と勤労者の生活保障のあり方について論ずる。失業者が生活可能な環境をつくるためには、学校教育、医療、介護、保育、年金など多くの領域で保障枠組みの本格的改善が要請される。

第4章は、半失業（不完全就業）の実態を統計資料を用いて詳しく把握するとともに、雇用状況の悪化と失業時保障の脆弱がどのように不完全就業を増大させているかを明らかにする。なお、貧困と過剰労働が同時に拡大する日本の現状に即して、不完全就業の新たな概念が提起されている。

失業時保障制度の抜本的な改善・新設と労働者の総合的生活保障

本書の中心である第2章について、あらかじめ、簡単に紹介しておこう。

雇用保険改革提案の大きな部分は、高失業の情勢に合わせて、給付を大幅に引き上げることである。当面、大幅に縮小された給付額と給付期間を二〇〇〇年以前の水準に戻し、全国延長給付が実際に実施できるよう規定を変えるとともに、一九八〇年代からはじまった給付の離職理由による差別的取り扱いをやめ、さらに、ていねいな職業紹介・職業訓練指導（就労支援）、および、拡大した雇用保険適用と実情に合った給付が可能なハローワークの体制を再建・整備するというものである。こうした改革による状況改善の展望と財政上の見通しには終章でふれたい。

なお、日本型雇用規範の縮小・後退とともに、現在の雇用保険の重要な構成部分である「雇用調整給付金制度」についての根本的な検討が必要となっているが、今回はできていない。

「求職者保障制度」は、雇用保険がカバーできない失業者（未就業失業や自営業からの失業などの雇用保険未加入、被保険者期間不足による給付無資格、給付期間切れなど）、および、生活が困難な就業求職者等を対象とする、最低生活保障と就労支援の制度（新設）である。低収入の不完全就業・求職者、雇用保険給付が最低生活費に届かない失業者も対象とされる。求職者保障の対象と、生活保護による自立支援の対象とは相互に移行することが想定されているが、そのためには、現行の生活保護の制度・運用を大幅に改革することが求められるため、第2章は生活保護改革の提案を含むものとなっている。

今回は、求職者保障を失業者と求職者個人についての制度として考え、その世帯の最低生活保障については生活保護を含む他の社会保障制度との併用を想定した。この部分は、住宅および基礎的社会サービスの保障の問題とともに、第3章で扱われる。

なお、失業時保障は、きわめて重要ではあるが、健全な労働市場の形成に必要な施策の一つにすぎない。十分な雇用基準・労働基準の整備・実現にくわえて、日本の場合はとくに、企業横断的労働市場の整備が大きな課題であり、それと一体になるべき積極的労働市場政策の本格的展開も不可欠である。また、労使対等原則の実現は緊急の課題である。これらのうち、企業横断的な労働市場の整備、職業訓練を含む積極的労働市場政策、公的就労等については、できるだけ早いうちに見解をまとめたい。

第3章でふれているが、健全な労働市場と充実した社会保障は互いに支えあう存在である。この両者を備えた社会を福祉国家と呼ぶならば、失業時保障の整備は福祉国家の最も基礎的な構成要素といえるだろう。

「権利としての失業」へ

失業時保障の脆弱と自己責任論は、失業を「あってはならないもの」として扱う圧力を強める。だが、失業は、市場の激しい変化と企業の都合で、また、余儀なくされる各種のミスマッチのため、日常不断に生ずるものであり、これを労働者の生涯のなかでの「特殊な例外」として扱うことは間違いである。第1章で詳論されているように、失業は資本主義の経済システムによってたえずつくられているからである。

適職・生活可能な職への就職が円滑に進む、あるいは、それに向けた必要な技能訓練・情報の提供／収集等の準備活動が十分に行なわれることは重要である。日本の公的職業訓練の規模は飛躍的に拡大されなければならない。だが同時に、そのことが、「失業」の無理な解消の強制、つまり、半失業への移行の強制であってはならないことも明らかである。

失業時の生活保障が整備され、失業状態でも標準的な社会生活が可能な条件、つまり、失業した状態でいられる環境が確保されたうえで、積極的労働市場政策が広く展開されることが必要なのである。前者なしの就労強制は、労働市場の全般的条件低下と貧困拡大をもたらすだけである。われわれは、権利としての失業が保障され、同時に、失業が少なく、かつ、スムーズな就職が可能な、健全な労働市場を望んでいる。

現在の日本では、広汎で深刻な生活困窮の原因を「社会的排除」に求め、排除された人々の「社会的包摂」にその解決策を求める議論が支配的である。だが、いわれるところの「社会的包摂」が、同時に、本格的な最低生活保障と健全な労働市場の構築をともなっていなければ、それは、生活できる展望がなく、適職でない労働への強制就労の仕組みづくりとなろう。「社会的排除」論の多くが、私的な素質と私的環境あるいは準私的な環境の分析にとどまり、社会制度上の重要な諸欠陥が改善の対象として分析されないことは、こうした懸念を裏づける。

なお、貧困者、就労困難者だからといって、労働基準を守らせなくてよい理由はない。社会的包摂のためとされる「中間的就労」も、労働基準を掘り崩し、生活困難な職を拡大して、労働市場のいっそうの「底抜け」と貧困の拡大を促進することがないよう、しっかりした条件づけと規制が必要である。*5

そもそも最低生活を保障されることは人々の無条件の権利であり、それを保障することは国家の無条件の義務である。就労支援あるいは「社会的包摂」は、それを前提して行なわれなければならない。

◉注

＊1　「賃金・給料が主」世帯の貧困基準を最低生活費の一・四倍として推計しても、「賃金・給料が主」な貧困世帯の一〇年間の増加数は一七二万世帯であり、「年金・恩給が主」な貧困世帯の増加数一三八万世帯を上回る。また、「年金・恩給が主」な世帯の平均世帯人員は二人以下であり、「賃金・給料が主」な世帯のそれは三人程度であるため、貧困状況下にいる人数でみると、「賃金・給料が主」世帯がさらに大きく「年金・恩給が主」世帯を上回る。

＊2　限界接触者とは、無業で就業希望でありながら調査期間中は求職活動をしていないが、過去一年以内に求職活動をしたことがあり、仕事があれば就けるとした人々をさす。労働市場の内外の境界にいる状態を表した言葉である。なお、限界接触者と求職意欲喪失者の数値の異同については、第4章二一〇頁および二三一〜二三二頁の注30を参照されたい。

＊3　ピアソンの相関係数はマイナス〇・六五〇（五％水準で有意）であった。なお、パートタイム労働のフルタイム労働に対する、時間あたり賃金比が男女平均で七五％を超える国は、半失業が労働時間不足として計測できる条件が高いとみなし、ここから賃金比がそれより低いドイツ、オーストラリア、イギリス、カナダ、日本を除くと、失業時保障カバー率と非自発的パートタイマー／失業の相関係数はマイナス〇・八五四（一％水準で有意）である（OECD : Taxing Wages 2004/2005, p.37）。

＊4　相関係数はマイナス〇・六八七（一％水準で有意）である。

＊5　厚生労働省が二〇一二年七月に出した『「生活支援戦略」中間まとめ』は、「生活支援戦略」の基本目標を次のように描いている。「生活支援戦略では、生活困窮者が経済的困窮と社会的孤立から脱却するとともに、親から子への『貧困の連鎖』を防止することを促進する」。「このことにより、国民一人ひとりが『参加と自立』を基本としつつ、社会的に包摂される社会の実現を目指すとともに、各人の多様な能力開発とその向上を図り、活力ある社会経済を構築する」。

解決すべき課題の基本は、個人が経済的困窮と社会的孤立から脱却できるよう、困窮者を社会的に包摂して、各人の能力開発をはかる、という筋でとらえられている。個人の問題解決を支援できる社会（包摂と能力開発促進）の実現という理解である。個人の困窮の社会的原因を解明してそれを取り除くという方向は排除されており、さらに、最低生活の無条件の保障こそが「生活支援」や「社会的包摂」の大前提であることも無視されている。いわば、〈労働市場規制に言及せず、最低生活保障を軽視する「社会的包摂」論〉である。

実際、「生活支援戦略」は、貧困への早期対応、早期脱却等を謳うと同時に、最後のセーフティネットたる生活保護の基準切り下げと受給抑制につながる多くの制度見直しを主張している。このタイプの社会的包摂論は、強制就労、強制学習を受忍するか、一切の保障を排除されるかの二者択一を困窮者に迫る危険性が高い。

(後藤　道夫)

第1章
みえる失業・みえない失業
その歴史・現状と政策の課題

序章のとおり、いま、日本の労働市場は底抜け状態にある。西欧福祉国家諸国では程度の差はあるにせよ、失業時の生活保障を制度化してきたのにくらべ、日本の現状はきわめてお粗末である。当然のことながら福祉国家の失業時保障の仕組みは労使の対抗を背景とする歴史の産物である。それは失業のとらえ方にも深くかかわる。そこで、本章では失業理解と失業時保障の歴史と現状、政策課題を概観することにしよう。

1 失業と半失業

(1) 失業は資本主義の経済システムによって絶えずつくられる

失業と貧困が生じる要因を何に求めるかは失業対策や貧困対策を左右するポイントである。今日なお執拗に繰り返される「自己責任論」は、働き口を得ることのできない人々に対して意欲の欠如や能力不足を指弾し、リストラされた労働者に対しては本人の落ち度を見つけ出そうとする。しかし、失業が個々人の能力や努力と無関係な経済的・社会的要因によってつくりだされるものならば、自己責任論の成立する根拠は崩れさる。語り尽くされたことであっても、失業は資本主義の経済システムによって絶えずつくられるということを繰り返し強調する必要がある。

失業の発生が資本主義の経済システムによるものであることを体系的に明らかにしたのはK・マルクスであった。マルクスは、失業は当人の怠惰から生じるとみる俗論や、社会にとって「絶対的」に過剰な人口であるとする説、さらに賃金として支払われる原資は一定のため、失業は労働者の高賃金から生まれるとする説（賃金基金説）などを根底から批判した。

マルクスは失業者を「相対的過剰人口」（産業予備軍）ととらえる。必要なときにはいつでも自由に利用でき、不要となれば容易に排出できる「産業予備軍のプール」を用意することは資本にとって死活問題である。突然おとずれる好況期に労働力が不足する事態になれば賃金上昇を招き、利潤の確保に支障が生じる。産業予備軍のプールはそうした事態を未然に防止する。同時に就業労働者は産業予備軍の圧力を絶えず受けるため、賃金は引き下げられる傾向にある。これは利潤の増加をもたらす。

マルクスはこのような産業予備軍のプールが資本の運動によって形成されるととらえ、そのメカニズムを『資本論』で体系的に展開した。もちろん今日の失業の要因は『資本論』の論理だけで説明できないことはいうまでもない。資本の活動が地球的規模にまで拡大し、多国籍企業が支配的地位を占めている現代社会とのかかわりで失業問題を解き明かす必要があるが、これについては他書にゆずりたい。[*1]

ここでマルクスの失業理解について注目しておきたいのは、労働基準（働き方・働かせ方のルール）のありようが失業問題を左右するととらえていることである。たとえば工場法や労働基準法などのような労働基準が未確立の社会では、労働時間の延長や労働強度の極大化が野放しとなるため、資本の大きさとくらべた就業労働者数は少なく、その分だけ失業者は増加する。逆に失業者の競争の圧力によって就業労働者の過剰労働をさらに強めるという相互促進関係が形成されている。過剰労働を規制し、労働基準を確立すること（労働時間や労働強度、深夜労働、交代制の規制、有給休暇の保障など）は働きすぎ社会を規制するためのみならず、失業問題の改善にとっても不可欠の課題である。ディーセント・ワークの実現はこの意味からも重要である。

(2) 失業者の存在形態——みえる失業、みえない失業

では、産業予備軍（失業者）のプールはどのようにして維持されるのだろうか。このようなプールを設けることでもっぱら利益を得ているのは資本家である。だが、失業者のプール維持の費用について資本家は資本主義的生産にとってむだなコストとみなし、その費用負担を極力免れようとする。失業発生に関する自己責任論はそうした資本家の行動を弁護するうえで格好の議論である。

国家による失業時の生活保障がない場合、あるいはきわめて貧弱な場合に、失業者が長期にわたって仕事にまったく就かず、無収入状態で過ごすことは不可能である。それゆえ、失業者の多くはいくら劣悪な条件であっても眼前の仕事に飛びつかざるをえない。彼らは不安定な仕事に就きながら、よりマシな働き口を求めつづける「半失業者」となる。

日本の「労働力調査」の完全失業者は顕在的失業者であるが、それは失業者の一部にすぎない。失業者はこのほかに、「半失業」や「潜在的失業」の形態で存在している。「半失業」は短期間あるいは短時間しか仕事に就くことができず、就業と失業を繰り返す労働者、あるいは仕事は継続しているが、自身の労働力の再生産も不可能な低賃金に呻吟する労働者、それゆえに生活費を稼ぐため極度の長時間労働を余儀なくされる労働者など、さまざまな形態をとっている。

働く意思と能力をもちながらも、労働市場の状況や求人条件の厳しさゆえに求職活動を断念した人々もまた失業者の一員である（潜在的失業者）。かりに顕在的失業者が少なくても、半失業や潜在的失業状態の人々が多数存在するならば失業問題は解決したことにはならない。半失業や潜在的失業のような「みえない失業」に対してどのように対応するのかは今日の失業対策にとって重要課題である。

顕在失業者だけでなく、半失業および潜在的失業を包含した失業をトータルにとらえる試みは、一九六〇年代よりアメリカでとりくまれてきた。大都市の失業と貧困問題への対処の必要性がこれを促進した。アメリカ労働統計局は一九七六年より七つの失業指標（U指標）を設け、これにもとづく試算結果を毎年公表してきた。一九九四年には六つの新U指標に改訂し、長期失業者、潜在的失業者、非自発的非正規雇用の労働力人口に占める比率などを算出している。[*2]

なお、「労働力調査」や「就業構造基本調査」を用いた半失業や潜在的失業者の推計は第4章で詳細に行なわれる。

2 失業政策の形成

(1) 自由主義的貧困観・失業観の転換——失業政策の提起

資本主義の誕生以来、長期間にわたって失業の原因は本人の怠惰にあると考えられていた。イギリスでは一四世紀から一九世紀初頭に至る封建社会の解体から資本主義への移行期に、大量の人々が農村から追われ浮浪者（貧民）となって都市の下層に滞留した。当時の政府はこれら貧民のうち、とりわけ稼働能力のある貧民に対して「個人的怠惰による貧困」と断定し、救貧院（労役場）に収容する以外の救済を否定した。しかも、救貧院では劣等処遇原則を徹底した。

一九世紀末から二〇世紀はじめにかけて、イギリスでは社会主義運動の高揚に危機感をもつ人々が、失業や貧困の原因を個人的怠惰や就業能力の欠如に求める従来の自由主義的貧困観・失業観を批判し、社会改良主義の立場からさまざまな処方箋を書いてきた。失業や貧困を社会問題としてとらえる立場に立って、労働市場に一定のルールを設定し、無秩序と貧困が横行している状況を整序する試みが実施された。こうした潮流を代表するのが、ロンドンにおける貧困調査（一八八六～九二年）を実施したC・ブースや、ヨーク市貧困調査（九九年）のS・ラウントリー、さらにW・H・ベヴァリッジである。

ブースは「収入が規則的にあり、質素な暮らしをしながらも、緊急時に他人から借金をしなくてもすむ暮らし」を「生活の標準」と考え、そうした生活を送るには最低でも週当たり二二シリングの所得が必要と考えた。ブースの調査結果、この水準以下の暮らしをしている層は三五％を超えることが明らかとなった。ブースはこのような膨大な貧困層をもたらす要因は半失業問題にあることを見出した。当時の半失業を代表していたのがロンドンの港湾運送に従事する日雇労働者（ドック・レーバラー）である。彼らは個人的怠惰のせいで半失業状態にあるわけではなかった。積み荷は不規則にしか入ってこないが、入荷時の急な労働需要に即応できるようにするため、港湾業者は過剰人口のプールを必要としたのである。

こうした半失業（不安定雇用）状態を改革するためブースが提唱したのが公的無料職業紹介所の創設であった。これによって失業者に紹介する求人の質をチェックし、常用化を促進することをめざした。[*3]

ブースの雇用理論（半失業対策）を継承・発展させたのがベヴァリッジである。彼は慈善組織（トインビーホール）での経験、ブースの貧困調査や自ら実施した失業調査などをもとに『失業論』（一九〇九年）を著した。ここで失業を三つの類型（①技術進歩がもたらす失業、②季節的失業、③不完全就業）に区分したが、なかでも臨時労働が集積している「不完全就業」を最重視している。具体的対策として彼は臨時労働の廃止、職業紹介所の設置、失業保険制度の新設、不況時の公共事業の実施などを提案した。イギリスでは二〇世紀初頭にこれらの先駆的施策が実現した。失業労働者法（一九〇五年）、最低賃金を定めた賃金委員会法（〇八年）、職業紹介所法（〇九年）、国民保険法（一一年）などである。

ベヴァリッジの失業理論・失業政策は周知の『ベヴァリッジ報告』（『社会保険および関連サービス』一九四二年）をへて、ケインズの経済理論をベースに『自由社会における完全雇用』（四四年）において集大成された。*4 このなかで「失業して浪費されるにいたる労働やその他の生産資源を利用するために」国家の支出（有効需要の創出）の必要性を説いている。彼の主張のポイントは、①需要の創出、②産業配置の統制、③労働市場の組織化（公共職業紹介所の設置による労働移動の組織化）の三点である。

今日の問題を考えるさい、②と③の関係は重要である。人々を就労機会のある産業、職業、あるいは地域に移動させることで職を提供するのか、それとも就労機会を人々に合わせてコントロールするのかにかかわるからである。

(2) 失業政策、労働市場規制の発展

西欧諸国では二〇世紀初頭から第二次世界大戦終結時までに改良主義に立った労働市場政策（雇用・失業政策）の骨格が出そろった。その具体的内容は国によって一様ではないが、貧困と失業が横行する労働市場を整序する試みという点では共通する。狭義の失業政策だけでなく、労働時間規制や最低賃金制なども含む広い意味での労働市場規制である。

失業保険、失業扶助制度

第一に、失業者を救済し、労働力の安売り競争を抑制するため、失業保障制度（失業保険、失業手当）を整備した。その先駆はイギリス国民保険法（一九一一年）の制定である。国民保険法は健康保険制度（同法・第一部）と失業保険制度（同法・第二部）からなる。失業保険は当初、機械・製鉄・造船などの七産業の労働者二二五万人を強制被保険者とした。これらの産業では失業は一時的なため、保険制度の財源は維持されるとの見通しがあった。一九二〇年には給付額を引き上げるとともに、保険適用範囲を拡大、全労働者一八〇〇万人の約三分の二（一二〇〇万人、うち女性は三分の一）が失業保険にカバーされるようになった。

失業保険発足時の失業率は五％未満、第一次世界大戦中は一％未満にまで低下したため、保険財政は余剰が生じるほどであった。しかし一九二一年以降、事態は急変、失業率は一五％を上回るに至った。一九二九年の世界大恐慌もくわわって慢性的失業はさらに深刻化し、失業保険の財源も急速に悪化した。こうした事態を受けて、一九三一年には無契約給付にミーンズテスト（資力調査）を導入、三四年に新たに制定した失業法は失業者を短期的失業（失業期間二六週間以下）と長期的失業に区分し、前者に対しては保険制度を適用、後者には新たに設けた失業扶助制度を適用することとした。後者の財源は国庫であった。大量失業社会では保険機能だけで失業問題に対応することは困難であることを示している。

公的職業紹介制度

第二は公的職業紹介所の設置である。信頼に足る求人情報が存在しない状況では求職者は自分の能力にふさわしい職をみつけることは不可能である。不当な手数料を徴収しながら事実と異なる求人情報を提供する私的募集人（仲介業者）の暗躍を規制すること、労働者の求職活動自体を営利対象とすることを規制し、代わりに国家の公的責任で求職者と求人との仲介業務を実施することは、公正な労働市場を実現するうえで不可欠である。求人情報の吟味による不当な労働条件の求人の排除、臨時的雇用から常用雇用への転換の支援、求職者の職業相談への対応・適切な助言などは公的職業紹介所でなければ実現できない。ＩＬＯは設立総会（一九一九年）で「失業に関する条約」（第二号条約）を採択し、各国は中央官庁の管理下で公的無料職業紹介事業を設けるべきと定めた。

最低賃金制度

第三に、労働市場において労働者は供給過剰傾向にあるため、賃金は絶えず引き下げ圧力を受ける。こうした状況を規制するには最低賃金の制度化が不可欠である。資本家自身による熟練工の養成が困難であった一九世紀半ばのイギリスでは、熟練工を組織した職業別組合が労働力の供給制限を行なうことで賃金水準を維持することが可能であった。やがて技術革新を背景に熟練工に代わって不熟練労働者が製造工程に導入されるようになるや、職業別組合による供給制限という手段は有効性を失う。二〇世紀初頭以降、最低賃金制が各国で整備され、ＩＬＯ条約（第二六号条約、一九二八年）として結実したように、貧困を除去し、労働市場をより公正に整備するうえで最賃制の充実は不可欠である。

労働時間規制

第四は、労働時間の上限規制である。前述のように、就業者の過剰労働は失業増の要因となり、逆に失業者の増加は就業者の過剰労働をさらに進める。八時間労働制を確立し、残業や深夜労働、不規則労働を規制することは、一定の業務に必要な労働者数の確保を使用者に強制し、その結果、失業増の抑制にもつながる。ＩＬＯ第一号条約（一九一九年）で工業における一日八時間労働、一週四八時間労働を、さらに第四七号条約（三五年）では週四〇時間労働制を定めたように、労働基準を確保することは公正な労働市場を整備するための基礎となる。

国による雇用創出

第五は不況時における公的財政を財源とする公共事業による雇用創出である。一九二九年の世界大恐慌を契機に、アメリカは三〇年代初頭に大不況に直面した。失業者は一四〇〇万～一六〇〇万人にまで増加した。失業者家族を含めると五〇〇〇万人以上の国民が貧困状態に陥った。この経済危機に対してＦ・ローズヴェルト政権（一九三三～四五年）は、三五年に授産救済法を制定、事業振興庁（Work Progress

Administration, WPA）を設け、道路などの公共土木事業による授産事業を展開した（ニューディール政策）。この事業による雇用規模は年平均二二〇万人、一九三八年には三二五万人にのぼった。[*5] 授産事業の実施過程では事業内容、賃金水準、労働時間などをめぐって対立が生じた。公的失業対策事業の効率性や、民間資本との競合などは今日でも繰り返される論点である。

3 福祉国家的失業政策の展開

(1) 第二次世界大戦後の福祉国家政策

第二次世界大戦後、戦争の惨禍およびナチス・ドイツをはじめとする民衆抑圧のファシズムへの批判を背景に民主主義と人権擁護の国際的機運が高揚した。国連「世界人権宣言」（一九四八年）はこうした流れを象徴しているが、このなかで人間の尊厳・生存権・勤労権の尊重が明確に示された。[*6] このような民主主義の高揚を背景に先進資本主義諸国は完全雇用政策と社会保障制度の整備を二大支柱とする福祉国家政策を選択した。国連憲章（一九四五年）も完全雇用の実現を国連の主目標の一つとした（第五五条a・五六条）。

福祉国家政策は同時にソ連を筆頭とする「社会主義陣営」への対抗の意味もあった。ドルを世界基軸通貨とする国際協調体制（ＩＭＦ体制）を前提とするもので、「強いアメリカ」を盟主とする軍事同盟とも緊密なかかわりをもっていた。

完全雇用政策の理論的支柱は周知のとおりＪ・Ｍ・ケインズの経済理論である。ケインズ理論以前の近代経済学（新古典派理論）の労働市場論は、非自発的失業者のプールが経済機構によって常時創出されるとは考えない。競争的市場においては労働の需要と供給が一致する点で賃金と雇用量が決定されるとみる。いわば「労働市場の需給調和論」であり、冒頭でみたマルクスの失業理論とは対極にある。何らかの事情で賃金水準が上昇した場合、労働供給（仕事を求める労働者数）が増加し、需要（求人数）を上回るようになれば失業が生まれるが、やがて賃金の低下とともに労働供給が減少し、需給が一致するため失業は解消される。したがって賃金が十分低下するかぎり非自発的失業が長期にわたって発生することはない。しかし、労働組合の抵抗や最低賃金制などによって賃金が一定の水準以下に低下しない場合（賃金の下方硬直性）、それに見合う労働需要が十分でないならば失業が発生すると考える。

これに対し、Ｊ・Ｍ・ケインズは賃金の下方硬直性を前提にして、一九三〇年代の大不況期の大量失業について総需要の不足から説明し、働く意思のあるすべての労働者が雇用される状態（完全雇用）を実現するために必要な生産水準が達成されないことにその原因をみた。その打開に向けて提起されたのが政府の財政支出による需要の創出、すなわち公共事業である。

だが、完全雇用政策は労働者の「就業権」(働く意思のある失業者に対して雇用機会を提供することを国家の責務とする理念)を保障するものではない。それは、資本の高蓄積を前提に労働力を資本の需要に適合するかたちで流動化させることによって失業者を顕在化させない政策でもあった。労働力の流動化による「雇用保障」はベヴァリッジの「労働市場の組織化」という提起とも符合している。適職選択(産業、職業、就労地域)をどこまで保障するか、あるいは失業期間中の生活保障をどの程度認めるかによって就労強制策に転化するリスクをはらんでいる。

一九六〇年代の先進諸国は高い経済成長を背景に、失業率一~二%台という完全雇用状態を実現した。(アメリカは四~五%)。ただし、福祉国家政策によって失業と貧困問題を克服したかといえば、明らかにそうではなかった。一九五〇年代のイギリスでは「貧困消滅論」が登場したが、六〇年代に入るや「貧困の再発見」が浮上する。福祉国家は社会的平等(財産と所得の分配構造の平等化)を達成するうえで限界があった。[*7]

(2) 福祉国家政策の行き詰まり、構造調整政策の登場

完全雇用政策、福祉国家政策は経済成長の持続を前提条件としていたため、その行き詰まりは同時に福祉国家政策の破綻をも意味する。インフレーションの高進、ドル危機(一九七一年)、石油危機(七三年)を契機に、七四~七五年にかけて世界経済は同時不況に直面した。高成長と基軸通貨ドルの安定を前提と

した福祉国家政策に対する批判とともに、その理論的支柱であったケインズ経済理論への批判も高まった。総需要管理政策に代わって供給サイドを重視する新古典派経済学（新自由主義）が前面に躍り出た。

ＯＥＣＤ加盟諸国の失業状態は一九七〇年代半ばから八〇年代前半にかけて急速に悪化したのち、[*8]八〇年代末にかけて一時好転したが、九〇年代に入ってふたたび悪化し、九三年にはＯＥＣＤ全体の失業率は八・二％に達した。[*9]こうした状況を背景に、ＯＥＣＤは一九九四年に刊行した『雇用研究（*The OECD Jobs Study*）』のなかで、ドイツ、フランスをはじめとする先進諸国の失業を「構造的失業」ととらえ、これに対する対策として構造調整政策を進めて国家の財政出動を抑制し、代わりに規制緩和による労働コストの圧縮を通して企業の競争力を回復させて雇用の拡大を実現するために、以下のような提案をした。

①労働時間の弾力化の増大（労働時間の弾力化を妨げる労働法制の除去、柔軟な労働時間とパートタイム労働についての労使協議の推進、公的部門におけるパートの拡大）、

②賃金と労働コストの弾力化の拡大（最低賃金制の役割の見直し、パートタイム労働や追加的労働者の雇用に消極的にならないように税や社会保険料を縮小ないし除去）、

③雇用保障規則の改革（経済的理由による解雇に対する規制緩和、有期雇用の許可）、などである。[*10]

⑶　今日の失業時保障

ＯＥＣＤの提起を受け入れた先進諸国の政府や産業界は、雇用の弾力化と規制緩和政策を構造的失業解

決の処方箋と位置づけてきた。近年、不況の長期化と財政危機を背景に、各国において失業給付の支給期間が短縮されるとともに、受給者に対する就労要請が強まっているものの、失業時保障の第一の柱が失業保険制度であることに変わりはない。[*11]

失業保険制度

一九八〇年代から九〇年代後半までの保守党政権下のイギリスでは福祉国家政策から新自由主義への転換がドラスティックに進んだ。一九九五年、失業手当に代わって拠出制求職者給付が導入され、支給要件は従来よりも厳格になった。拠出制給付の最大受給期間は、それまでの一二か月から六か月に短縮された。しかもミーンズテストを条件とし、求職者協定を結ぶことが義務づけられた。この協定により、受給希望者は一定額以上の賃金を支給される仕事の斡旋に応じなければならず、合理的な求職指導に従うことも義務づけられた。この指導に従わない場合は、最大二六週間にわたって給付の削減か、取り消しを行なうことが可能とされた。

保守党政権に代わって一九九七年に誕生したブレア労働党政権は全国一律の最低賃金制を新設するとともに、「福祉から就労へ」を目標に、就職困難者に対する職業訓練を強化するなど、種々の就労促進策を進めた。求職者が所定の義務（復職に向けたプログラムや訓練への参加など）に従わない場合は、その程度に応じて制裁措置（失業給付の停止）が実施されている。

フランスの失業保険制度は、労使代表の団体交渉をふまえて成立した協約を政府が承認することで、すべての民間労働者に適用される仕組みになっている。二〇〇一年の「雇用復帰計画」の導入により、失業給付の受給には積極的な求職活動が条件として課せられることになった。二〇〇七年発足のサルコジ政権は〇八年八月に新法を制定、正当な理由なく適切な求人を二回断った求職者に対する制裁措置を設けた。二〇〇九年四月発効の協約では、四か月（一二二日）以上の加入期間があれば失業給付（雇用復帰支援手当）を受給でき[*12]、その給付期間は加入期間と同じとされている（給付期間の上限は五〇歳未満で二年以下、五〇歳以上で三年以下）。

失業扶助制度

長期失業者やワーキングプアの増加にともない、失業給付の受給期間が終了した失業者や、失業給付の受給対象には該当しないが低所得のため生活困難な人々への生活保障が課題となっている。イギリス、フランス、ドイツなどでは失業保険制度と公的扶助制度の中間に失業扶助制度を設けてこれに対応している。

イギリスでは、拠出制求職者給付導入時（一九九五年）に、これを受給できず、一定額以上の収入のない失業者を主たる対象とした「所得調査制求職者給付制度」が発足した。無職または収入のある仕事に週平均一六時間以上就労していないこと、本人または家族が所得扶助（公的扶助）を受給していないこと、一定額以上の資産がないこと、収入のある仕事に週二四時間以上従事している配偶者がいないこと、家族がこの給付を受給していないこと、などが受給条件である。これらを満たしていれば、所定の適用額（世帯構成により異なる）から受給者本人の収入を差し引いた額が支給される。給付期間は年金開始年齢まで無制限、財源は全額国庫負担である。

フランスでは失業給付（雇用復帰支援手当）を受給できない失業者に対して、特別連帯手当（ＡＳＳ）が設けられている。雇用復帰支援手当と公的扶助（積極的連帯収入、ＲＳＡ）との中間的制度で一九八四年に創設された。受給要件は、失業前一〇年間に合計五年間以上就業していたこと、雇用センターに登録し、積極的に求職活動を継続していること、一定額以上の収入がないこと、六五歳未満であることなどである。給付期間は最大六か月であるが、これらの要件を満たしていれば無制限に更新可能である。給付額は世帯構成ごとに世帯収入に応じて決まっている。財源はイギリスと同じく全額国庫負担である。

なお、現段階におけるドイツの失業時保障の概要については第2章補論2を参照されたい。

4　戦後日本の失業・半失業と失業時保障の貧困

(1)「完全雇用政策」の建前と実態――高度成長期まで

失業の潜在化

第二次大戦後の日本では、労働基準法（一九四七年）による労働基準の明確化、職業安定法（同年）および失業保険法（同年）による労働市場の整序（公共職業安定所の設置、労働者供給事業の禁止、失業保険金の支給など）に向けた政策がスタートした。さらに、経済安定九原則がもたらした大量失業に対して緊急失業対策法（一九四九年）を制定し、公的就労事業（緊急失業対策事業）を実施した。

だが一九五〇年代の日本は、膨大な潜在的失業（「不完全就業」）を抱えており、失業の実態はみえにくく、完全雇用の前提条件が欧米先進諸国とは異なっていた。失業が潜在化するかぎり、統計上、完全失業者は少なく、また完全失業率も低く表示されるため、失業問題の解決は切迫した課題とは認識されない。[*13] 失業時の生活保障の対象からも除外される。

こうしたことを背景に日本の失業保険財政は他の社会保険とは異なり、発足時より黒字を維持していた。一般失業保険については、一九五四年の不況時（赤字約一三億円）を除き保険財政はすべて黒字であった。日雇失業保険についても一九五二年度、五五年度以外は毎年相当額の積立を行なうほどの余裕を抱えていたのである。これにともない保険料率も当初の千分の二〇から、千分の一六（一九五二年）、千分の一四（六〇年）、千分の一三（六九年）に、国庫負担も三分の一から四分の一に引き下げられた。[*14]

完全雇用の理念と実態の乖離

一九五〇年代から六〇年代にかけて雇用失業政策は「福祉国家の実現」を目標に掲げて進められた。[*15] 貧困をもたらす主要な要因が経済と就業の二重構造（一方での近代的大企業と、他方での遅れた中小零細企業、都市雑業層の併存）にあるとの認識に立って、高度経済成長を通して二重構造の解消をめざしたのである。[*16]

一九五〇年代末から六〇年にかけての「総資本対総労働の対決」＝三池炭鉱争議と安保闘争をへて、自民党政府は階級対立、政治対決の慰撫の意図もあって福祉国家を志向する姿勢をみせた。副題に「福祉国家への道」を掲げた『厚生白書』（一九六〇年版）は次のように述べている。

「わが国においても、福祉国家建設のための努力をかさね、福祉国家建設を政治の最高目標に掲げ、この基本的大方針のもとに、もろもろの施策を進めることを念願としている」。「思うに、福祉国家の究極の目標は、国民の一人一人に高度の水準の生活と文化を保障することであろうが、福祉国家を追求している国々の当面の目標は、国の積極的な施策による貧困の追放にあることはほぼ疑いのないところである」。

福祉国家の実現を看板に掲げたものの、実際に行なわれた政策は経済成長による近代的産業（重化学工業）の拡大、資本の高蓄積政策とセットの労働力流動化政策および地域開発政策であった。失業時の生活保障や就業権（勤労権）の保障にはほど遠かった。

最低賃金法（一九五九年）は労働組合を排除した使用者による一方的な最低賃金額の決定方式（業者間

方式）を採用した。アメリカ石油資本の要求、エネルギー政策の転換を背景とする炭鉱合理化によって大量に創出された離職者に対しては炭鉱離職者臨時措置法（一九五九年制定、六二年改正）を制定し、広域職業紹介・転職支援（訓練、住宅）を促進した。

また、雇用対策法（一九六六年）はその条文のなかに「不安定な雇用状態の是正を図る」ことを国の施策として掲げたが、重点は技術革新に対応できる労働力の養成・訓練および産業間・地域間の労働力流動化（広域職業紹介の一般化）にあった。緊急失業対策法改正（一九六三年）により失対事業への新規流入を制限し、七一年には新規流入停止の措置をとった（中高年齢者等の雇用の促進に関する特別措置法附則第二条）。

一九六〇年代を通して鉄鋼・石油精製・石油化学・電力などの重化学工業コンビナートが太平洋岸に相次いで建設され、農村の若年層をはじめ大量の労働力がこれらをになう基幹労働力として動員された。一九六〇年代後半から七〇年代初頭にかけて日本の輸出主導型経済構造が確立する。福祉国家建設という理念は後退し、「経済大国」推進に取って代わられた。

失業時の生活保障という点では、一九五〇年の通達によって「家計補助的」「臨時内職的」労働者が失業保険の適用対象から除外されたことを指摘しておかねばならない。*17「労働力調査」（一九七〇年）によれば、女子雇用者の従業上の地位別内訳は常雇九三七万人に対し、臨時雇一〇二万人、日雇四七万人であった。臨時・日雇労働者の多くはパートタイマーである。一九六〇年代に主婦の賃労働者化が進んだが、その多くは社会保険の適用対象から排除されていた。一九七〇年当時、女子パートタイマーの健康保険、厚生年金の加入率がそれぞれ四三・七%、四〇・六%であるのに対し、失業保険加入率はさらに低く、三三・一%にとどまっていた。[*18]「家計補助的」および「臨時内職的」労働者を失業保険(雇用保険)の被保険者から排除する基準は、雇用継続期間や週所定労働時間に下限を設けることで今日まで引き継がれている。[*19]このことについてはあとであらためてとりあげたい。

(2)「企業社会」依存の雇用保障(一九七〇年代後半〜九〇年代前半)

失業保険から雇用保険への転換

一九七〇年代前半、ドル危機および第一次石油危機を契機に高度成長は終焉し、ヒト・モノ・カネの「減量経営」が企業経営の前面に躍り出た。雇用調整がはじまり、一九七五年に完全失業者は一〇〇万人を突破した。構造不況業種となった造船業では大規模な企業合併・企業閉鎖・倒産が相次ぎ、大量の希望退職および指名解雇が実施された。[*20]造船大手七社の従業員数は一九七四年から七九年までの五年間に三万三〇〇〇人以上減少した(八万七〇九五人→五万三四八七人、ただし造船部門のみ)。

一九七四年に失業保険法に代えて雇用保険法が制定され、従来、任意適用とされていた従業員数五人未満の事業所や農林水産業の事業所も強制適用となった。雇用保険制度の特徴は従来の失業保険給付のほかに、雇用改善・能力開発・雇用福祉の三事業を設け、事業主に対する種々の助成・給付を通して企業による雇用創出・雇用保蔵支援策を実施したことである。たとえば、雇用調整給付金（のちに雇用調整助成金と改称）制度は景気変動や産業構造の変動などにともない、事業活動の縮小を余儀なくされて休業あるいは教育訓練、出向を行なった事業主に対し、休業手当や賃金などの一部を助成する制度で、企業が労働者を雇用しつづけることを支援する措置である。

雇用保険制度を失業者に対する生活保障の点からみるならば西欧諸国に比較し依然として後れをとっていた。失業給付（求職者給付の基本手当）の給付率は、それまでの基準賃金日額の一律六割から、六～八割と幅をもたせるとともに、年齢によって給付期間に差を設けた。[*21] また、就業と離職を繰り返す季節労働者への失業保険金の支給に対する批判を受けて、新たに短期雇用特例被保険者制度を設け、基本手当の五〇日相当分の特例一時金を支給することになった。

一九八四年には雇用保険法を改正し、保険加入期間によって給付日数に格差を設けた。[*22] さらに、「正当な理由のない自己都合離職者」に対して失業給付の支給制限期間をそれまでの離職後一か月から三か月に延長した。生活保障が未整備なままでの給付制限措置の導入は、労働者の企業依存を強めることになる。こうした措置は、二〇〇〇年の法改正によって本格化する離職理由（倒産・解雇か、あるいは自己都合等か）による給付日数の格差導入の先駆けであった。[*23]

企業社会における労働基準の未確立——過労死体制

企業による雇用保蔵は労働基準（働き方のルール）をあいまいにしたまま行なわれた。「サービス残業」という言葉が誕生し、過労死が社会問題化したのは一九八〇年代である。サービス残業の蔓延は「過剰雇用」という使用者側の主張の容認にもなっている。もっぱら利益率の確保の視点から必要人員が算出されるため、残業抑制や有給休暇の完全取得という点からみれば必要な人数の労働者であっても「過剰雇用」と判断される。労働基準の視点のない、企業社会依存の雇用保蔵は、労働時間短縮による雇用維持・拡大策（ワークシェアリング）実現の前提条件を欠如したままにしている。

失業対策事業の廃止

企業社会依存の雇用保障という発想は、公的就労事業への批判を加速した。それまでも「非効率な失業対策事業」という批判が流布され、政府はその廃止の機会をうかがっていたが、労働省が設けた失業対策制度調査研究会は一九八〇年の報告で失対事業の終息方針を打ち出した。それ以降、段階的終息措置（一時金支給など）をへて、一九九五年、緊急失業対策法廃止法が成立した。

「雇用の弾力化」支援政策

一九八〇年代は企業社会が確立した時期であるが、この時期には非正規雇用も拡大する。一九七四〜七五年の不況直後にはパートタイマー、臨時工、社外工などから先に人員整理が行なわれたが、七七〜七八年頃より企業はこれら非正規雇用の積極的活用をはかるようになり、以後、非正規労働者は増加に向かう。社外工などの間接雇用は鉄鋼業、造船業にとどまらず、「業務処理請負業」という名目で事務部門やソフトウエア産業に広がった。正規労働者の代わりに非正規雇用を積極的に活用する雇用管理は製造工程のみならず、あらゆる部門に拡大された。「労働力調査特別調査」や「就業構造基本調査」において、「従業上の地位」区分（常用雇用、臨時雇、日雇）にくわえて新たに「雇用形態」（正規の職員・従業員、パートタイマー、アルバイト、嘱託など）の集計区分が設けられたのは、それぞれ一九八一年、八二年のことである。

一九八五年の労働者派遣法制定は間接雇用の拡大を合法化するものであった。派遣法施行時は派遣対象業務について、専門的業務および特別の雇用管理を必要とする業務（ビルメンテナンスなど）に限定したが（両者合わせて一三業務、直後に一六業務に拡大）、専門的業務のなかに、「事務用機器操作」や「ファイリング」を含めたことは一般事務の業務への派遣労働の活用を実質的に容認することになった。

(3) 高失業社会の到来、失業時保障の未整備、非正規雇用への誘導（一九九〇年代後半〜現在）

構造改革政策の推進、完全失業者三〇〇万人時代へ

一九九五年に完全失業者は二〇〇万人を突破した。橋本内閣の構造改革政策、一九九七年の金融危機をへて、九九年には三〇〇万人を上回った。二〇〇五年から〇八年にかけて完全失業者は三〇〇万人を下回ったが、〇九年以降、ふたたび三〇〇万人を超えた。日本はまぎれもない高失業社会に入った。一九九〇年代末から二〇〇〇年代初頭にかけての大企業の大リストラが象徴するように、[*24] 大企業はそれまでの長期雇用慣行を転換するとともに、新規学卒者の採用抑制を強めた。こうした大企業の雇用管理転換の嚆矢が、よく知られている日本経営者団体連盟『新時代の「日本的経営」』(一九九五年)である。これは日本経済団体連合会「成果主義時代の賃金システムのあり方――多立型賃金体系に向けて」(二〇〇二年)、同『多様化する雇用・就労形態における人材活性化と人事・賃金管理』(二〇〇四年)においてより明示的になる。こうした雇用管理を支え、推進したのが労働分野の構造改革政策である。

二〇〇一年四月に発足した小泉政権の構造改革路線をつらぬく基本原理は、国際的な低価格競争が激化するもとで日本企業の競争力の強化をはかることであった。不良債権処理を通して、それまで十分に手をつけてこなかった建設業・不動産業・流通産業、さらに銀行部門の淘汰・再編を強行した。不良債権の処理は、日本の金融システムを再編・強化するためだけではなく、過剰債務を抱えて競争力を失った企業や産業を淘汰することをも目的としていたのである。

小泉改革のいま一つの特徴は、不良債権処理とともに「労働市場の構造改革」「労働分野の規制緩和(規制改革)」をとくに重視し、従来の長期雇用システムの転換や雇用の弾力化・流動化を強くうちだしたことである。グローバル経済下の低価格競争にうちかつために、これまでの雇用構造や労働者保護のあり方(労働基準)が「改革」すべき主要な対象とされた。派遣労働者などの非正規雇用の拡大、有期契約期間の上限延長、裁量労働制の適用範囲の拡大、解雇を容易にするルールの制定など、雇用と労働のあり方を根本から転換することで「高コスト構造」を改め、日本の競争力の強化をめざすという構想であった。

構造改革推進論者は派遣労働者などの非正規雇用の拡大を不良債権処理などによって生じる顕在的失業者を吸収する場として活用することを期待した。その象徴が二〇〇三年の労働者派遣法改正である。一九九九年に派遣対象業務を原則自由化したが、この法改正で製造ラインへの派遣も解禁し（派遣期間は一年以内）、二〇〇七年には派遣期間の上限を三年に延長した。それまで派遣労働者の大半が女性であったが、これを機に正社員として職業人生をスタートできなかった若者が派遣労働に吸引され、男性の派遣労働者が急増した。[*25]

こうした派遣制度の規制緩和をリードしたのが労働政策審議会（労政審）職業安定分科会（民間労働力需給制度部会）であった。同分科会（諏訪康夫会長）が派遣法改正の建議（「労働政策審議会建議――職業紹介事業制度、労働者派遣事業制度等の改正について」）を労政審に提出した日（二〇〇二年一二月二六日）に、同分科会雇用保険部会（諏訪康夫部会長）は、次に述べる雇用保険の制度改変方針を決めている。これはたんなる偶然でない。

失業時保障の切り下げと非正規雇用への誘導のセット

二一世紀初頭に強行された雇用保険の失業給付の切り下げもまた、非正規雇用・半失業増加にとって大きな役割を果たした。厚生労働省（厚労省）は雇用保険法の二〇〇〇年改正で離職理由（倒産・解雇による離職者か、自己都合等による離職者か）によって失業給付の所定給付日数に格差を設ける措置を導入したが、〇三年の法改正では失業給付の給付率「六割〜八割」を「五割〜八割」とし、基本手当日額の上限額を引き下げた。また、再就職手当を就業促進手当に名称変更し、従来、一年を超える常用雇用に再就職した場合にのみ支給していた再就職手当を、常用以外の職にも拡大した。これらは、離職失業者の生活保障を切り下げ、非正規・短期雇用へ誘導する措置であった。

二〇〇三年に、雇用保険法・労働者派遣法・職業安定法（民営職業紹介事業の規制緩和）・労働基準法（有期労働契約の上限を三年に延長）の改正がセットで行なわれたことに着目する必要がある。このような一連の法改正を方向づけたものとして、厚労省が設けた雇用政策研究会（小野旭座長）の報告「雇用政策の課題と当面の展開」（二〇〇二年七月）がある。このなかで「『多様選択可能型社会』の実現」を掲げて、非正規雇用への誘導（労働契約期間の上限見直し、労働者派遣事業の規制改革、若年者への紹介予定派遣の活用など）とともに、雇用保険の失業給付の「最大限合理化」をうちだしている。また、雇用保険三事業に関して、「雇用維持支援から円滑な労働移動の支援や能力開発の支援への重点化」を提起した。失業時保障の削減と労働移動の促進をセットにした、非正規雇用の活用による失業防止という政策提起は新自由主義的失業政策理念の具体化にほかならない。

この結果、完全失業者の増加ないし高止まり状態に対して雇用保険受給者実人員数は減少する事態が出現した。二〇〇二年から〇三年にかけて完全失業者数はほとんど減少していないにもかかわらず、受給者数は一〇九・五万人から八八・九万人に二〇万人余減少した。完全失業者に占める雇用保険受給者実人員の比率をみると、一九九〇年代は三割から四割近くを推移していたが、二〇〇三年に二五・四%になって以降、二割台前半にはりついている。政策当事者の意図した、失業時保障の切り下げによる顕在的失業者の半失業状態への誘導が見事に「成功」したといえよう。半失業状態では生活を持続できず、生活保護受給者に移行する人々も少なくない。[*26]

モラルハザード防止措置がもたらす半失業拡大の恐れ

完全失業者に占める失業給付受給者の割合が二割台にとどまっている状況を改めるには、雇用保険の適用範囲の拡大とともに、受給要件の緩和や給付日数の拡大も必要となる。こうしたさいに、繰り返されるのがモラルハザードの懸念である。『失業』には、労働の意思と能力という主観的要件が含まれ、とりわけ『労働の意思』は外部から客観的に判断することが困難」であり、「これは離職後の失業状態の認定が内心の意思に関わるということだけでなく、離職そのものを任意に創出しうるという面も含」むからであるとされる。[*27] 個々の失業者を取り出してみれば、こうした側面を否定できないが、本章冒頭で強調したように、失業は、個々人の意思を超えたところで作用する経済的・社会的仕組みによって発生するという基本的な点をはずして、離職者のミクロ面を過大にクローズアップしてはなるまい。

周知のとおり、現行の雇用保険制度はモラルハザードの防止の観点から、離職理由によって給付開始までの期間や給付日数に大きな差を設けている。自己都合退職者の場合、離職時に四か月あまりの生活費[*28]を確保しておかなければ失業給付開始までにたどりつけないのである。それによって「自己都合」とはいえない離職者が不当な扱いを受けている。サービス残業や違法な深夜労働の日常化に耐えきれずに退職した労働者が「自己都合」とされるなどである。あるいは失業給付の支給開始まで耐えきれず、不安定な仕事に就かざるをえない事態も発生する。モラルハザード防止措置が労働者をディーセント・ワークに反する労働に緊縛したり、半失業状態を増加するような事態は改めなければならない。

5　むすび

二〇〇〇年代半ば以降、偽装請負の横行・派遣切り・非正規切りに対する社会的批判の高揚を背景に、非正規雇用への誘導策は一時後退し、雇用保険の加入要件および受給要件の一部緩和措置がとられた。また東日本大震災を機に被災者に対して失業給付の支給期間の延長措置が行なわれたものの、失業時保障の改革にはほど遠い。

いま、求められる課題は、労働基準を明確にし雇用の劣化を規制すること、非正規雇用の不安定で低位な労働条件を引き上げること、失業時の生活保障を整備することである。失業時生活保障に必要な費用は、現役就業者や半失業者に転嫁するのではなく、半失業（産業予備軍）のプールを維持することで利益を得ている企業に負担を求めるべきである。

ディーセント・ワークを実現するには、まともな雇用・まともな労働時間・まともな賃金を制度的にも保障することであり、[*29] 同時に、不安定で劣悪な労働条件の仕事を拒否できる権利、すなわち「失業する自由」を保障することが不可欠である。

◉注

＊1　後藤道夫・木下武男『なぜ富と貧困は広がるのか――格差社会を変えるチカラをつけよう』（旬報社、二〇〇八年）および基礎経済科学研究所編『時代はまるで資本論――貧困と発達を問う全10講』（昭和堂、二〇〇八年）などを参照されたい。

＊2　岩井浩『雇用・失業指標と不安定就業の研究』（関西大学出版会、二〇一〇年）参照。なお、新U指標については『平成一四年版労働経済白書』がとりあげ、日米の比較を行なっている。U1：長期間失業率（失業期間一五週間以上／労働力人口）、U2：（非自発的離職者＋臨時雇用の期間満了者）／労働力人口、U3：完全失業者／労働力人口、U4：（完全失業者＋求職意欲喪失者）／（労働力人口＋求職意欲喪失者）、U5：（完全失業者＋縁辺労働者）／（労働力人口＋縁辺労働者）、U6：（完全失業者＋縁辺労働者＋経済情勢のためにパートタイムで就業している者）／（労働力人口＋縁辺労働者）。

＊3　ブースの半失業・貧困調査のコンパクトな紹介として、唐鎌直義「なぜ資本主義は貧困を広げるのか」（『経済』二〇一〇年一一月号）は必読文献である。本章のブースの紹介については唐鎌論文に負うところが大きい。

＊4　W. H. Beveridge, ***Full Employment in a Free Society***, George Allen & Unwin, London, 1944（井手生訳『自由社会における完全雇用』上・下、日本大学経済科学研究所、一九五一、五三年）。

＊5　成瀬龍夫「アメリカにおける社会政策」『社会政策』（『季刊労働法』別冊第五号）、総合労働研究所、一九七九年。

＊6　「すべて人は、勤労し、職業を自由に選択し、公正かつ有利な勤労条件を確保し、及び失業に対する保護を受ける権利を有する」（第二三条一項）。

＊7　毛利健三『イギリス福祉国家の研究――社会保障発達の諸画期』東京大学出版会、一九九〇年、二五一頁。

＊8　イギリスの失業率上昇はとくに顕著で、一九七〇年二・六％→七五年四・六％→八三年一三・一％と推移した。西ドイツは〇・七％（七〇年）→三・六％（七五年）→八・〇％（八三年）、フランス四・一％（七五年）→八・〇％（八三年）、アメリカ四・九％（七〇年）→八・三％（七五年）→九・五％（八三年）であった（労働省『昭和六〇年版海外労働白書』日本労働協会、一九八五年）。

＊9　労働省『平成一二年版海外労働白書』日本労働研究機構、二〇〇〇年。

＊10　***The OECD Jobs Study***,1994（島田晴雄監訳『先進諸国の雇用・失業――OECD研究報告』日本労働研究機構、一九九四年）。

＊11　この項については、厚生労働省『世界の厚生労働二〇一一』（山浦印刷出版部、二〇一一年）の第二章・第四章を参照した。

＊12　受給要件は、離職前の期間（五〇歳未満の労働者は二八か月、五〇歳以上は三六か月）のうち、加入期間が一二二日以上あること、求職活動を継続していること、直近の失業が自己都合退職でないことなどである。

＊13　「潜在化した失業は、外面的には屢々就業であるので、失業一般のような克服の切迫を示さない外貌をもつている。このために、潜在化する可能性の存在することが恰も失業保険や景気政策やその他の雇用政策と同様に失業に対する一つの対応策であるかの如くに考えられる場合がある（たとへば、退職少し前のマッカーサーが日本の失業者数の減少を誇つた如き、このような過をおかした一例になし得るであろう）」（山中篤太郎「潜在的失業の概念をめぐって」『一橋

論叢』第二九巻第二号、一九五三年、九三頁)。

＊14　菅谷章『日本社会政策史論』日本評論社、一九七八年、一七三頁。

＊15　「憲法の制定によって、労働政策の面においても民主主義の確立をみ、永年の課題であった労働者の団結権も確認され労働組合法、労働関係調整法、労働基準法、職業安定法等一連の近代的労働立法が正に国際的水準において整備されて今日に至っている。かくて戦後の失業対策も福祉国家の実現を指向しつゝ進められているのである」(『失業対策年鑑』一九五三年度版)。

＊16　『厚生白書』(一九五七年版)は次のように述べている。

「わが国貧困の主なる比重は、不完全就業の反映としての低所得と、就業能力喪失の反映としての低所得によって占められており、したがってその対策も、最低賃金制を含む完全雇用と社会保障の達成以外にはありえないことが明らかであるといわねばならない」(四一頁)。それを実現するために「高度の経済成長によって、逐次わが国経済の構造の改善をはかるという方策による他はない」(五二頁)。

＊17　「臨時内職的に雇用される者に対する失業保険法の適用に関する件」(一九五〇年一月一七日職発第四九号)は「家庭の婦女子、アルバイト学生等」の「家計補助的、又は学資の一部を賄うに過ぎないもの」および「反復継続して就労しない者であつて、臨時内職的に就労するに過ぎないもの」の両者に該当する者を適用除外とした。この点については、川崎航史郎「パートタイマーに対する被用者保険適用基準の差別的構造——一九八〇年内翰の形成過程を通じた批判的検討」(『龍谷法学』第四四巻第二号、二〇一一年)を参照した。

＊18　労働省婦人少年局『女子パートタイム雇用の実情——昭和四五年「女子パートタイム雇用調査」結果報告』(婦人労働調査資料第六三号)三八〜三九頁。

＊19　非正規労働者への失業保険(雇用保険)の適用については、濱口桂一郎『労働市場のセーフティネット』(労働政策レポート7、労働政策研究・研修機構、二〇一〇年)、および前掲、川崎「パートタイマーに対する被用者保険適用基準の差別的構造」を参照されたい。

＊20　この指名解雇は総評傘下の全造船に対する組合つぶしの意図が大きかった。その実態については鎌田慧『労働現場――造船所で何が起ったか』（岩波書店、一九八〇年）に詳しい。
＊21　雇用保険制度発足時の給付期間の最長は、加入期間一年以上、五五歳以上層の三〇〇日であった。
＊22　「一～五年」、「五～一〇年」、「一〇年以上」の三区分を新設した。
＊23　雇用保険法の制定およびその後の展開については、濱口桂一郎『労働法政策』（ミネルヴァ書房、二〇〇四年）第五章を参照されたい。
＊24　一九九七年から九八年にかけて、および九九年から二〇〇一年にかけて一〇〇〇人以上規模の大企業の正規雇用はそれぞれ六〇万人（八三四万人→七七四万人）、四九万人（八〇九万人→七六〇万人）減少した（「労働力調査特別調査」）。
＊25　厚生労働省「就業形態の多様化に関する総合実態調査」（二〇一〇年）によれば、非正規職を選択した理由として「正社員として働ける会社がなかったから」が非正規労働者全体では二二・五％であるが、派遣労働者では四四・九％と約二倍である。
＊26　生活保護被保護世帯のうち、稼働能力のある世帯員のいる「その他の世帯」の比率は、一九八三年度以降一〇％未満となったが、二〇〇五年度に一〇・三％になってのち、増加傾向にある（一〇年度一六・二％）。国立社会保障・人口問題研究所データより。
＊27　前掲、濱口『労働市場のセーフティネット』一頁。
＊28　自己都合退職者の場合、実際に失業給付を得るまでに「七日の待機期間＋給付制限期間三か月＋改めて失業認定を受ける四週間＋手当が振り込まれるのに必要な日数」を要する（木下秀雄「失業労働者の生活保障と雇用保険法」『労働法律旬報』二〇〇九年六月一〇日号）。
＊29　西谷敏『人権としてのディーセント・ワーク――働きがいのある人間らしい仕事』旬報社、二〇一一年。

（伍賀　一道）

第2章

漏れのない失業時保障

1　雇用保険制度の改革

雇用保険制度は一九八〇年代以降、改正を重ねてきたが、とりわけ失業者に多大な影響を与えたのは構造改革による見直しである（表1）。これにともない、完全失業者に対する雇用保険基本手当受給者のカバー率は二〇％台まで落ちこんできた（図1）。以下本章では、構造改革による雇用保険改正の問題を整理し、失業した労働者の生活を十全に保障するための改善の課題を明らかにする。

表1　雇用保険制度の変遷

年度	主な制度改正	基本手当日額					完全失業者数に対する雇用保険受給者の状況			所定給付日数
		最低額（円）（　）内は短時間労働被保険者に係る日額	最高額（円）							
			30歳未満	30歳以上45歳未満	45歳以上60歳未満	60歳以上65歳未満	①受給者実人員（人）	②完全失業者数（万人）	捕捉率（①/②）	
1984年		2, 570	7, 330				806, 995	159	50. 8%	表 2
1989年	◆「短時間労働被保険者」*[1]の新設◆「所定給付日数」*[2]の変更	2, 570(1, 930)	7, 330				505, 877	139	36. 4%	表 3
1991年		3, 170(2, 390)	9, 040				494, 012	137	36. 1%	
1994年	◆「基本手当日額」*[3]の自動的変更の要件変更（毎月勤労統計の平均給与額と連動し，毎年 8 月に改定）◆基本手当日額の算定方法の変更および年齢別上限額の設定◆所定給付日数の変更	3, 170(2, 380)	9, 040				779, 960	195	40. 0%	表 4
1995年		3, 340(2, 510)	8, 600	9, 560	10, 510	9, 560	836, 586	216	38. 7%	
1996年		3, 390(2, 550)	8, 720	9, 700	10, 660	9, 700	843, 985	226	37. 3%	
1997年		3, 430(2, 580)	8, 830	9, 810	10, 790	9, 810	898, 980	237	37. 9%	
1998年		3, 460(2, 610)	8, 920	9, 910	10, 900	9, 910	1, 052, 639	295	35. 7%	
1999年		3, 430(2, 580)	8, 830	9, 810	10, 790	9, 810	1, 068, 094	320	33. 4%	
2000年	◆「特定受給資格者」*[4]の創設（離職理由により所定給付日数に差を設ける）◆「賃金日額」*[5]の下限額の変更	3, 384(1, 720)	8, 712	9, 678	10, 650	9, 675	1, 029, 410	319	32. 3%	表 5
2001年		3, 400(1, 728)	8, 754	9, 726	10, 704	9, 725	1, 106, 457	348	31. 8%	
2002年		3, 368(1, 712)	8, 676	9, 642	10, 608	9, 640	1, 048, 391	359	29. 2%	

2003年	◆短時間労働被保険者と，一般被保険者の基本手当日額算定方法を統合（基本手当日額の全体水準低下）◆所定給付日数の変更	1, 696	6, 530	7, 255	7, 980	6, 957	839, 487	341	24. 6%	表6
2004年		1, 688	6, 495	7, 215	7, 935	6, 916	682, 046	308	22. 1%	
2005年	◆「受給資格要件」*6の変更（離職前1年間に被保険者期間6か月→離職前2年間に被保険者期間12か月），ただし特定受給資格者は従前どおり	1, 656	6, 370	7, 075	7, 780	6, 781	627, 837	290	21. 6%	
2006年		1, 664	6, 395	7, 100	7, 810	6, 808	583, 255	272	21. 4%	
2007年		1, 656	6, 365	7, 070	7, 775	6, 777	566, 666	255	22. 2%	
2008年		1, 648	6, 330	7, 030	7, 730	6, 741	606, 686	275	22. 1%	
2009年	◆派遣労働者や短時間労働者の適用要件を「1年以上の雇用見込み」から「6ヵ月以上の雇用見込み」に短縮◆「特定理由離職者」*7の創設◆「個別延長給付」*8の実施（3年時限）	1, 640	6, 290	6, 990	7, 685	6, 700	854, 617	343	24. 9%	
2010年	◆雇用保険適用要件*9を「同一の事業主の適用事業に継続して31日以上雇用されることが見込まれる者」に拡充	1, 600	6, 145	6, 825	7, 505	6, 543	653, 553	334	19. 6%	

注）＊1．週間の所定労働時間が同一の事業所に雇用される通常の労働者より短く，その時間が20時間以上30時間未満である被保険者。
＊2．1つの受給資格にもとづき基本手当を支給する日数。
＊3．1日当たりの失業給付の額。
＊4．倒産，解雇等の理由により再就職の準備をする時間的余裕がなく離職を余儀なくされた者。
＊5．被保険者であった期間の最後の6か月の賃金総額を180で除して得た金額（基本手当日額の算定根拠となる額）。
＊6．基本手当の支給を受けるための要件。
＊7．特定受給資格者以外の者であって，期間の定めのある労働契約が更新されなかったこと，その他やむをえない理由により離職した者。
＊8．特定受給資格者または特定理由離職者であって，厚生労働大臣が定める要件に該当する者に対し，所定給付日数を原則60日まで延長して支給（2012年3月31日までの時限措置）。
＊9．雇用保険の対象となる要件。
出典）㈶労務行政研究所編『新版　雇用保険法（コンメンタール）』(2004年）をもとに全労働省労働組合作成。2005年以降は全労働省労働組合調べ。

図1　雇用保険給付のカバー率の推移

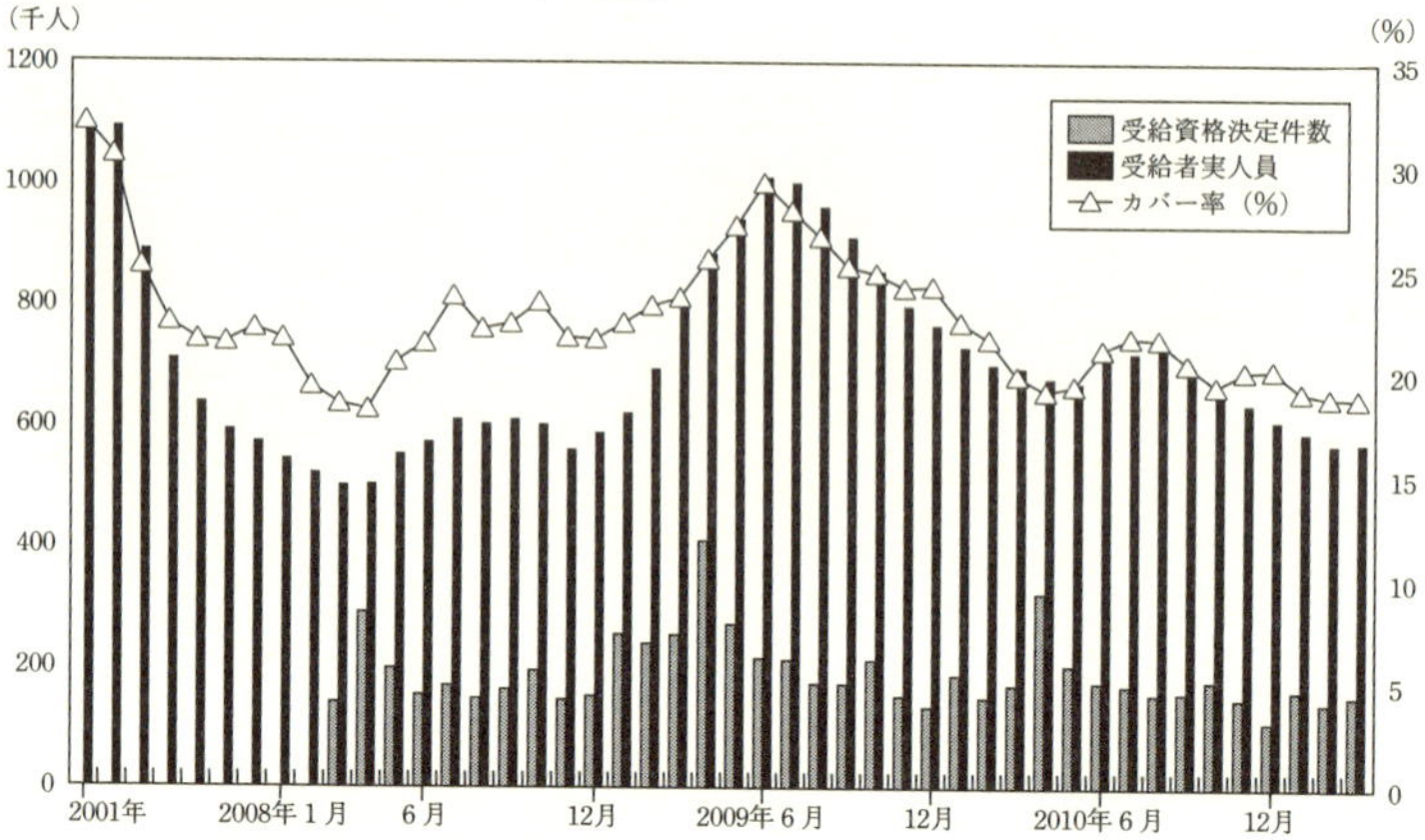

注）カバー率＝受給実人員／完全失業者。
出典）厚生労働省「月例労働経済報告」より作成。

(1) 構造改革による雇用保険の見直し

二〇〇〇年に「特定受給資格者[*1]」が創設され、〇三年には短時間労働被保険者と、一般被保険者の基本手当日額算定方法が統合されたことにより、失業給付額の全体水準が大幅に低下した。また、二〇〇五年には受給資格要件を満たす被保険者期間が、これまでの離職前一年間に六か月から離職前二年間に一二か月になるなど、制度の根幹を大きく変更する改正が行なわれてきた。これらは、一〜二か月の雇用を繰り返す、いわゆる「細切れ雇用」などの多様な働き方の増加に対応するといった面があるものの、従来の給付日数を倒産・解雇による離職者に限定し、自己都合退職者などの給付日数を削減したり、離職理由により受給資格に必要な被保険者期間に差異を設けるなど、厳しい雇用情勢のもとで求職活動を余儀なくされる人に対する勤労権保障のあり方としては、課題を残すものである。

(2) 二〇〇九年、一〇年雇用保険改革の評価と必要な課題

二〇〇八年秋から急速に悪化した雇用失業情勢のもと、雇用保険からの漏れが大きいことが社会問題となり、〇九年に派遣就労やパート労働者の資格取得要件について、これまで一年以上の雇用見込みを必要としていたものを六か月に短縮し、「特定理由離職者」[*2]（二〇一三年三月三一日までの時限措置）の創設や個別延長給付（後述）など、被保険者要件の緩和と給付の拡充がはかられた。さらに、二〇一〇年三月三一日には、被保険者要件の雇用見込み部分を六か月以上から三一日以上と、さらに短縮した。

これらの見直しは、雇用保険制度の適用範囲を非正規労働者に拡大する点では評価できるものの、失業した段階での給付要件が依然として厳しく、その水準も労働市場の現状をふまえると、まだ不十分といわざるをえない。非正規労働者を中心としたすべての労働者にとって、雇用保険制度を真のセーフティネットとするため、さらなる機能強化をはかり、安心して求職活動ができる状況をつくりださなければならない。二〇〇九年、一〇年における制度見直しの内容と、必要な課題について述べていきたい。

適用要件について

短時間労働者では「六か月以上の雇用見込み」の要件に該当せず、雇用保険に加入できない場合がある。

こうした人に対しても勤労権の保障をする施策が必要なことから、「週所定労働時間二〇時間以上、三一日以上雇用見込み」の人を適用対象とする法改正が行なわれた。

このことは正規労働者と非正規労働者の適用要件の垣根を取り払い、労働者の働く権利を保障し、社会的に求められている機能を拡充する点では歓迎すべきことである。ただし、これにより被保険者資格の取得や喪失にかかる手続きは大幅に増加し、未手続き事業所に対する指導をこれまで以上に行なう必要が生じた。現在も手薄なハローワークの行政体制を強化することが求められる。また、二〇一〇年の改正後も課題は残る。それは、マルチジョブホルダー（兼業者）に対する適用である。長引く不況による賃金低下や雇用不足から副業を行なったり、週二〇時間未満のアルバイト的な短時間労働をかけもちし、なんとか生計を立てている労働者は少なくない。とりわけ短時間労働の兼業の場合、トータルの労働時間では週二〇時間以上になるにもかかわらず、個々の事業主との雇用契約では適用が除外されることから、求職活動中の生活保障がまったくないのが実態である。兼業している仕事のどちらか一つだけ離職した場合等の給付のあり方をどうするのかという課題はあるものの、厳しい雇用失業情勢のなかで不安定な働き方を余儀なくされている労働者の権利保障の観点から、こうした働き方の実態の把握と対応が急務である。くわえて、大学生等の昼間学生の適用でも問題は残る。国内の貧困が拡大を続け、二〇一一年の貧困率は一五・七%に達した。大学生のなかには、親からの仕送りを一切受けず、奨学金と夜間就業で学業と生計を立てている者が少なくない。こうした学生は、失業すれば収入が途絶えることから、再就職までの間は公的給付に頼らざるをえない。しかし、現行制度では「昼間学生は被保険者とならない」としており、失業しても何の保障も受けられない。もとより、そうした夜間就業を行なわなくても安心して学業に専念できる制度を創設すべきであるが、当面、雇用保険制度の見直しにより対応することも必要である。

遡及適用について

被保険者資格があるにもかかわらず、事業主が届け出を行なっていないなどの理由で適用されていない人については、現行制度において、被保険者であったことが確認された日から二年前まで遡及して適用できるとされてきた。雇用保険の所定給付日数は被保険者期間によって変わることから、二年以上前の期間において、事業主から雇用保険料を控除されていたことが給与明細等により確認された場合には、所定給付日数が短くなる不利益が労働者に生じないようにするため、二年を超えて遡及して適用するよう改正された。

しかし、このままでは問題が残る。具体例を示そう。

生活・労働相談会で出会ったAさんは、一年以上前に解雇されたが、雇用保険に加入していなかったために、少ない預金を取り崩しながら求職活動をしていた。Aさんはできるかぎり早期に就職しようとハローワークに通いつづけたが、悪化しつづける雇用情勢のなか、なかなか仕事が見つからず、一年以上にもわたる長期の失業により、とうとう生活費も底をついている状態であった。解雇された事業所の雇用契約内容を聞き取るかぎりでは、雇用保険の適用要件を満たしており、いまからでも遡及し適用させることは可能だったが、離職から一年以上経過していることから、いくら遡及適用させても基本手当の受給は離職した日の翌日から一年間とする「受給期間」を満了しており、実際に給付を受けることは不可能だった。

遡及適用の範囲を無限定に拡大することは、制度改善の方向性として歓迎すべきものであるが、労働者本人に帰すべき責めのない届け出漏れ等の場合は、受給期間延長も遡及して申請できるなどの給付段階での救済措置がなければ、実効性には乏しいといわざるをえない。

また、Aさんは複数のハローワークに求職登録し、再就職の相談をしていたにもかかわらず、「遡及適用」に関するアドバイスはなかったという。

本来なら、どのような労働条件・雇用契約の場合に雇用保険が適用され、その場合の保険料や届け出の有無の確認方法、遡及適用する場合の手続き方法などが、職業相談を通じて求職者に案内されるべきである。それができない最大の要因は、ハローワークの職業相談窓口の正規職員があまりに少なく、最低限の職業相談で切り上げ次の求職者の相談にあたらざるをえないことにある。雇用保険制度を十分に周知し機能させるためには、職業相談の知識だけではなく、雇用保険制度も熟知した正規職員による窓口体制の強化が不可欠である。

基本手当の受給資格要件について

二〇〇九年三月三一日の改正により、あらかじめ明示がなく雇い止めされた有期雇用契約者等については特定理由離職者とし、倒産・解雇等の事業主都合により離職した特定受給資格者と同様、離職の日以前一年間に被保険者期間が通算して六か月以上あれば受給資格を満たすこととなった。

しかし、離職の日以前二年間に被保険者期間が一二か月あることを要件とする「原則」は二〇〇五年の改正時のままであり、「雇い止めを明示」されたり「更新の可能性なし」と通告されていた有期契約労働者は、一二か月以上被保険者期間がなければ受給資格がないことは従前どおりである。最近の求人の内容をみても、あいかわらず一年未満の有期雇用の求人は多数存在しており、有期雇用を失業期間をへずに繰り返すことなど実際は不可能な状況だ。このような状況におかれた人にこそ、雇用保険制度は役割を発揮すべきである。

雇用保険制度では、これまで「所定給付日数」と「給付制限の有無」について、離職理由によって異なる取り扱いを行なってきた。しかし、二〇〇五年の改正時に「受給資格要件」にまで離職理由による取り扱いの区別をもちこんだために、制度はより複雑になり、ハローワークの職員も最終的な離職理由が判定されるまで、失業給付の受給資格があるのかどうか判定できなくなっている。「これまでは電話による問い合わせでも、ある程度の受給資格の有無は答えることができたが、離職理由を厳密に確認しなければならないため、とにかく来所をお願いするしかなくなった。わざわざ足を運んでもらって『受給資格なし』と宣告するのはトラブルを生む原因であり、求職者にとってあまりにも酷な仕打ちだ」というハローワーく職員の声も聞く。

受給資格要件は失業給付受給のための最初の入り口であり、「被保険者期間」のみをもって判断するという、二〇〇五年改正より前の取り扱いに戻すべきである。さらには、離職理由によって給付日数に大きく差をつけた特定受給資格者導入（二〇〇〇年改正）以前の状態に戻すべきだと考える。

基本手当日額について

失業給付の基本手当は、被保険者が離職した月以前において、被保険者として計算された最後の六か月間に支払われた賃金総額を一八〇で除した額の四・五〜八割相当額が支給されるが、その額は最低一八五六円から最高七八七〇円と定められている（二〇一二年八月一日現在、「毎月勤労統計」の平均賃金額により毎年八月一日に改定）。最高額の三〇日分は二三万六七〇〇円だが、これは東京二三区内の四人家族の生活保護費を大幅に下回っている。四五歳の場合、勤めていたときの月収が四七万円を超えていなければ基本手当の最高額には達せず、こうした人（家族を含む）に生活保護基準以下の二三万円で生活しろというのは、あまりにも実態からかけ離れている。雇用保険制度創設の目的である「地域の雇用構造改善」の趣旨からも、現行の基本手当日額はあまりにも酷く、早急に基本手当日額の算定基準を改善することが必要である。

また、景気の変動、産業構造の変化その他の経済上の理由により事業活動の縮小を余儀なくされ、労働者の雇用を確保しながら休業等を行なう事業主に対し、休業手当の一部を国が助成する「雇用調整助成金」（中小企業向けは「中小企業緊急雇用安定助成金」）があり、この間、助成率が二分の一から三分の二（中小企業は三分の二から五分の四）に引き上げられてきた。しかし、その効果が得られていない企業も少なくない。それは、雇用保険制度のなかでつくられている制度であるため、雇用保険基本手当日額の最高額が助成の上限とされていることにある。この点も早急な改善が求められている。

所定給付日数について

基本手当の支給を受けることのできる日数は、離職の日における「満年齢」「被保険者期間」「離職理由」に応じ、九〇〜三三〇日（障害者等の就職困難者除く）の範囲で定められているが、二〇〇〇年の特定受給資格者の創設時に従来の給付日数が見直され、非正規労働者の多くは最低ラインの九〇日となっている（所定給付日数の変遷、表2〜6参照）。

法政大学日本統計研究所が二〇〇二年三月に行なった「求職活動に要する期間調査」では、平均求職期間が全年齢で五・一か月、二五歳未満で三・一か月、二五〜三四歳で三・八か月であり、比較的求職期間が短いといわれている若年者でも、九〇日以内には再就職先が見つかっていないことがわかる。

また、全国労働組合総連合（全労連）が二〇一〇年一一月に行なった「ハローワーク前アンケート」では、失業・離職後の期間が三か月未満の人は二一・〇%であったのに対し、三か月以上と答えた人は六三・一%、六か月以上は四一・五%と、厳しい雇用情勢のなか、失業が長期化していることがあらためて

表2 「1984年改正」

<table>
<tr><th colspan="2">被保険者であった期間
離職の日の年齢</th><th>1年未満</th><th>1年以上
5年未満</th><th>5年以上
10年未満</th><th>10年以上</th></tr>
<tr><td colspan="2">30歳未満</td><td rowspan="6">90日</td><td>90日</td><td>90日</td><td>180日</td></tr>
<tr><td colspan="2">30歳以上45歳未満</td><td>90日</td><td>180日</td><td>210日</td></tr>
<tr><td colspan="2">45歳以上55歳未満</td><td>180日</td><td>210日</td><td>240日</td></tr>
<tr><td colspan="2">55歳以上65歳未満</td><td>210日</td><td>240日</td><td>300日</td></tr>
<tr><td rowspan="2">就職困難者</td><td>55歳未満</td><td colspan="3">240日</td></tr>
<tr><td>55歳以上65歳未満</td><td colspan="3">300日</td></tr>
</table>

出典）㈶労務行政研究所編『新版　雇用保険法（コンメンタール）』2004年。

表3 「1989年改正」（短時間労働被保険者創設）

<table>
<tr><th colspan="2">被保険者であった期間
年齢</th><th>1年未満</th><th>1年以上
5年未満</th><th>5年以上
10年未満</th><th>10年以上</th></tr>
<tr><td colspan="2">30歳未満</td><td rowspan="6">90日（90日）</td><td>90日（90日）</td><td>90日（90日）</td><td>180日（180日）</td></tr>
<tr><td colspan="2">30歳以上45歳未満</td><td>90日（90日）</td><td>180日（180日）</td><td>210日（180日）</td></tr>
<tr><td colspan="2">45歳以上55歳未満</td><td>180日（90日）</td><td>210日（90日）</td><td>240日（180日）</td></tr>
<tr><td colspan="2">55歳以上65歳未満</td><td>210日（180日）</td><td>240日（180日）</td><td>300日（180日）</td></tr>
<tr><td rowspan="2">就職困難者</td><td>55歳未満</td><td colspan="3">240日（180日）</td></tr>
<tr><td>55歳以上65歳未満</td><td colspan="3">300日（210日）</td></tr>
</table>

注）（　）は短時間労働被保険者。
出典）㈶労務行政研究所編『新版　雇用保険法（コンメンタール）』2004年。

表4 「1994年改正」

<table>
<tr><th colspan="2">被保険者であった期間
年齢</th><th>1年未満</th><th>1年以上
5年未満</th><th>5年以上
10年未満</th><th>10年以上
20年未満</th><th>20年以上</th></tr>
<tr><td colspan="2">30歳未満</td><td rowspan="7">90日（90日）</td><td>90日（90日）</td><td>90日（90日）</td><td>180日（180日）</td><td>—</td></tr>
<tr><td colspan="2">30歳以上45歳未満</td><td>90日（90日）</td><td>180日（180日）</td><td>210日（180日）</td><td>210日（210日）</td></tr>
<tr><td colspan="2">45歳以上60歳未満</td><td>180日（90日）</td><td>210日（180日）</td><td>240日（180日）</td><td>300日（210日）</td></tr>
<tr><td colspan="2">60歳以上65歳未満</td><td>240日（210日）</td><td>300日（210日）</td><td>300日（210日）</td><td>300日（210日）</td></tr>
<tr><td rowspan="3">就職困難者</td><td>30歳未満</td><td colspan="4">240日（180日）</td></tr>
<tr><td>30歳以上45歳未満</td><td colspan="4">240日（210日）</td></tr>
<tr><td>45歳以上65歳未満</td><td colspan="4">300日（210日）</td></tr>
</table>

注）（　）は短時間労働被保険者。
出典）㈶労務行政研究所編『新版　雇用保険法（コンメンタール）』2004年。

表5 「2000年改正」（特定受給資格者創設）

①特定受給資格者以外の者

区分＼被保険者であった期間		1年未満	1年以上5年未満	5年以上10年未満	10年以上20年未満	20年以上
一般被保険者（短時間労働被保険者）		90日（90日）	90日（90日）	120日（90日）	150日（120日）	180日（150日）
障害者等の就職困難者	30歳未満	300日（240日）				
	30歳以上45歳未満	300日（270日）				
	45歳以上65歳未満	360日（270日）				

②特定受給資格者（創設）

区分＼被保険者であった期間	1年未満	1年以上5年未満	5年以上10年未満	10年以上20年未満	20年以上
30歳未満	90日（90日）	90日（90日）	120日（90日）	180日（150日）	—
30歳以上45歳未満		90日（90日）	180日（150日）	210日（180日）	240日（210日）
45歳以上60歳未満		180日（180日）	240日（210日）	270日（240日）	330日（300日）
60歳以上65歳未満		150日（150日）	180日（150日）	210日（180日）	240日（210日）

注）（　）は短時間労働被保険者。
出典）㈶労務行政研究所編『新版　雇用保険法（コンメンタール）』2004年。

表6 「2003 年改正」

①特定受給資格者以外の者

区分＼被保険者であった期間		1年未満	1年以上10年未満	10年以上20年未満	20年以上
一般被保険者		90日	90日	120日	150日
障害者等の就職困難者	45歳未満	150日	300日		
	45歳以上65歳未満	150日	360日		

②特定受給資格者

区分＼被保険者であった期間	1年未満	1年以上5年未満	5年以上10年未満	10年以上20年未満	20年以上
30歳未満	90日	90日	120日	180日	—
30歳以上35歳未満			180日	210日	240日
35歳以上45歳未満				240日	270日
45歳以上60歳未満		180日	240日	270日	330日
60歳以上65歳未満		150日	180日	210日	240日

出典）㈶労務行政研究所編『新版　雇用保険法（コンメンタール）』2004年。

明らかとなった。
政府は個別延長給付として、所定給付日数を超えて六〇日間延長して支給できる制度を、二〇〇九年四月から三年間の時限措置として創設した。しかし、これらの対象となる人は特定受給資格者または特定理由離職者に限定され、それ以外の雇用保険受給者は対象となってはいない。再就職が困難である状態は、特定受給資格者も自己都合退職者も同様であり、ハローワーク職員も「今の雇用情勢では九〇日の間に再就職させる確信はもてない。最低でも給付日数は一八〇日必要」との認識を共有している。

雇用保険法第二七条には「全国延長給付」という給付が規定されている。これは、失業の状態が全国的に著しく悪化し、政令で定める基準に該当するに至った場合において、受給資格者の就職状況からみて必要があると認められるときは、厚生労働大臣が指定する期間内にかぎり、所定給付日数を超えて（九〇日限度）受給資格者に基本手当を支給することができるものである。しかし、「一〇〇年に一度の経済危機」においても、この全国延長給付は発動されなかった。その原因は「政令で定める基準」にある。基準では「連続する四ヵ月間、基本手当の受給率が四％を超え、初回受給率が低下傾向にないこと」とされている。基本手当の受給率は、「受給資格者数」を「受給資格者数＋全被保険者数」で除したもので、非正規労働者の大量雇い止めがあった二〇〇九年三月の基本手当受給率でも二・〇八％しかない。現在の被保険者数は約三八〇〇万人であることから、一五八万人以上でなければ受給率が四％を超えないこととなる。これは二〇一一年一〇月の受給者数七一万人の倍以上という膨大なものであり、現在の全失業者と雇用保険受給者の比率でみた場合、完全失業率が一〇％程度にならなければ超えることはない。また、その場合でも、ほとんどの受給者が所定給付日数が九〇日のままであるなら三か月で支給終了となり、四か月連続で受給率が四％を超えることは実態としてありえない。

以上のように、法令に規定されている全国延長給付の発動要件を現在の失業情勢に見合ったものに緩和するか、あるいは所定給付日数そのものの見直しを行なわなければ、国民の勤労権保障をになう雇用保険制度の機能として疑問が残る。

二〇一一年三月一一日に発生した東日本大震災により、離職や休業を余儀なくされた労働者の生活支援等をはかるため、休業者を失業とみなして求職者給付の支給を可能とするなどの雇用保険制度の特例措置が発動されている。そのなかでは、所定給付日数を超えて給付を行なう個別延長給付の特例措置（最大一二〇日）が早い段階で実施され、それらの延長給付が終了する段階には、さらなる延長措置として広域延長給付（最大九〇日）が実施された。これにより、所定給付日数が九〇日である被災者も、最大で三〇〇日の給付を受けることが可能となり、被災地の雇用の回復までの生活支援が行なわれた。しかし、今回の震災にかかわらず、昨今の雇用失業情勢に照らすならば、現行の所定給付日数が短すぎることは大きく課題を残す。くわえて、最大二一〇日の延長によっても、なお再就職が決まらない被災者は相当数にのぼることから、当面、緊急雇用創出事業の拡充等により、安定した雇用と適切な労働条件を確保し、その生活再建をはかることが重要な課題となる。

⑶ 国民・労働者のための雇用保険制度をめざして

労働者が失業したときの生活保障は、最大限、雇用保険制度で行なうべきであり、現在の雇用保険制度は労働者・失業者のおかれている状況からみて、まだまだ不十分な制度であるといわざるをえず、早急に改善することが求められる。

雇用保険制度の改正方向

現行の雇用保険求職者給付は、あまりに脆弱であり、雇用保険制度創設時の内容に戻し、雇用失業情勢の現状に合わせて改良すべきである。当面、所定給付日数を少なくとも二〇〇〇年改正以前に戻し、特定受給資格者制度および給付制限の廃止を行ない、基本手当日額も就労時の賃金の平均八割程度まで引き上げる必要がある。

受給資格要件等の見直し

前述したとおり、受給資格要件は失業給付受給のための入り口であり、より多くの被保険者の「失業」に対応できる基準でなければならない。

日本国憲法第二二条に定める「職業選択の自由」を守る観点から、「離職理由」による受給資格差別をなくし、「被保険者期間六ヵ月」のみをもって受給資格要件を満たすものとすべきである。くわえて、離職理由によって支給開始時期に差を設ける「給付制限制度」も廃止し、失業しても当面の生活に不安を抱かずに求職活動に専念できる環境を確保すべきである。

基本手当日額の見直し

雇用保険制度の創設目的である「労働者の生活の安定」および「地域の雇用構造の改善」を十全に行なうためにも、基本手当日額の水準を引き上げることが急がれる。具体的には、被保険者として勤務した最後の六か月間に支払われた賃金総額を一八〇で除した額の七~九割相当額を支給することとし、最高額については少なくとも一万二〇〇〇円程度まで引き上げるべきである。また、非正規労働者の拡大により、低所得者層が増加していることから、これらの労働者に対する給付が高水準となる制度設計が必要である。

所定給付日数等の見直し

現在の雇用失業情勢と労働者がおかれている状況から、九〇日で再就職することはきわめて困難といわざるをえない。したがって、所定給付日数は最低でも一八〇日とし、すべての年齢層において再就職が困難な状況であることから、年齢による差は設けず、被保険者期間に応じて最長三六〇日までの給付日数とすべきである。また当面、離職理由による差をなくし、誰もが安心して再就職活動が可能となるようにす

表7　所定給付日数の見直し案

現行

①特定受給資格者以外の者

区分＼被保険者であった期間		1年未満	1年以上10年未満	10年以上20年未満	20年以上
一般被保険者		90日	90日	120日	150日
障害者等の就職困難者	45歳未満	150日	300日		
	45歳以上65歳未満	150日	360日		

②特定受給資格者

区分＼被保険者であった期間	1年未満	1年以上5年未満	5年以上10年未満	10年以上20年未満	20年以上
30歳未満	90日	90日	120日	180日	—
30歳以上35歳未満			180日	210日	240日
35歳以上45歳未満				240日	270日
45歳以上60歳未満		180日	240日	270日	330日
60歳以上65歳未満		150日	180日	210日	240日

見直し案（離職理由による差は廃止）

区分＼被保険者であった期間		1年未満	1年以上5年未満	5年以上10年未満	10年以上20年未満	20年以上
30歳未満		180日	180日	210日	240日	—
30歳以上45歳未満			180日	240日	270日	300日
45歳以上60歳未満			210日	270日	300日	330日
60歳以上65歳未満			240日	300日	330日	360日
就職困難者	30歳未満		300日			
	30歳以上45歳未満		330日			
	45歳以上65歳未満		360日			

る必要がある（表7参照）。くわえて、一年を超える長期失業者が増大していることから、公共職業安定所長の判断による個別延長給付を可能とすべきである。

受給資格がない人への制度創設

雇用保険受給資格がない求職者に対しては、現行では総合支援資金貸付などの融資制度があるが、生活に困っている人に対し借金を背負わせる制度ではなく、求職活動を行なう生存権を保障し、求職活動を容易にすることを目的とした生活保障制度が必要である。

2 第二のセーフティネットと諸課題

二〇〇八年のリーマン・ショック後、「派遣切り」と「年越し派遣村」によって、失業者が雇用保険から、さらに生活保護からも漏れてしまうことが社会問題となった。その対応策として、雇用保険と生活保護の間に、「第二のセーフティネット」と称される諸制度が新設された。その概要と課題・問題点は以下のとおりである。

(1) 就職安定資金貸付

二〇〇八年末に「就職安定資金」（ハローワークを窓口に労働金庫で実施）制度が創設された。これは、住居を喪失した離職者に対し、入居初期費用として敷金・礼金等上限四〇万円、転居費・家具什器費上限一〇万円、家賃上限六万円を六か月、生活費（常用就職活動費）上限一五万円を六か月、就職身元保証料上限一〇万円を、それぞれ年利一・五％で融資するものであった。また、貸付六か月後の時点で雇用保険一般被保険者資格として就職した場合には、一部返済が免除された。当初は大規模な利用があったものの、さまざまな問題があった。再就職実現の可能性が高い求職者には有効な制度であろうが、六か月間限定の融資であるため、それまでに再就職できなければ、融資が終了し収入が途絶え、せっかく確保した住宅の家賃が払えなくなり生活費も途絶する。そこに返済がはじまるという非常に過酷な状況が襲いかかった。上限額まで融資を受けた場合、就職身元保証料を除く借金総額は一七六万円に及ぶ。また、初回融資実行後六か月以内に安定就職できれば返済が一部免除されるが、厳しい雇用情勢のもとでは容易でない。その後審査基準が見直され、一般の融資の基準が適用されたところ利用が急減した。住居を喪失するまでに生活に困窮した求職者は、その間にみずから生活を立て直そうと市中の金融機関の融資を受け、その返済が滞っていたり、公共料金や税・社会保険料の滞納があることが多く、銀行の審査基準を満たさないため融資を受けられないのである。利用が低調であるため、創設から二年足らずの二〇一〇年九月に廃止された。

生活困窮者に、金融機関の審査基準を適用することに、そもそも無理があったことを明らかにしたといえよう。

(2) 住宅手当と総合支援資金貸付

「住宅手当」(自治体で実施)は、生活保護住宅扶助月額を上限に六か月間(特例で三か月延長あり)家賃額を給付する制度である。

総合支援資金は、生活費を二人以上世帯上限二〇万円、単身世帯で上限一五万円を最大一二か月、入居初期費用を四〇万円以内で融資するものである。金利は、連帯保証人があれば無利子、なければ年利一・五%とされた。総合支援資金も生活困窮者に借金を背負わせる点では就職安定資金と同様であり、慎重な判断が必要である。

住宅手当も入居初期費用や生活費を融資する「総合支援資金」(社会福祉協議会)とセットで活用するよう設計されているため、借金をためらうケースが多く、利用は低調にならざるをえない。また、首都圏などでは申請から給付・融資の実行までに二か月近くの期間を要し、事実上「使えない」実態にある。なお、住宅手当は次項で述べる求職者支援制度の給付金と併給が可能であれば、借金によらず生活することが可能であるが、併給は認められてこなかった。

就職安定資金も総合支援資金も、融資対象者の生活が生活保護基準を下回っているケースが多数であった。生活保護を開始すれば、困窮者は借金を背負うことなく生活再建をめざすことができ、保護申請の前段で（もしくは並行して）これまでの債務も整理することが可能であるにもかかわらず、融資に誘導する傾向があったことも大きな問題である。

二〇〇九年一〇月に、雇用保険、生活保護など、公的給付もしくは公的貸付制度を申請している住居のない離職者に対し、給付や貸付の実行までの当面の生活費を貸し付ける「臨時特例つなぎ資金」（社会福祉協議会で実施）が創設された。貸付額は一〇万円以内で、無利子、保証人は不要である。しかし、生活保護を受ける場合は、収入として認定され、保護費が減額支給されるほか、雇用保険の給付制限期間中の三か月間（認定日後の振込日を考えると実質四か月間）に一〇万円しか融資されないなど、限界もある。

(3) 訓練・生活支援給付から求職者支援制度へ

二〇〇九年七月に緊急人材育成・支援制度による「基金訓練」と「訓練・生活支援給付」が発足した。これは民間委託の基金訓練を無料で受講でき、受講中は単身者一〇万円、扶養家族があれば一二万円の給付を受けられるものであった。しかし、さまざまな問題が顕在化した。国が十分コントロールすることなく、名乗りをあげた民間の各種学校等による訓練が実施されたため、各種学校等が多数存在する都市部や県庁所在地では訓練は供給過剰となり、それ以外の地域では絶対数が不足するという地域間の偏在が顕著となった。また、訓練の質に問題も多く、未経験の講師が原稿を読むだけの訓練や、パソコン訓練であるにもかかわらず人数分のパソコンが用意されていないなど、およそ職業訓練とはいえないものも少なくなかった。これらは、実施機関（各種学校等）にすれば設備投資や講師料等に費用をかければ利潤が減少するために生じる問題であり、個々の実施機関というより構造上の問題であった。公共職業訓練で行なわれる設備管理など、初期投資の必要な訓練は実施されるわけがなく、パソコン訓練やネイルアートなど、教室と机、それにわずかな教材のみではじめられるものが多数となった。また、生活困窮者にとっては、最も必要なのは生活費であるが、訓練を受講しなければ訓練・生活支援給付を受けられないため、希望職種でないにもかかわらず受講を申し込むしかないというケースが多発した。そのため、訓練受講に熱心ではない受講生も多く、熱意をもつ受講生と混在する問題も生じた。

この制度は、当初二〇一二年三月末までの時限措置として開始されたが、中央職業能力開発協会に委託して実施されていたことが「補助金団体への委託事業」と問題視されたため事業を廃止し、恒久制度として「求職者支援制度」が新設されることとなった。二〇一一年四月に新制度移行が予定されたが、準備の遅れによって一一年一〇月、求職者支援制度が発足した。

求職者支援制度は、訓練は民間委託で行なわれ、実施機関に対しては受講生数に応じた奨励金が支給される。受講生には訓練受講中は一〇万円の給付が行なわれ、旧制度の枠組みをほぼ踏襲したものとなっている。大きな変更点は、受講生に対して通学費用が支給されることになったほか、給付金支給の出席率の要件がきわめて厳しいものとされた。訓練実施機関に対しては、訓練内容の要件が厳格化され、修了生の就職率が強く問われるようになっている。出席率は、旧制度においては正当理由のある欠席を除いて八割以上出席が必要とされていた。それが、正当理由のある欠席が二割以内、正当理由のない欠席があれば、給付金は即不支給とされる。身内の不幸や自身の病気は正当理由となっているが、これによる欠席が二割を超えると給付金は不支給となる。月間の訓練日数が二〇日とするとその二割は四日、感染症を発症したり、実家の親の危篤で帰省しその後亡くなって葬儀を終えたりといった日数が五日となれば給付金は支給されず生活費が途絶えることとなる。インフルエンザが流行した二〇一一年冬には、罹患した受講生が給付金を打ち切られる事態が相次ぎ、その後インフルエンザ罹患は「八割要件」の例外とされたが、ノロウィルスなど他の感染症に対しては見直されていない。知人や友人の冠婚葬祭への出席は正当理由とされておらず、一日の欠席で不支給となる。

また、修了生の就職率が一定基準以上となれば実施機関への奨励金が上積みされる一方、一定基準を下回ればその実施機関は求職者支援訓練への参入資格を喪失することになった。そのため、制度移行前に駆けこみ参入が殺到し、開講コース数は七月の一九〇〇が九月には四五〇〇にふくらんだが、新制度への移行後は訓練実施コース数が急減した。一〇月の訓練実施コース数は四五〇弱、九月の一割にすぎない。これは、求職者支援訓練で利益が得られるか否かの「様子見」があったことや、九月の基金訓練を最大規模で実施したため、実施機関に余力がなかったことなどが原因と考えられる。

実施機関が就職率を意識することから、就職可能性の高い求職者を求める傾向が生じており、真に訓練が必要な求職者が締め出されることとなりかねない。実際に、生活保護を受給中であることを明らかにした応募者が、次々と不合格にされるケースも起きている。これは旧制度ではみられなかったことである。

訓練の地域的偏在は、求職者支援制度となっても解消されていない。発足当時には訓練が実施されなかった県も存在した。その後規模は拡大されているものの、県庁所在地や都市部に偏在する状況に変わりはない。訓練科目も、「基礎コース」と「実践コース」の二種類に分類されるが、実践コースではレベルの高いＩＴ関係が相当数を占め、会計実務、介護や美容関係などに限られる。「制度は利用したいが、受講できる科目がない」といった状況は改善されていない。

求職者支援制度は、そもそも生活に困窮する求職者に対し、訓練受講を前提とした生活給付を行なうことに無理があり、まずは生活保障を行なったうえで、再就職のために訓練受講が有効である求職者に、ふさわしい訓練科目の受講を措置することが必要である。その訓練も、民間委託ではなく、国や都道府県による公共職業訓練を計画的に実施することが求められる。

求職者支援制度では、講師の賃金や教室等の設備に要する費用と関係なく、実施機関に支払われる奨励金は定額であり、会議室にテーブルとパソコンを用意するなど経費の低い訓練しか行なわれなかった。公共職業訓練の施設内訓練が、十分な設備を整えて行なわれているのとは、まったく異なる。このような現状にあるにもかかわらず、「セーフティネット」と位置づけられていることは合理性を欠き、抜本的な見直しが求められる。また、このように不十分な制度であるにもかかわらず、生活保護受給の要件として求職者支援制度の利用を義務づけることが議論されている点は、大きな問題である。

3 求職者保障制度の創設

(1) 制度創設の主旨——有効な就労支援と一体となった生活保障

失業中の生活保障として、雇用保険の失業給付を抜本的に拡充することが求められる。しかし、所定給付日数をいくら拡充しても、その期間で就職できない求職者は必ず存在するし、自営業廃業者や学卒未就職者など、雇用保険の制度の枠外におかれる求職者も存在する。これらの求職者に対する生活保障制度は生活保護以外にない。一方、生活保護制度では、稼働年齢層で働く意欲があるにもかかわらず、仕事を失った困窮者の保護受給が急増している。こうした生活保護受給者を就職によって自立させようと、「福祉から就労」事業が行なわれてはいるが、ハローワークによる支援の規模は限定的なものとなっている。

生活に困窮している稼働可能な求職者のなかには、派遣労働や有期雇用を繰り返し、就業場所も事業主の都合により短期間で転々としていたことから、低賃金のなかから「寮費」や「管理費」の名目で収入の多くを天引きされ、貯蓄がまったくない人が多く存在する。かりにこれらの人に雇用保険の受給資格があっても、その多くは九〇日で支給終了となり、収入が途絶える焦りから、じっくりと腰をすえて再就職先を探す余裕がない。それゆえ再度、派遣労働や有期雇用を選択せざるをえず、半失業と完全失業を繰り返すこととなる。派遣労働や有期雇用を繰り返してきた労働者には、職業人として最低限必要なスキルを身につける機会に恵まれなかった人が多い。こうした人に、ハローワークが、失業時の生活保障を十全に行ないながら、真に再就職に有効な職業訓練を提供することが必要となる。稼働可能な生活困窮者に対する支援は、ハローワークとして、生活と就労の両側面を一体的に行なう必要がある。

新たにつくられた「第二のセーフティネット」は、前述したように、職業訓練を丸ごと民間委託とし、民間事業者には新たなビジネスチャンスを提供したが、職業訓練そのものの質は低下した。また、訓練受講を条件に生活支援を行なったため、訓練の地域的偏在や訓練コース不足による地域格差が生じた。新たに実施がはじまった求職者支援制度は、受講者の出席要件を厳格化したため、給付金が支給停止となるケースが多発した。また、事業者側は就職可能性の高い求職者を求める傾向を強めており、真に訓練が必要な求職者が締め出されることとなりかねない。求職者支援制度は、決して「セーフティネット」と呼べるものではない。

それにかえて、失業給付が終了となった人や、そもそも雇用保険の受給資格のない人のうち、生活保護基準以下の生活を余儀なくされる人、および、就業中や失業給付の受給中であっても、求職者個人の収入が生活保護制度の最低生活費を下回る人に対し、ハローワークにおいて生活保護の生活扶助に準じた給付を行なう「求職者保障制度」を創設することを提案する。これにより、ハローワークが漏れのない生活支援と、求職者の状態に即したきめ細かな職業相談や職業訓練を柱とした就労支援を行なう。ハローワークへの求職申し込みと同時に生活支援を一体的に実施することができ、今後の生活にかかる支援と再就職支援にワンストップで対応できるばかりか、専門家による就労支援を行ないながら、再就職意欲を維持しつづけることが可能となる。

(2) 求職者保障制度の概要

求職者保障制度は、雇用保険の受給資格がなく求職活動を行なう国民の生存権を保障し、求職活動を容易にすることを目的とし、受給期間中は個別求職者の支援計画を策定しながらハローワークによる就職支援を継続的に実施する。受給者の自主性を尊重しつつ、積極的に支援する制度であり、就職支援にあたっては、複数のハローワーク職員が対応し、日常的にケース会議を実施しながら進め、これまでの職業相談にくらべ、より求職者に寄りそったきめ細かな内容とする。これにより、求職者の生活を安定させるとともに、求職者の就職意欲の維持、職業能力の向上をはかり、質の高い労働力を安定的に確保することを目的とする。

求職者保障制度は、一般財源による基礎保障として行なう。雇用保険財源によるものではないことから、「失業」を要件とはせず、雇用保険料等の納付の実績等は問わない。生活保護の生活扶助に準じた金銭給付を行ないつつ、職業訓練や求職活動に必要な費用を追加支給する。

給付対象者

求職者保障の対象は、ハローワークに求職申し込みを行なう再就職の意思と能力を有する稼働年齢層（一五歳以上六五歳未満）にある求職者であって、無収入または低所得な状態にある人とする。

その基準は以下によることとする。

①本人が生活する住宅（敷地を含む）以外に、一定基準以上の資産がないこと（一定基準は、一〇〇万円程度の預貯金や、売却しても価値のない趣味・娯楽品、生活に必要な自動車等の保有を認めることが妥当と考える）。

②本人の一月当たりの収入から家賃を差し引いた額が、一一万円を下回ること。

給　付

①基礎保障

生活保護制度の生活扶助（第一類と第二類の合計額）に、勤労控除分を加えた金額を基準とし、一一万円とする（住宅費を除く）。

②加算

（ⅰ）求職活動費加算

すべての受給者に対し、ハローワークへの交通費、面接への交通費、図書等の学習費等を定額（二万～三万円程度）により支給する（生活保護制度においては、受給者からの申請によって翌月の保護費支給時に実費支給されるが、手続きの煩雑さを考慮し、定額支給が妥当と考える）。

受給中に職業訓練を受講する場合には、その期間について求職活動費加算は行なわず、雇用保険制度に準じた受講手当および通所手当を支給する。

（ⅱ）住宅費

生活保護制度の住宅扶助に準じた額を支給する。

（ⅲ）その他

冬期加算および妊婦、産婦、母子、障害者、児童養育加算を生活保護制度に準じて支給する。

③調整

（ⅰ）同一世帯調整

夫婦で本給付を複数受給する場合は、世帯主には全額を支給し、世帯主でない受給者には、本人の生活保護制度における生活扶助費の第一類の額および求職活動費加算を支給する。

（ⅱ）雇用保険失業給付との調整

雇用保険の失業給付が求職者保障制度の給付を下回る場合は、求職者保障給付から雇用保険失業給付を減額した額を給付する。

（iii）就労等収入調整

自己の就労等による収入を得た場合は、受給者の申告により、その収入の一日当たりの額が求職者保障給付の一日当たりの額を上回る場合は、当該の日を不支給とし、下回る場合は求職者保障給付を減額して支給する。

④生活保護との分担・福祉事務所との連携

求職者保障の受給者であって、医療費が必要な場合は、ハローワークと福祉事務所が連携し、生活保護制度の医療扶助によって必要な医療サービスを提供する。

求職者保障制度の申請があった人で、住居がない人や、生活習慣や健康状態によってその時点で求職活動を行なうことが困難であると安定所長が判断した人、労働の意思・能力のない人については、ハローワークが福祉事務所に連絡し、生活保護を開始する。また、求職者保障制度の受給資格を決定した人であっても、その後生活習慣や健康状態によって求職活動を行なうことが困難であると安定所長が判断するに至った人についても、ハローワークが福祉事務所に連絡し、生活保護を開始する。くわえて、金銭管理や生活習慣の改善なしには就職後の安定した生活が困難と判断される人も、生活保護を開始する。生活保護の自立支援等によって生活が安定し、求職活動が可能となったら求職者保障制度に移行する。

運営・実施主体

ハローワークにおいて、給付と求職活動支援を一体的に実施する。

個別支援計画

失業の長期化を防止しながら的確な就職を実現する観点から、六か月間以内に再就職を実現できることを目的とした個別支援計画を策定し、求職活動を行なう。したがって、本制度の所定給付期間は原則六か月間とし、個別支援の過程で職業訓練を実施する場合は、当該職業訓練の期間を給付期間に加算する。

所定給付期間が経過し、なお就職に至らない場合は、個別支援計画の見直しを行なったうえで再度六か月の所定給付期間を設定する。この更新については回数制限を設けない。

個別支援計画の策定にあたっては、受給者の自主性を尊重し、特定の条件を受給者に義務づけることはせず、強制にならないよう配慮する。

費用の負担

国が全額を負担（一般財源）。

(3) 支給方法

求職者保障制度の給付を受けようとする人は、住所地を管轄するハローワークにおいて求職申し込みを行ない、ハローワークではケース会議を実施したうえで受給資格を決定する。その後、受給資格者は四週間に一度ハローワークで雇用保険の失業認定に準じた方法によって就労等の状況を申告し、給付を受ける。給付の方法は口座振り込みを基本とする。

認定は四週間に一度行なうが、ハローワークでの職業相談等は、二週間に一度以上行なうこととする。

給付日額の決定

ハローワークでは、前項「給付」の規定により、一か月に支給する月額を算出し、それを三〇・四（＝三六五／一二）で除した給付日額を決定する。

就労による自己の収入があった場合の取り扱い

受給者の申告する一日当たりの収入額が、給付日額を上回る場合は、その日の求職者保障給付は認定せず支給しない。一日当たりの収入額が給付日額を下回る場合は、認定を行なったうえで収入額を減額して支給する。雇用保険の失業給付を受給する人については、雇用保険の給付対象である日について、減額して支給する。そのため、求職者保障制度と雇用保険失業給付の認定日は同一とする。

4 生活保護改革の課題

(1) 生活保護の役割の明確化

求職者保障制度が具体化されると、求職手続きをした生活困窮者への生活給付の基本部分と就労支援は、ハローワークがになうことになる。[*3] 生活保護の実施主体である自治体・福祉事務所の負担は軽減される。自治体・福祉事務所は、求職活動が困難な人や、就労意欲を示せない人、就労阻害要因が重なってハローワークでの就労支援が困難な人への支援に集中することになる。

ただし、そのためには就労可能であるが求職活動ができないでいる生活困窮者や、就労意欲を欠いた生活困窮者を生活保護に受け入れ、じっくり支援できるようにしなければならない。これまでは、就労可能であるが就労意欲が示せない人は生活保護の入り口で排除されてきた。また、保護を利用できたとしても、制裁としての保護停止・廃止の対象となり、保護から排除されてきた。二〇〇八年末の「年越し派遣村」以降、「派遣切り」や住居喪失などによって、就労できるのに就労していない生活困窮者の生活保護への受け入れについては、大きな改善があった。就労する意思を喪失しているようにみえる生活困窮者に対して、まずは生活保護を開始し、そのうえで生活支援や適切な就労支援をじっくり行なうという運用への転換を求める判決も出た（東京地裁、二〇一一年一一月）。以下に述べる自立支援のとりくみによって、こうした運用を確定する現実的条件もつくられてきた。

生活保護における自立支援は、二〇〇五年以降その位置づけと内容が改善され、成果をあげてきた。[*4] 福祉事務所において、受給者が抱える「阻害要因」や支援の必要性が議論され、支援が模索され、多様な支援ニーズが掘り起こされてきた。就労支援をはじめれば、「稼働能力活用要件を満たせ」と生活保護受給者に目先の就労を迫るのではなく、日常生活の自立と社会生活の自立を支援する「就労のための福祉」が必要だということが明らかになる。自治体があらたに配置した就労支援員や地域のＮＰＯなどが連携し、多様なニーズに応える「寄り添い型支援」体制をつくりあげたところでは、就労意欲に欠け就労困難とみなされていた人たちの生きる力や社会的つながりを強めるのに成功している。就労の意思がまったく見受けられないと評価されてきた人たちが、就労意欲と自尊心を取り戻すという変化が生まれている。生活保護制度に就労可能だが就労意欲に欠けた人も包摂し、その人に応じた支援を展開するには、こうした成果をもとに、生活保護法そのものを自立支援という方向で徹底的に改革することが求められている。

(2) 補足性原則のとらえなおし

生活保護改革の第一の課題は、「保護の補足性原則」（生活保護法第四条）の解釈と運用の転換である。[*5]

補足性原則は、自助努力を徹底的に追求する原則ととらえられてきた。また、保護の受給要件を規定する原則だとされている。資産を活用しつくさないと保護を受給することはできない、また、働けるのに働かないでいる人を排除するという運用の根拠になっている。[*6] しかし、生活保護の入り口で資産の活用や稼働能力の活用を求めれば求めるほど、保護がはじまるのは自立の基盤を完全に失ってからということになり、自立が困難になってしまう。自立の基盤を一定程度もったまま生活保護が利用できるようにしなければならない。働く意欲が示せず、求職活動もできない状態の生活困窮者を、保護の受給要件を満たさないとして生活保護から排除するのではなく、自助ができるように援助することこそが必要とされているのである。

補足性原則は、自助を限界づける原則なのである。自助努力しようにも、できないでいる人を排除するのではなく、支援することを根拠づける原則である。こうした解釈を明確にし、保護の運用を転換する必要がある。

(3) 義務と権利の見直し

生活保護法は、受給者に対して、指導指示に従う義務を課し、義務違反に対する制裁を規定している(第六二条)。自治体(福祉事務所)は、受給者に対し指導指示し、受給者がそれに従う義務に違反した場合に、制裁として保護の変更、停止、廃止をすることができる。現場の運用においては、指導支持に従う義務違反に対する制裁としての保護停廃止という運用に、稼働能力活用要件に欠けるゆえの保護廃止という論理が絡みあって、生活困窮者を締めつけ、保護から排除してきた。

就労支援の諸措置への参加を生活保護受給者に義務づけ、それを果たさない場合は、制裁としての保護停廃止を行なうという提案が具体化されようとしている。これは自立支援のとりくみが生み出してきた積極的成果を押し流してしまう。自主性を尊重してこそ自立支援である。自立を支援するという立場を徹底するには、指導指示に従う義務、義務違反に対する制裁という規定をなくし、受給者の自己決定権と適職選択権を保障しなければならない。当事者の自己決定権の確立なしに、生きる活力と先を見通す力が生まれることはない。適職選択を保障することは労働市場の改善にもつながるのである。

(4) 権利としての自立支援の保障

各地の福祉事務所が自立支援にとりくんでいるが、自立支援のための措置・手段は生活保護法上に規定されてはいない。生活保護受給者は権利として自立支援を求めることはできない。すべての受給者の多様な自立支援ニーズに応え、自立を支援できるようにするには、「権利としての自立支援」を制度化する必要がある。自立支援を生活保護受給者の権利として法律上に明確に位置づけることで、福祉事務所が自立支援サービスを提供する義務が明確になり、そのための財源が保障され、自立支援サービスの供給体制が構築できるのである。

そのためには、最低生活保障の内容に自立支援を組みこむことと、自立を助長するという生活保護の目的に即して自立支援を制度化することが求められる。

最低生活保障としての自立支援

自立支援のニーズは多様であり、自立支援の性格も一様ではないが、そのなかには、生活保護受給者の最低生活を保障するのに必須の社会サービスと性格づけるべきものがある。自立を妨げるマイナス要因を除去し、自立の基盤を再構築する支援は、最低生活を保障する社会サービスである。最低生活を送るうえでのマイナス要因の穴埋めのための支援であり、最低生活を阻害する要因を除去する支援である。

さらに、人間らしく社会的なつながりのなかで生きていくのを支援する社会サービスも最低生活保障として必要である。たとえば、アパートで孤立して暮らしている受給者に居場所や社会貢献の機会を提供する支援は、「最低生活ニーズ」を満たす支援である。

こうした支援が広がると、地域に新たな雇用が生み出されてくる。

就労扶助の創設

自立支援を最低生活保障としてだけ位置づけるのでなく、生活保護から脱却するための支援と位置づけ、「就労扶助」を創設することを提案する。その目的は、自尊意識がもて、チャレンジ意欲を高め、将来が見通せるようになる条件のよい仕事や実践型職業訓練を権利として受給者に保障することである。就労支援の最大のネックは、支援対象者側にあるのではなく、その人にあった適職を提供できないことにある。提供する就労や実践型職業訓練の具体的なイメージは、補論2でも示したドイツの事例が参考となる。[*7]

より多くの生活困窮者が生活保護を受給するようになれば、就労扶助を創設する可能性が高まる。生活扶助や住宅扶助として金銭給付をするかわりに、その財源をもとに、NPOなど多様な団体・事業所が雇い主となり、就職意欲を取り戻しつつある人へ就労を提供し、給与として支払うのである。財源を一定額上乗せすれば生活保護基準を上回る給与を支払うことも可能である。たとえば、生活保護費を原資とし、それに雇用政策から一定額を上乗せし、「月二五万円、週三〇時間以上、二年契約、社会保険適用」の仕事を、ソーシャルビジネスが雇い主となり地域につくりだす、というようなことが可能となる。生活保護受給者は、そこで雇用の場を得て、給料として生活保護費を上回る金額を得つつ、実践的な職業能力を高めることができる。それが地域の労働条件を押し上げ、労働市場の改善につながる。それによって地域づくり、街づくりにもつながっていくのである。

なお、労働時間が週三〇時間を超えれば社会保険への加入義務が生じ、その人および家族の医療費は社会保険負担となり、医療扶助の支出額は節約できる。一定額を上乗せして、質の高い雇用の場をつくりだすことが、生活保護財政負担を減らすことにつながるのである。

(5) 困窮の恐れのある者への対応――生業扶助、住宅扶助、医療扶助

困窮に陥ってから生活保護を開始するのでは遅いので、それより手前で支援をはじめることをめざすのなら、第二のセーフティネットを拡充するのではなく、困窮に陥る手前の人に生活保護そのものを適用できるようにすればよい。その手がかりはすでにあるし、新たにつくられてもいる。

生活保護の八種類の扶助のうち、生業扶助については、他の扶助が対象を「困窮のため最低限度の生活を維持することのできない者」としているのと異なり、「困窮のため最低限度の生活を維持することのできない者又はそのおそれのある者」とし、対象を「困窮に陥るおそれのある者」、すなわち困窮に陥る手前の人に広げる規定をおいている。

生活保護法制定時に、生業扶助を困窮の恐れのある者へ適用する必要を認めたのは、収入額が一定程度高かろうとその収入源が不安定で、社会生活に対する適応力が弱い人への就労支援の必要性を認識したからである。[*8] この主旨を生かすなら、不安定雇用が拡大した現状においては、住宅扶助や医療扶助へもこの規定をおく必要がある。恐れのある者への適用を可能とし、その具体的認定基準を設定することが求められている。

すでに、二〇〇九年から離職者への緊急対策として、離職し住居をなくした人、またはなくす恐れのある人へ、生活保護の住宅扶助と同じ金額を給付するという住宅手当緊急特別措置事業が行なわれている。

生活保護よりも収入や資産の要件は緩い。期間は六か月間（最長九か月間）である。期間限定ではあるが、住宅扶助を困窮に陥る恐れのある者に給付することが、すでに行なわれている。この制度を生活保護制度のなかに取り入れ、恒常化する必要がある。あわせて、医療扶助についても、貧困に陥る恐れのある者への適用をはじめるべきである。そのさい具体的な受給要件は、求職者保障制度の適用基準よりも緩くすることになる。

(6) 雇用政策と公的扶助の交錯

失業時の漏れのない生活保障と就労支援を進めるには、一方でハローワークが国としての労働行政の責任を果たすこと、すなわち、一般財源をもとにした求職者保障制度を創設することと、他方で、自治体が最低生活保障と自立支援という視点から生活保護の徹底的な活用をはかることが求められている。ハローワークか、自治体かではなく、それぞれが、それぞれの課題を遂行するために、制度を改革し、新たな実践をはじめることが必要なのである。

◉注

＊1　倒産・解雇等により離職した者であり、離職前一年間に六か月間の被保険者期間があれば失業給付を受給できる。これに対し、定年や雇用期間満了（特定理由離職者に該当する者を除く）および自己都合退職者は、離職前二年間に被保

険者期間一二か月が必要。

＊2　次の要件に該当する離職者で、受給資格要件および所定給付日数について特定受給資格者と同様の扱いを受ける者。

①期間の定めのある労働契約の期間（当該雇用期間が三年未満のものに限る）が満了し、かつ、当該労働契約の更新がないため、離職した者（特定受給資格者に該当する者を除く）。

②離職日前二年に被保険者期間一二か月未満、かつ、離職日前一年に被保険者期間六か月以上の正当な理由のある自己都合退職者。

＊3　ただし、求職者保障制度が具体化されても、生活困窮者の最低生活保障の責任は福祉事務所が負う。求職者基礎保障受給者およびその家族への医療扶助の提供や日常生活支援、子どもの育児・教育支援などの援助サービスは福祉事務所が行なう。

＊4　布川日佐史『生活保護の論点――最低基準・稼働能力・自立支援プログラム』（山吹書店、二〇〇九年）参照。

＊5　「保護は、生活に困窮する者が、その利用し得る資産、能力その他あらゆるものを、その最低限度の生活の維持のために活用することを要件として行われる」。

＊6　厚生労働省は、稼働能力を活用することは保護開始要件であり、かつ、受給継続要件であると解釈してきた。厚労省の見解をもとに多くの自治体は、受給者が就労していない場合、稼働能力不活用ゆえに保護の要件に欠けると判断し、保護廃止処分をしてきた。

旧生活保護法には欠格条項があり、能力があるにもかかわらず、勤労の意思のない者、勤労を怠る者には保護をなさないとしていた。現行生活保護法は欠格条項そのものはなくしたが、その運用は、就労可能だが就労しないでいる人（できないでいる人）のうち、救いがいのある人だけを選別し保護の対象とするが、そうでない人には怠け者とのレッテルを貼り、制度から排除するというものであり、旧法時代の運用そのものである。

＊7　詳しくは、布川日佐史編著『雇用政策と公的扶助の交錯――日独比較：公的扶助における稼働能力の活用を中心に』（御茶の水書房、二〇〇二年）を参照。

＊8　小山進次郎『改定・増補　生活保護法の解釈と運用』（中央社会福祉協議会、一九五一年）、全国社会保障協議会、一九七五年復刻。

（小川洋・河村直樹・布川日佐史）

補論 1

ハローワークの現状と改編の課題

1 ハローワークのになう役割

ハローワークでは、職業相談・職業紹介、雇用保険関係業務、事業主への雇用指導、各種助成金業務など、多様な業務を行なっている。ハローワークは誰でも無料で利用することができる国の全国ネットワークである。職業相談業務では、障害をもつ人や母子家庭、外国人など、就職が困難な求職者に対する特別窓口があり、それ以外であっても正社員として働いた経験の乏しい求職者や生活保護受給者等については、予約制の相談を実施しており、各種セミナーの受講や履歴書・職務経歴書の作成支援、模擬面接の対応などの支援が行なわれている。求人受理時には、労働条件等に法令違反がないかのチェックはもとより、求職者の希望条件等にもとづく求人条件に関する助言を行ない、仕事の内容等を正確でわかりやすい表記とする工夫が日々行なわれている。求人・求職の情報は、全国ネットワークのコンピュータ・システムによってリアルタイムで共有され、遠隔地への職業紹介も可能となっている。企業に対する求人開拓も日常的に実施され、こんにちの厳しい雇用情勢のなか、求人の絶対数を確保するための開拓のほか、再就職が困難な求職者向けの個別求人開拓も行なわれている。雇用保険業務においては、すべての労働者を雇用保険制度によって、失業という事態に給付を実施できるよう、未加入事業所に対する適用指導を行なっている。また、離職者が雇用保険に加入していなかった場合にも、聞き取りによって労働者性が確認できれば、事業所を指導して雇用保険に加入させ、遡及適用により給付を実施する。事業主の所在が確認できない場合等においても、安定所長の権限によって離職票を交付し、離職者の不利益を防止している。東日本大震災においては、事業主と連絡がとれなかったり、給与明細など確認書類を紛失した労働者に対し、こうした対応がはかられた。助成金業務では、主に雇用の維持と雇い入れに対する企業助成を行なっている。なかでも経済活動の悪化により業績が悪化している企業に対し支給する雇用調整助成金は、リーマン・ショック後多数の企業に利用され、解雇を防止し雇用を維持してきた。東日本大震災後において、二〇一一年六月の対象労働者数が岩手、宮城、福島三県の合計で三万人を超えるなど大きな役割を果たした。

2 職員数の絶対的な不足

二〇一二年一一月の有効求人倍率は〇・八〇倍（季節調整値）、月間有効求職者数二三二万八九三〇人に対して月間有効求人数は二〇三万五七七三人であり、すべての求人が充足したとしても三〇万人分の求人が不足している状況にある。パートタイムを除けば有効求人倍率は〇・六九倍、正社員に限れば〇・五二倍と、安定雇用が決定的に不足している。しかも、実態はこの数字よりもはるかに過酷なものとなっている。近年、求人賃金の低下が著しく、最低賃金額や、それに近い賃金水準の求人が相当の割合を占めている。総支給額が一〇万円をわずかに上回る仕事では生計を維持できない。また、職種のミスマッチも大きく、建設や医療関係などの求人が求人倍率を引き上げているが、製造や事務は限られている。このように、求職活動は統計にはあらわれない厳しい実態にある。そうしたなか、生活できる求人には応募が殺到し、一〇〇倍を超える倍率になることもめずらしくない。多くの求人が「履歴書・職務経歴書の事前送付」を求めており、この書類選考を突破するだけでもかなりの難関といえる。学歴や職歴、資格や免許等、有利な条件の求職者であれば、このような難関を乗り越えて再就職を実現することが可能である。しかし、長期失業者を優先採用するようなルールがあるわけでもなく、不利な条件の求職者は何度応募しても書類選考段階での不採用を繰り返し、「面接にさえたどり着けない」状態が続くこととなる。それにより「自分はダメな人間」「社会から必要とされていない」と自己否定し、求職活動も消極的になっていかざるをえない。全国労働組合総連合（全労連）の「ハローワーク前アンケート中間集計」（二〇一〇年一一月一二日現在）によると、失業期間が一年以上と回答した割合が一八・七％、前年の一二・六％から六・一ポイント増加している。この数字も過酷なものであるが、「再就職したいが応募しても書類選考で落とされるだけ」と、ハローワークから足が遠のいている長期失業者は多数存在するはずであり、実態は、さらに長期失業の割合が高いと考えられる。

求職者の採用を企業の選考のみにゆだねていたのでは、条件のよくない、すなわち弱い立場の求職者はいつまでたっても再就職などできない。そこでハローワークの役割発揮が必要となる。かつてのハローワークでは、職員は職業相談や職業紹介のほか、求人開拓や定着指導を通じて地元企業との信頼関係を日常的に築いていた。職員は多くの管内事業所について、作業環境や経営者の人柄まで把握することができていた。そのため、通常の職業紹介では再就職が難しいと思われる求職者については、「こういう求職者がいるが一度会ってもらえないか」と個別に企業に依頼し（個別求人開拓）、時には面接にも同行し、再就職を実現してきた。また、そのようなケースでは就職後一定期間経過後に企業を訪問して本人と面談し、安易に離職することがないようはたらきかけてきた。こうした定着指導は、離職を防止するにとどまらず、さらに企業との信頼関係を深めてきた。もちろん、個々の職員が管内企業の大半を把握していたわけではない。それでも、個別のケースについて部門で話しあうなかで、「それならこういう企業を知っているので頼んでみる」という職員があらわれる。いわばケース会議を日常的に実施していたのである。二〇年ほど前のハローワークは、求人票がなくても職業紹介ができる機関であった。

現在、障害者や新規中卒者に対しては、そうした対応が行なわれているものの、一般職業紹介においては、長い順番待ちの求職者に対応するだけで手一杯の状態であり、事業所訪問に行くことも、職員間で相談する余裕さえも与えられない。

このような状況をもたらしたのは、人件費の削減を目的に、長年にわたり職員数を削減させつづけてきた歴代政府の方針にある。一九九七年に二万三六七八人であった地方労働行政職員数は、二〇一一年には二万一五七七人にまで減少している。とくに二〇〇九年以降は、年間二〇〇人を超える削減が続けられており、これは中規模労働局一局分を単年度に削減する異常なものである。こうした定員削減は、ハローワークの官署を維持することも困難にしている。とりわけ地方では、県庁所在地の業務量急増に対応するため、郡部のハローワークの統廃合を進めざるをえない状況にある。地方には民間職業紹介機関も求人情報誌も存在せず、無料のセーフティネットであるハローワークの責任は重いが、片道一時間近くかけて仕事を探し、交通費だけで雇用保険失業給付の一日分が消える地域が存在する。ＩＬＯ八八号条約では職業紹介機関の全国体系について、「充分な数」と「使用者及び労働者にとって便利な位置」であることを求めているが、地域によっては国際基準違反が生じているといわざるをえない。

二〇〇九年七月には、リーマン・ショック後の雇用保険受給者や雇用調整助成金の急増により、全国で三〇四人の臨時増員がはかられたが、業務量にはとうてい見合うものではなく、職業相談業務にはまったく配慮されていない。しかも、雇用失業情勢は回復していないにもかかわらず、二〇一二年四月には、安定行政職員七五人の削減と、臨時増員一三〇人の解消が実施された。この臨時増員は、二〇一二年三月末までの雇用期間を定めた職員を採用することで実施された。二年余り過酷な業務量のなか、雇用保険や雇用調整助成金業務をになってきた職員を半年後に雇い止めすることとなれば、労働行政の損失ははかりしれず、これらの業務の体制を維持するため、職業相談業務はさらに縮小することも避けられない。

さらに民主党政府は、その限られた定員さえも、新規採用を抑制することで不補充とすることを実施してきた。二〇一〇年五月に閣議決定された「平成二三年度の国家公務員の新規採用抑制の方針について」により、一一年度の政府全体の新規採用者は〇九年度の六一%の四七八三人に抑制された。地方労働行政では労働基準監督官が二〇〇九年度の一〇五人から五三人に、職業安定所業務をになう事務官は〇九年度の一一六人から二三人にまで抑制されることとなった。定年退職者が生じ、定員が大幅に欠員になっても、わずか二三人の採用しか認められないため、多くの欠員を抱えたまま業務を行なわざるをえないこととされた。二〇一二年度においても、新規採用は労働基準監督官九〇人、事務官一四八人に抑制された。二〇一三年度についても、すでに労働基準監督官四六人、事務官四三人の上限が決められている。これは退職者による欠員をすべて補充しうる規模ではないばかりか、これまでに累積した欠員を回復する手段もなく、二〇一二年度当初で、地方労働行政で数百を超える欠員が見込まれている。このような方針を続けることは、ただでさえ不十分な行政体制をより脆弱化するものである。くわえて、新規学校卒業者をはじめとする若者の雇用環境のなか、働き口を国みずからが奪うものである。

行政体制の不十分さは、相談時間を十分に確保することも不可能としている。職員はつねに待ち人数を気にしながら相談することが必要となる。そのため、五分からせいぜい二〇分程度しか相談時間を確保することができず、それでも一時間を超える長い待ち時間が常態化している。全国の職業安定所では、朝八時三〇分の開庁時間には、長い求職者の列ができ、駐車場に入りきれない車が車道に列をつくり、周囲の交通の妨げとなっている。開庁後には求人検索パソコンは求職者で埋まり、パソコン利用で早くも待ち時間が生じる。さらに職業相談で待たされるため、職業安定所の利用は半日仕事になることも決してめずらしくはない。

ハローワークの体制がいかに不十分であるかは、主要先進国と比較すると明らかである。職業紹介機関の数でみると、労働力人口が日本の半分以下のフランスの、わずか六割弱となっている。職員一人当たりの失業者数は、日本はイギリスの一二・三倍、ドイツの七・六倍、フランスの六・二倍となっている。これではきめ細かい職業相談ができるわけがない。

諸外国では、求職者との相談はプライバシーに配慮して個室で行なわれるが、日本では簡単な仕切り板で区切られただけのカウンターで行なわれており、隣席の相談内容はすべて聞き取れるような状況である。また、庁舎スペースもきわめて狭隘であるために、相談カウンターのすぐ近くに待合い用の椅子を配置せざるをえず、待っている間にカウンターの相談内容が聞こえてしまうありさまである。ドイツなどでは、一人の求職者には複数の職員が対応し、日常的にケース会議を行ないながら再就職の方向性を検討しているのとくらべ、日本の求職者は非常に厳しい環境で求職活動を強いられている状況にある。

3 非常勤職員の急増

こうした脆弱な職員体制のなか、職業安定行政には多くの非常勤職員が配置され、その数は、職業相談関係業務では職員数の約三倍となっている。一九八〇年代頃までは、非常勤職員の職務は、第一線をになう職員の補助的後方事務であった。しかし、現在では職業相談・紹介や雇用保険業務、各種助成金業務など、求職者や事業主と対応する第一線業務を多くの非常勤職員がになっている。いまや非常勤職員なしには職業安定行政は一日たりと機能することはできず、そのため、非常勤職員にも高い専門性が求められている。にもかかわらず、非常勤職員は業務予算によって配置されているため、年度の施策の変更により、業務が廃止されたり規模が縮小されれば、その職を失う雇い止めが毎年膨大に行なわれている実態にある。また、正規職員は職業相談や雇用保険、各種助成金や都道府県労働局の企画業務など、多様な業務を経験し、総合性を育成するのに対し、非常勤職員は同一の業務を継続して担当するため、専門性は深化するもののの総合性を身につける機会を与えられない。職業安定行政の各業務は相互に密接に関連しており、たとえば、雇用保険や助成金の知識がないなかで職業紹介を行なうことは困難である。ゼネラリストの職員を減少させ、スペシャリストの非常勤職員の割合を急増させている現状は、職業安定行政の機能を低下させていることにほかならない。また、雇用の安定を目的とする職業安定行政職場で、毎年雇い止めを行なっている実態も早急に改善することが求められる。

4 ハローワークの地方委譲という暴論

ハローワークをめぐっては、自民党政権下で行なわれていた地方分権改革を民主党政権が引き継ぎ、地域主権の名のもとに国の出先機関改革が議論されてきた。全国知事会など改革推進勢力は、職業紹介機能は、より住民に身近な地方自治体で行なうことがふさわしいと、ハローワークの都道府県への委譲を強く主張している。しかし、こんにちの職業紹介業務は都道府県単位で完結するものではない。首都圏や近畿圏、東海圏をはじめとする都市部では、都道府県境を超えた職業紹介が日々行なわれており、たとえば東京都の企業の求人は、約四割が他県の求職者によって充足されている。さらに、新規学校卒業者も含め、北海道や北東北、沖縄や南九州など求人状況が厳しい地域では、全求職者を道県内で就職させることは不可能である。そのため、ハローワークでは全国斉一ネットワークにより求人を連絡し、広域職業紹介によって就職を実現している。東日本大震災では、国の直接執行機関であることの優位性も発揮された。被災地で急増した雇用保険業務や雇用調整助成金業務に対応するため、全国のハローワークから職員が応援派遣された。厚生労働省より全国の労働局に対し、業務の種類と派遣期間、派遣人数が指示され、一人の狂いもなく要請どおりの派遣が実施された。そこでは、現地での研修を必要としない即戦力の職員が選抜されている。ハローワークが自治事務であったなら、国から全国の自治体に対して行なわれるのは指示ではなく要請であり、このような一糸乱れぬ迅速な対応は困難であったに違いない。

地方委譲論の急先鋒の一人である埼玉県上田知事は、ハローワークの地方委譲を求める提案のなかで、埼玉県への委譲後は職業紹介業務を民間委託する方向を明らかにしている。このように、ハローワークの地方委譲論の背景には、民間委託があることが透けてみえる。これまでにも、市場化テストの導入など、ハローワークの民間開放を求める人材ビジネスの要望は強い。しかしその実態は、逆にハローワークの優位性を裏づけるものとなった。二〇〇三年一一月から、東京都足立区で「官民共同窓口」の事業が実施された。特区の枠組みによって、ハローワークとリクルート社の窓口が区役所内の一室にそれぞれ設置され、求職者が自由にどちらでも利用できるというものであった。足立区では、カウンセリングの実施や就職の状況に応じて一人当たり最大三六万円（二三歳未満の者が六か月以上継続就労した場合）の成功報酬（助成金）を支払うこととしていた。構造改革特別区域推進本部の評価委員会の調査に対し、リクルート社は「平成一五年度一一月の事業開始から一六年四月末までの新規求職者に対する就職決定者の割合はハローワークが一五・一％（新規求職者一〇九八人、就業決定者一六六人）であるのに対し、当社は三三・八％

〈新規求職者三五八人、就業決定者一二一人〉となっている」と、自らの実績が高いとアピールした。しかし、両者の就職率の算出方法はまったく異なるものであった。ハローワークの就職は、ハローワークの求人に紹介就職が決定したものであるのに対し、リクルート社の就職は、リクルート社に登録し、その後就職した者の数であり、そのなかには自己就職者やハローワークによる紹介就職者も含まれていた。足立区に、物差しをそろえるため、リクルート社が保有する求人に紹介就職した実績を確認したところ、一二一人中わずか四人であることが明らかになった。就職率は一・一%にすぎず、にもかかわらず一二一人分の成功報酬を得ていたわけである。

市場化テスト事業においても、たとえば二〇〇八年度の求人開拓事業は、雇用失業情勢の厳しい全国三九地域で実施され、北海道函館地域、青森東青地域が民間委託によって実施され、他の地域は国が実施した。青森東青地域に対しては国が実施する青森三八地域が比較対象とされ、北海道函館地域に対しては青森津軽地域と高知中央地域が比較対象とされた。その結果は、青森東青地域では求人開拓数で国が六六五八であるのに対し民間は二五一九、求人の充足では国が三三一二であるのに対し民間は八五四、充足一件当たりの経費は国が四万七〇〇〇円であるのに対し、民間は二四万一〇〇〇円となった。北海道と津軽、高知中央の比較でも、充足一人当たりの経費が国の高知中央九万四〇〇〇円、津軽五万一〇〇〇円に対し、民間の函館は二二万五〇〇〇円などと、両地域とも圧倒的に国の直接実施の優位性が証明されている。

このように、職業紹介業務を通じて利潤を得ようとすることは、公的職業紹介を大きく変質させることになりかねず、ＩＬＯ八八号条約に規定するとおり、国の直接執行体制を維持することが必要である。

5　ハローワークの機能と体制の拡充の方向

現在のハローワークは、きめ細かな職業相談や個別求人開拓等が困難な、きわめて脆弱な体制であり、大幅な人員増が不可欠である。同時に、求職者保障制度を導入するにあたっては、業務運営や機関数も見直すことが必要となる。定員削減が続けられた結果、全国各地で統廃合が進められ、ハローワークに通うのに片道一時間以上、交通費も何千円も要するケースが少なくない。これでは求職活動を制限しかねず、雇用保険や求職者保障制度の効果も十分に発揮されない。そのため、福祉事務所と同数程度（約二・五倍）にハローワークを増設することが望ましい。また、職員数も、求職者保障制度の給付に要する人員も含め、先進諸外国並みに少なくとも現行定員を六〜七倍に拡充する必要がある。そのさいには、不安定な雇用、劣悪な労働条件にもかかわらず第一線業務を支えている非常勤職員を常勤化することが、ハローワークの機能強化にとっても重要である。

こうした体制の拡充によって、個別支援が可能となる。求職者の技能や経験等に応じた個別求人開拓にくわえ、ハローワーク職員が面接にも同行する。経験が乏しい、人と話すことが苦手、失業期間が長い、そうした求職者は、競争を勝ち抜いて就職することはきわめて困難であり、応募不調を繰り返し、自信喪失を深めることになりがちである。ハローワーク職員がそうした個々の求職者に寄りそい、「この人を就職させる」ために個別サポートを行なうことが、再就職にとってはきわめて有効である。

職業相談は、いつでも、どこでも自由に無料で受けられる方法を維持する必要があるが、求職者の希望に応じ、予約相談制を選択できることとし、複数のハローワーク職員が職業相談にあたる。職業相談はプライバシーに配慮した個室で行なう。履歴書や職務経歴書、応募用写真等は、すべてハローワークで無償提供される。

職業相談と生活相談は、相互に連携する必要があるため、ハローワークではただちに求職活動が困難と認められる生活困窮者を把握した場合には、求職者とは別に相談者情報を作成し、福祉事務所に連絡のうえ、福祉事務所より生活保護開始の有無等、顚末の報告を受けることが必要である。多重債務者等についても相談者情報によって管理し、法テラス等を教示するにとどめることなく、職員が法律家等に連絡し、その顚末を管理する。

福祉事務所とは、日常的に連携を深めるため、相互の職員で構成する協議会を設置し、週に一回、数時間程度の会議を開催する。会議では、たんなる計画と実績を議論するのではなく、個別ケースについて、福祉事務所かハローワークかどちらを支援の場とするのかを具体的に検討する。また、生活保護受給者のうち、求職活動の開始時期が近い者を対象に、職業講話を計画的に開催し、求職意欲を喚起する。こうした業務を日常的に行なうため、福祉事務所にハローワーク職員を常駐させ、ケースワーカーとともに保護受給者との相談を行ない、求職活動への移行者を選定する。

このような労働行政体制を拡充したきめ細かい相談・支援体制の確立によって、憲法第二二条に定める職業選択の自由、第二七条の勤労権保障が可能となるのである。

（河村　直樹）

補論2

雇用労働政策と公的扶助の交錯
――ドイツの事例から

失業・不安定雇用と貧困の拡大を背景に、就労可能な生活困窮者への最低生活保障と就労支援はますます重要な課題となり、雇用労働政策と公的扶助とが交錯した分野の制度改革をめぐる動きも進んでいる。ここでは、二〇〇五年に日本に先立ち大規模な制度改革を行なったドイツにおける「求職者基礎保障（社会法典Ⅱ）」成立に至る過程と、制度の特徴を整理し、わが国の制度改革に向けた検討材料を提供する。

1 ドイツにおける失業時生活保障

(1) 失業扶助の役割

ドイツでは、一九八〇年代に構造的大量長期失業が深刻化し、失業者は二〇〇万人を超えた。さらに一九九〇年の東西ドイツ統一をへて九〇年代には失業者は四〇〇万人を突破した。失業率は一〇%を超え、東ドイツ地域では二〇〇〇年代初頭に二〇%に達した。

労働者が失業した場合、日本と同様、労働政策として公共職業紹介をになう労働事務所を通じて、失業保険制度による「失業手当（Arbeitslosengeld）」が給付される。日本の雇用保険制度における求職者給付にあたるが、給付日数は日本よりも長く、中高年失業者は二二か月受給できた。とはいえ、それでも失業が長期化すると給付期間を終えてしまう。ドイツの特徴は、失業手当の給付日数が満了してしまったが失業から抜け出せない長期失業者が、労働政策としての「失業扶助（Arbeitslosenhilfe）」を引きつづき受給できたことである。

失業者が増加する過程で、失業保険の受給者の増加が頭打ちになるのを失業扶助が補ってきた（図1）。失業扶助受給者は一九九〇年のドイツ統一後に著しく増加した。失業扶助が旧東ドイツ地域の失業者の生

図1 失業の推移

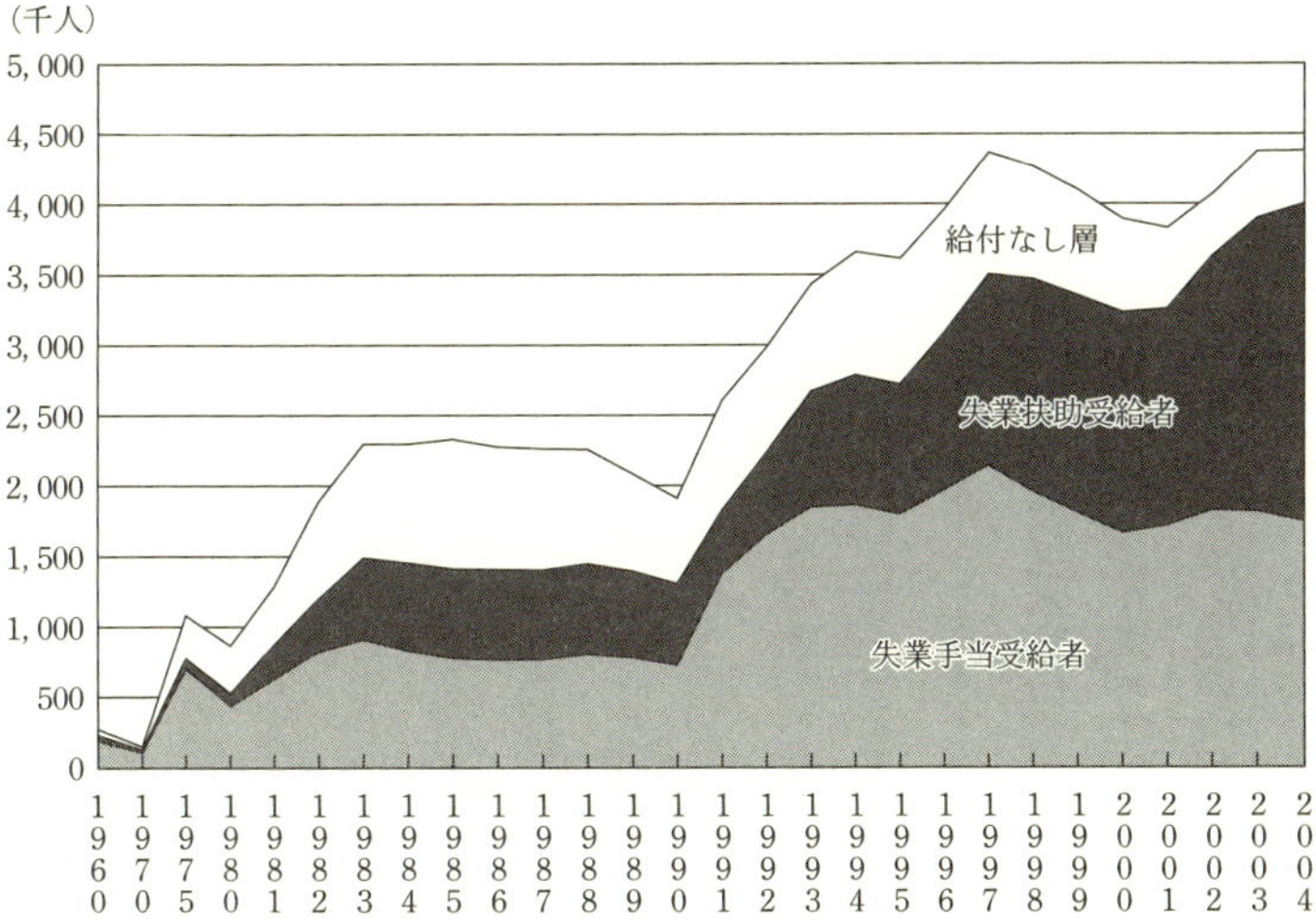

出典）Bundesministerium für Arbeit und Soziales,Statistisches Taschenbuch 各年版より作成。

活を長期にわたって支えた。二〇〇三年に失業保険の給付期間が、原則一二か月、最長一八か月（五五歳以上）に短縮された。これによって失業手当受給者は減少したが、代わりに失業扶助受給者が急増し、二〇〇四年には二〇〇万人に達した。

失業扶助の受給資格は、「世帯」単位ではなく、失業者個人の所得および資産をもとに規定されてきた。失業保険の給付日数が過ぎてしまった失業者は、パートナーに一定の収入があっても失業扶助を受給できた。失業扶助は失業者が就労していたときの生活水準の維持を目的としており、給付額の決定方式は失業保険と同様に、失業前の実質賃金に一定割合（代替率）を乗じて算出した（五六％、子どもがいる場合は五八％、一九九三年）。後述の「社会扶助

図2　社会扶助（生計扶助）受給者の推移

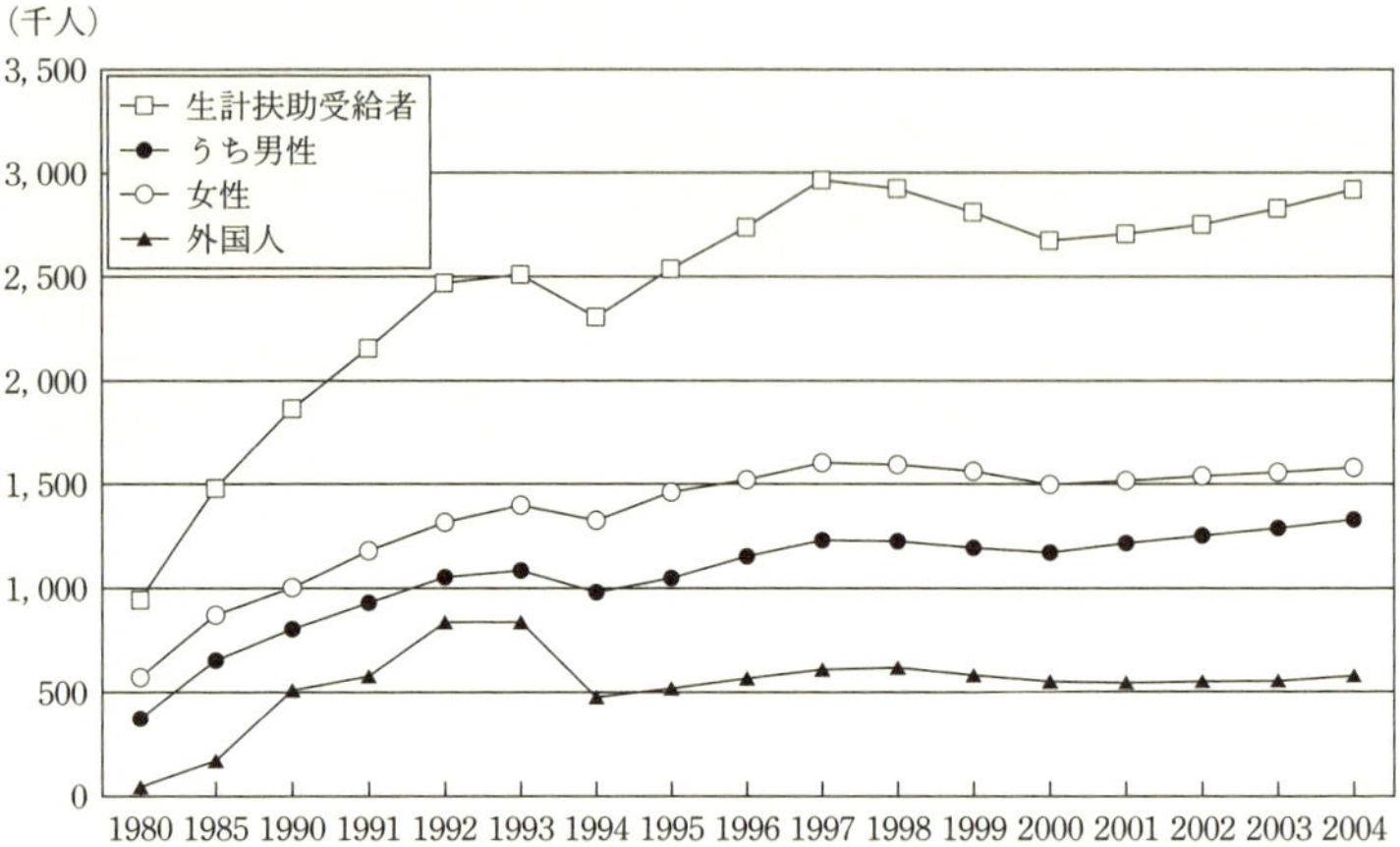

出典）Statistisches Bundesamt, Pressemitteilung vom 19.Augst 2005.

（Sozialhilfe）」と異なり、世帯の最低生活ニーズの充足を原則にしていない。

失業扶助の給付額には失業する前の就労期間と賃金の格差が反映するので、男女間、東西ドイツ間の格差が大きい。代替率が財政難を理由に引き下げられたため、前職の賃金額、また世帯構成によっては、失業扶助だけでは最低生活費を満たせない場合が生じ、社会扶助を併給するという事態が広がった。

(2)　失業と社会扶助

社会扶助受給者の急増

失業が深刻になると、労働政策だけでは支えられなくなる。一九八〇年代以降、最後のセーフティネットである社会扶助が失業者の生活を支えてきた。ドイツの失業時生活保障給付のもう一つの特徴は、失業手当や失業扶助を受けられない人、給付を受けても金額が世帯の最低

図3　就労可能な社会扶助受給者

社会扶助（生計扶助）受給者	2,757,000
15歳未満の子ども	886,000
65歳以上	189,000
15～64歳の受給者総数	＝1,681,000
育児，介護等の理由で就労していない	277,000
疾病，障害のため，労働不能であり就労できない	153,000
潜在的労働者数	＝1,252,000
現在すでに就労中（フルタイム・パートタイム）	143,000
現在，職業訓練受講中のため就労していない	118,000
労働者数	＝1,252,000
15歳から64歳中の割合	56%
失業登録をしている人	732,000
何らかの理由で求職活動をしていない	258,000

出典）Statistisches Bundesamt, Sozialhilfe 2003, Wiesbaden, 2003 S.21.

生活費に満たない人、さらに、就労してはいるが賃金が世帯の最低生活費に足りない人など、労働分野の制度では最低生活が保障されない人たちが、社会扶助を受給してきたことである。

社会扶助（生計扶助）受給者は、一九八〇年代の一〇年間で倍増した（図2）。一九九〇年の東西ドイツ統一を経てさらに一〇〇万人増加し、九七年にピークに達した。その後いったん減少したが、ふたたび増加に転じ、二〇年間で受給者は三倍になった。制度改革直前の二〇〇四年末の受給者は、二九一万人、一四六万世帯、保護率（全住民に占める社会扶助受給者の比率）は三・五％であった。

社会扶助受給者のなかに、就労可能な人が多数を占めた。図3に示したように、二〇〇二年末において在宅で生活扶助を受給していた二七五・七万人のうち、稼働年齢（一五歳以上六五歳未満）の生活扶助受給者は一六八・一万人、全体の六〇・九％である。病気、障害や、育児介護等家庭の事情で就労不能な人が四三万人（稼働年齢層の二五・六％）いる。それを除いた一二五・二万人が就労可能である。就労可能な受給者は、在宅で保護を受けている人全体の四五・四％を占めた。

稼働能力の活用

日本の生活保護は、「稼働能力を活用していること」を受給開始要件および受給継続要件とする運用を続けてきた。そのため、失業者や不安定就労者は、「稼働能力不活用」と判断され、生活に困窮していても生活保護を受給することができないできた。

社会扶助法は、第一八条で「扶助を求める人は何人も、自己とその人が扶養義務を負う親族の生計を調達するために、自らの労働力を活用しなければならない」と規定していた。日本と同様、稼働能力の活用を保護の受給要件としているようにみえる。ただし、ドイツでは司法の判断により、能力活用要件は受給権を成立させる積極要件ではなく、いったん成立した受給権を消滅させる要件だと判示されてきた。[*1] 生活に困窮していれば、まずは最低生活を保障するということである。

稼働能力不活用に対する制裁に関しても慎重である。この点についても判例が積み重ねられ、不利益変更（給付削減・給付停廃止）は就労拒否に対する制裁ではなく、将来における就労を通じた自立のための教育的手段であるとの考え方が有力となった。社会扶助実施機関は、就労を拒否する人を援助の対象外に放逐する権利を与えられているわけではないとも判示されてきた。

社会扶助と自治体財政

社会扶助は連邦法に規定される事務ではあるが、連邦や州はその費用に対して直接の負担義務を負っていない。そのため自治体財政に占める社会扶助費の割合は高く、一九九八年度のドイツ市町村における社会扶助給付費は、連邦社会扶助法にもとづくものだけで行政会計（一般会計）支出総額の約一七％を占める。[*2] ドイツの自治体にとって、社会扶助費が支出面における財政ストレスの最大要因となってきた。

2 就労扶助の展開

(1) 自治体独自の就労支援策

国の労働政策による雇用創出対策や職業訓練対策など就労支援対策は失業保険受給者を重点対象にしているため、社会扶助受給者は対象から漏れてしまう。稼働能力のある社会扶助受給者が増加するという事態を背景に、自治体は、雇用の場の創出など就労支援策を独自に展開しはじめた。自治体が行なう就労支援の内容は、労働行政による就労支援とは異なる。何らかの生活上の支援を必要とする人など対象は多様であり、受給者の多様な就労可能性に応じた重層的かつ段階的支援や、ソーシャルワークとの組み合わせが重視されてきた。

注目すべきは、自治体が、社会扶助法第一八条から第二〇条に規定された「就労扶助（Hilfe zur Arbeit）」にもとづき、自治体独自の就労支援策を展開したことである。就労扶助とは、金銭給付でなく、多様な就労の場を受給者に提供する政策手段のことである。

まず、就労経験がない、もしくは長期間失業状態にある社会扶助受給者には、就労経験と社会参加の場を提供し、規則正しい労働に慣れることなど、就労への準備を支援した。

就労意欲はあっても個別的理由から一般労働市場での求職が難しい人には、「公益的かつ補足的（収益が見込まれず、営利企業が参入できず、かつ社会的に有用）」な就労先を創出し、そこでの就労を提供した（プレミア型就労扶助）。短期の、短時間就労である。この就労では雇用関係および社会保険加入義務は生じない。公園や道路の清掃など自治体が行なう屋外の軽作業などが主な就労内容であった。従事者が受けとるのは給与ではない。生活扶助を受給しつつ、あわせて就労にともなって生ずる増加支出に対する補償加算を受けとった。

高い就労可能性を有しているがまだ一般労働市場での就職が可能ではない人に、「公益的かつ補足的」な分野で、社会保険加入義務の生じる就労を創出し、提供した（労働協約型就労扶助）。就労先は、ＮＰＯ

などの非営利団体が中心になる。自治体が直接に雇用する場合もあるし、東ドイツ地域では失業者のための「雇用会社」での就労も顕著であった。一年間（最長二年間）就労し、その期間中に職業訓練も受ける。就労経験と職業訓練により、一般労働市場で実際に就職可能となる高い労働能力を獲得するのである。雇用関係は一般労働者と同じ雇用契約であり、就労中はその地域に適用される労働協約に応じた賃金を受けとる。その額は、就労内容によるが、単身者の社会扶助額より高くなる。重要なのは、就労期間中は社会保険加入義務が生じることである。この形態の就労扶助に一年従事すれば、失業保険（さらに失業扶助）の受給権が生じた。

就労の場を実際に提供するのは、「就労扶助の実施者」である。就労扶助の実施者は、自治体だけでなく、六大福祉団体（ディアコニー奉仕団、カリタス連合、労働者福祉団、パリテーティッシュ福祉団、赤十字社、ユダヤ中央福祉センター）およびその傘下諸組織や、独立組織であった。

(2) 福祉としての就労支援の特徴

就労扶助による就労機会の提供は、ソーシャルワークおよび職業訓練と連携して実施された。ソーシャルワークの連携は、すぐに就労するのが難しい人たちにとって、動機づけや長期的な生活の安定を確保するうえで非常に重要であり、効果的であった。社会研究所（ＩＳＧ）調査によれば、「プレミア型就労扶助」に従事する就労阻害要因を抱えた対象者の全員が、また「労働協約型就労扶助」に従事する若年失業者のほとんどが、援助サービスを受けた。[*3] ブランデンブルク州の「社会扶助の代わりに労働を」プロジェクトを例にとれば、就労扶助従事者一二人で一グループを形成し、それに一人のプロジェクト指導員、一人の専門職業指導員、一人のソーシャルワーカーが配置されている。ソーシャルワークの内容は、就労への動機づけ、多様な生活リスクを克服するためのアドバイス、さらには託児先を探す援助など、生活にかかわる問題での具体的援助も含んでいる。

就労可能性を高めるには職業訓練対策との組み合わせが必要である。社会扶助受給者のなかには、職業訓練をまったく受けていないか、もはや時代遅れとなった職業訓練を受けた人たちが多い。職業訓練で資格を高めることなしには、企業が求める効率性・生産性の高さに達することはできない。前述のＩＳＧの調査によれば、労働協約型就労扶助に従事している人の約三分の二が職業訓練を受けている。

社会扶助受給者に対する福祉的な対応をもとにした就労支援は、従来の労働行政ではできない、多様な経験を生み出した。

(3) 労働行政と自治体福祉行政——負担の押しつけあいから協同へ

一九九〇年代後半までは、連邦労働行政機関と自治体の関係は、生活保障金銭給付の面でも、また、積極的な雇用創出・就労支援の面においても、負担の押しつけあいという性格が強かった。

労働行政による失業手当給付日数の短縮や、失業手当・失業扶助給付代替率の引き下げは、社会扶助受給者の増加というかたちで自治体に負担を押しつけた。それに対抗し、自治体は就労扶助を活用したのである。労働協約型就労扶助によって社会扶助受給者が失業保険加入義務のある労働に一年間従事すれば、その後、失業状態に戻ったとしても、まずは失業保険、次に失業扶助からの給付を受けることができるようになる。自治体は稼働能力のある要扶助者の生活保障費負担を連邦労働行政機関へ押し返せるのである。就労扶助は、自治体の社会扶助財政削減対策の切り札だった。

しかし、こうした負担の押しつけあいは不毛であり、行政のむだを生み、不効率である。一九九〇年代末から、両者の関係は負担の押しつけあいから、協同が模索される段階に入った。「一つの手からの援助」をスローガンに、連邦労働行政と自治体の福祉政策との連携がめざされるようになった。自治体が社会扶助受給者のもつダイナミズムを生かそうとするなら、連邦労働行政機関が有する就労支援諸施策を活用することが課題になる。自治体として就労支援システムを拡充するには、連邦の労働行政との連携が必要である。また、連邦労働行政機関にとっては、個々人への手厚いケースワークと地域労働市場の実態に即した政策を展開するには、自治体が就労扶助をつうじてつくりだしてきたシステムとノウハウが必要なのである。一九九八年の社民党（SPD）への政権交代を受け、こうした動きが一気に加速する。

3 求職者基礎保障（社会法典Ⅱ）の創設

二〇〇三年以降、シュレーダー政権（当時）はその命運をかけ、労働法制・労働市場政策・社会保険・失業扶助・社会扶助これら全体のパラダイム転換を掲げた改革（「ハルツ改革」）を、政治主導で一気に実施した。二〇〇三年に労働者派遣法が改革され、ミニジョブ、ミディジョブなど社会保険加入義務以下の就労形態が拡大された。二〇〇四年には、連邦雇用庁は連邦雇用エージェンシーへ、各地の労働事務所は雇用エージェンシーへと組織の性格を変えた。

改革の仕上げとして、二〇〇五年に失業扶助が廃止され、新たな最低生活保障制度である「求職者基礎保障（社会法典Ⅱ）」が創設された。これは就労可能な生活困窮者とその世帯員の最低生活保障と就労支援を、国の財源によって行なう制度である。失業時生活保障体系は大きく再編成された。失業扶助廃止により、生活困窮状態の失業者は求職者基礎保障からの給付を受給することになった。また、社会扶助は対象を就労不能な生活困窮者に狭めた。就労可能な社会扶助受給者は社会扶助から切り出され、求職者基礎保障からの給付を受給することになった。就労可能な生活困窮者は、求職者基礎保障という「一つの手」のもとに統合されたのである。

(1) 失業扶助の廃止と社会扶助の対象者の限定の意味

ドイツの社会保障制度にとって失業扶助を廃止したことが意味するのは、従前の賃金額に応じた生活水準を保障する期間を、失業保険の給付期間だけに限定するということである。失業保険の給付期間を過ぎた長期失業者への生活保障給付水準は、従前の生活水準ではなく、最低生活保障水準となった。また、社会扶助から就労可能な生活困窮者を切り出したことは、就労可能な人およびその世帯員を労働政策の対象とし、自治体ではなく、国の負担で最低生活を保障し、就労を支援するということである。

(2) 隠れた貧困の顕在化

求職者基礎保障は、従来の社会扶助に残っていたスティグマをなくし、最低生活以下で暮らしていた人々に使いやすい制度となり、隠れた貧困を顕在化させた。受給者は、二〇〇七年以降、三六〇万世帯、合計七〇〇万人弱で推移してきた。六五歳未満人口中の求職者基礎保障の受給者比率は、西ドイツ地域で八・九%、東ドイツ地域で一七・一%、ドイツ全体で一〇・五%に達した(二〇一〇年七月)。

(3) 最低生活保障の水準をめぐる議論

求職者基礎保障の生活保障給付の給付額は、社会扶助に準じている。ただし、一時的な需要や基準額として把握しきれない個々の需要に対し、個別化原理および需要充足原理をもとに個々に認定・給付してきた従来の社会扶助とは異なり、そうした需要を基準額のなかにあらかじめ一定額として組みこむ「定型化（一括化）」方式に転換した。そのため子どもにかかる需要が配慮されていないなどの問題が生じ、見直しが求められることとなった。[*4]

(4) 就労支援の特徴

就労支援の政策手段

求職者基礎保障は、労働市場サービスを現代化する労働政策改革の一環として創設された。提供される就労支援サービスの充実がはかられた。就労可能な受給者に、職業訓練や雇用創出措置など「雇用促進（社会法典Ⅲ）」にもとづく多様な労働参入支援が提供される。また、労働への参入を側面から援助するため、育児・家事援助、債務相談、依存症相談などの支援サービスが提供される。

こうした支援を対象者の実態に合わせて実施するため、新たに受給者一人ひとりに対する個人担当者制度と、「就労指向のケースマネジメント」が導入された。ケースマネジャーが配置され、就労阻害要因を抱え、生活支援が必要な受給者の支援にあたっている。

一般労働市場での就労先がない受給者には、「労働機会（Arbeitsgelegenheit）」が提供される。就労した場合、就労にともなう増加需要分への補償額が一時間当たり一〜二ユーロ付加的に給付される。それゆえ、これは、「一ユーロ・ジョブ」と呼ばれている。

労働機会は、社会扶助が定めていた就労扶助のうちの、いわゆるプレミア型就労扶助に相当するものである。労働協約型就労扶助は求職者基礎保障には引き継がれなかった。

性格の変化と制裁

求職者基礎保障は、支援に先立ち、まずは自らの努力を求めるという原則を掲げた。具体的には、就労可能な受給者は実施機関と「参入協定」を結び、どのような給付を得られるか、また、どのような努力をし、どの程度の頻度で労働への参入に努めるか、そして、どのような形態で努力のほどを実証するかを定める。それに反した場合には制裁として給付削減を受けることになる。義務の履行なしには給付を受けられないということであり、権利としての最低生活保障を原則とする従来の社会扶助とは性格が異なっている。

労働義務づけや制裁強化には反対する声が強い。他方で、要請、制裁が不十分だとの批判もある。理念上の対立はともかく、制度施行後の実践を通じて、制裁による脅しは労働市場に参入する条件をもった人には効果があるが、就労阻害要因を抱えた人には効果はないこと、そうした人には、社会参加としての労働機会の提供が効果的ということが明らかになってきた。制裁が積極的効果をもたらすことはまれである。動機づけに重要なことは、よりよい機会を与えることである。こうした点を重視した支援のとりくみが各地で広がっている。

(5) 実施体制をめぐって

二分した実施主体

就労可能な生活困窮者に「一つの手からの援助」を行なうというのが、求職者基礎保障創設の目的であった。ただし、その実施主体は、二つに分かれている。連邦雇用エージェンシーが、最低生活保障給付と労働参入支援（職業紹介支援・職業訓練・雇用機会の提供）をになう。自治体が、住居・暖房費給付と、福祉的参入支援（債務・依存症・精神相談や育児・生活支援サービス）をになうのである。

法案が審議されていた二〇〇三年当初は、求職者基礎保障は国が財源全体を負担し、連邦雇用エージェンシーが実施を管轄するという案であった。しかし、連邦雇用エージェンシー主導を方針とする与党と、自治体主導を主張する野党が、連邦参議院の与野党逆転状態のもとで妥協した結果、実施主体は連邦雇用エージェンシーと、自治体の二つに分かれることになった。その背景には、政治的な対立だけでなく、国と自治体の、また自治体間の錯綜した利害対立があった。[*5]

雇用エージェンシーと自治体の二つを実施主体と規定したが、「一つの手からの援助」が新制度創設の根本目標である。「一つの手からの援助」は、二つの形態で具体化されることとなった。

協同体

まず第一の形態は、任務の遂行を統一的に行なうため、雇用エージェンシーと自治体は、「協同体（ARGE）」を設立し、そこで「一つの手から」援助を行なうというかたちである。雇用エージェンシーの職員と自治体福祉事務所の職員からなる協同体という行政機関が、生活保障給付と就労支援サービスの給付を決定する。実際の支援は福祉団体やNPOが受託し、債務・依存症相談、育児・生活支援サービスを提供している。

「一つの屋根の下」ではなく、「一つの手からの援助」を実質化するには、協同体において、雇用エージェンシーと自治体が各自の担当部分を別々に実施するのではなく、協同体の方針全体を両者で決定し、両者で共同運営する、共通する事務を統合し効率化するということでなければならない（「一つの手による管理」）。ただしそうなればなるほど、憲法が禁止する「混合行政」となってしまう。実際、連邦憲法裁判所は二〇〇七年一二月に、協同体の合法性を認めず、一〇年末までに組織変更すべしとの判決を下した。

協同体の見直しは、政権交代も絡み紆余曲折をへた。最終的には、二〇一〇年に、求職者基礎保障の実施にあたっては、連邦、州、自治体が共同の組織において協力するのを通常とするという文言が憲法に追加され、組織は協同体（gE）・ジョブセンターとなった。協同体の存続をはかるために憲法を改正したということであり、協同の意味が大きいことがわかる。

オプション自治体（認可自治体）

もう一つの形態は、「一つの手からの援助」のために、自治体がすべてをになうというかたちである。自治体（郡および郡に属さない市）が、雇用エージェンシーの権利義務を引き受け、求職者基礎保障の任務すべてをになうということが時限つきの実験条項として認められた。五年間この形態の実験してみて、協同体の成果と比較することになった。

全国六九の自治体が「オプション自治体」として認可を受け、一つの手からの援助にとりくんだ。自治体は、青少年扶助など関連諸施策と連携し、地域のネットワークを活用した支援を進められる。自治体が一手に支援を引き受けたことのメリットは大きい。

そうした成果により、二〇一一年からこの形態は恒久的な制度となり、認可自治体の数は一三〇に拡大された。

国と自治体の連携

協同体とオプション自治体のどちらが効果的かという成果比較の結果は二〇〇八年に連邦議会に報告されたが、それぞれメリット、デメリットがあり、どちらが優位かを決めるほどの違いは検証されなかった。そもそも、協同体、オプション自治体のどちらも、地域ごとで組織や運用方針が大きく異なり、どちらも統一したモデルをつくりだしてきたわけではない。協同体か、オプションか、二つの形態の対抗関係において、また、二つの形態それぞれのなかで、より効果的な支援が現在も模索されている。

ドイツは連邦制の国であることから、貧困に対する闘いでは、連邦、州、自治体のそれぞれの任務分担が重要な意味をもつ。所得政策、労働市場政策などの分野では、連邦が実施責任と財源をになうことにより、貧困の防止をめざす。自治体は、連邦から独立した自治組織として、それぞれの地域において、福祉国家にふさわしい生活水準を実現する義務を負ってきた。自治体は、社会政策の課題として、社会扶助給付を行ない、社会サービスを提供し、さらに就労支援も展開するようになった。連邦の政策・制度や規制によっても社会的問題や貧困の発生が防げない場合、自治体は、具体的な対策を講じる義務を負ってきた。自治体は「福祉国家の不備を是正する予備軍」としての役割を果たしてきたのである。

就労可能な生活困窮者が増大するなかで、大きな制度改革を行ない、連邦も自治体も、新たな役割をになうことになった。制度的には、実施主体をみれば単一の形態をつくりあげるのには失敗し、試行錯誤を続けている。しかし、国と地方の分担をきれいに分けた絵を構想することからはじめるのではなく、国も自治体も、それぞれが自らの課題を広げ、課せられた責任を果たそうとしているところから、多くのことを学ばなければならない。

◉注

＊1　前田雅子「能力活用の意味の再検討」・木下秀雄「ドイツ社会扶助法における稼働能力活用義務と給付制限」布川日

佐史編著『雇用政策と公的扶助の交錯――日独比較：公的扶助における稼働能力の活用を中心に』御茶の水書房、二〇〇二年。

＊2　武田公子「自治体扶助費問題と行政改革」布川日佐史編著『雇用政策と公的扶助の交錯』。

＊3　Deutscher Bundestag, Deutscher Bundestag Drucksache, 13/10759,1998, S13.

＊4　嶋田佳広「社会扶助の実施と給付――ドイツの動向及び課題」『貧困研究』七号、二〇一一年、四五―四六頁。

＊5　武田公子「ハルツⅣ改革とドイツ型財政連邦主義の行方」『金沢大学経済学部論集』二七巻二号、二〇〇七年、一四九～一七三頁。

（布川日佐史）

第3章

失業時・勤労時の生活を支えるシステム

労働、居住、社会サービス、所得

雇用保険制度と求職者保障制度は、他の社会保障制度と労働市場規制によって支えられる必要がある。社会保障と労働市場規制は同時に通常の就業時の生活を支える制度でもあり、就業時と失業時を通した、安定的で総合的な生活保障が形成されなければならない。

日本の社会保障制度、とりわけ所得保障制度の特徴は、それぞれの制度が脆弱で、どの制度によっても最低生活を保障されない人々が広汎に生ずると同時に、そうしたすき間をカバーするはずの「最後のセーフティネット」たる生活保護が、きわめて強い受給抑制方針のもとに運営されつづけてきたことである。その結果、生活保護基準未満の収入で暮らしながら、社会保障制度による最低生活保障を享受せず、困窮状態を我慢しつづける人々が大量に存在する。[*1] そしてこのことがまた、野放図な自己責任/家族責任論を蔓延させ、一つ一つの社会保障制度に対する生活保障要求を引き下げる役割を果たしてきた。

重要な所得保障制度である年金、医療保険における傷病手当、雇用保険、労災保険は、本来、それぞれが「健康で文化的な最低限度」以上の生活を保障する制度であって当然であろう。だが現在の日本では、これらの諸制度は「生活保障制度」という位置づけを与えられておらず、従前所得の中断・喪失に対する所得補助、所得援助という位置づけを超えていない。

たとえば年金保険について、政府は、その給付額によって最低生活を保障するものではないと言明しつづけてきた。貯蓄、アルバイト、子ども等からの仕送り、年金の四つによって高齢者は生活するのであるから、年金だけで最低生活を可能とする考え方はとらない、という見解である。健康保険の傷病手当にしても、従前賃金の三分の二の給付が最低生活費を超える保障はまったく考慮されていない。

失業時保障の現状も、これまで詳しくみたように最低生活保障にほど遠いものであった。第2章で提起した雇用保険制度改革と求職者保障制度の提案は、失業時の所得保障について、労働者本人の最低生活保障を制度の目的として組みこんだものである。

もとより、最低生活保障は所得保障だけで成り立つものではなく、基礎的社会サービスの保障と居住保障がその重要な部分とならなければならない。路上生活者や事実上のホームレスが多数存在し、経済的理由で病院に行けず手遅れの死亡となるケースが年間で数千件にのぼるという推測もあるように、[*2]この場面でも、日本の最低生活保障制度はたいへん脆弱である。「失業」を含む広義失業時の所得保障が、本人についていて改善されても、子どもや他の家族が所得と基礎的社会サービスを保障されなければ、失業者世帯の生活は保障されているとはいいがたい。たとえば、親の失業、広義失業による子ども・青年の学習の制限は、小中高はもとより、本来、高等教育と職業訓練についてもあってはならないはずである。

本章では、こうした考察にもとづき、新たな雇用保険制度と求職者保障制度の支えとなり、これらと相互に前提しあう、他の社会保障制度と労働市場規制のあり方を検討する。

以下、①雇用保険と求職者保障が十分に機能するために必要な、労働市場の側の諸条件、②失業時の社会保険料負担、税負担などのあり方、③「失業」を含む広義失業時における他の世帯員の生活に必要な所得保障の諸制度（老齢年金、児童手当、生活保護など）、④他の世帯員と本人についての、医療・学校教育・介護等を含む基礎的社会サービスの保障、居住保障の順で検討したい。

なお、本書でいう「最低生活」は肉体的生存水準ではなく、「社会的慣習的水準における最低生活」をさしている。現代社会では、それぞれの社会領域におけるある種の「標準」をクリアすることが、社会参加の実質上の条件となる場合が少なくない。たとえば、高校卒業は実質上の学歴標準であり、中卒のままでは安定した職に就くことは容易ではない。[*3] 税や保険料を滞納せざるをえない収入水準では、心身の健康やリタイヤ後の生活安定も困難である。[*4] 子どもに同年代の子が多くもっているおもちゃを買い与えることができなければ、子どもは孤立しやすく、冠婚葬祭での常識的なつきあいが難しければ、依拠できる人間関係は小さくなる等々。現代社会では、「健康で文化的な最低限度」は「社会標準」に限りなく接近していると考えてよい。[*5]

本章は、最低生活のこうした理解を含め、「社会保障基本法・社会保障憲章二〇一一」の生活保障構想に依拠しながらこれらの問題を考える。[*6]

1　労働規制
——最低賃金規制と均等待遇の実現

賃金過少は雇用保険および求職者保障、さらには生活保護を掘り崩すはたらきをする。賃金過少を防ぐ労働規制を備えた労働市場が整備されなければならない。

第一に、就業中の労働者の賃金収入が低ければ、離職前の賃金水準の何割かを給付する雇用保険給付では生活が困難となる。頼りにならない雇用保険であれば、雇用保険に加入して雇用保険料を負担するインセンティブが下がり、雇用主の誘導による違法な保険未加入も生じやすくなる。

第2章は、低所得者の従前賃金に対する雇用保険給付額の割合を上げるよう提言しているが、それでも賃金水準が低ければこうした事態は生じうる。なお、求職者については、雇用保険給付の不足、および、賃金の不足を求職者保障で補うことが提案されている。この提案は、フルタイム賃金（あるいはそれに引きつづく雇用保険給付）によって、所得が足りるように労働市場と雇用保険を整備することが前提である。

第4章でみるように、日本ではフルタイムで働いても、なお、労働者一人の最低生活費に及ばない労働条件が許容されている。第2章で提案されている求職者保障制度は、こうした不当な労働条件を許容する趣旨でないことは当然である。

また、失業とは異なるが、傷病で休業を余儀なくされたさいに給付される健康保険の傷病手当は従前賃金の三分の二であるため、ここでも同様の事態が生ずる。傷病による休業、回復期等の短時間就業、「失業」を含む広義失業は、相互に移行する場合も少なくなく、また、生活可能な就業でないために所得保障を必要としている点でも共通である。賃金水準の問題として考えると、傷病手当の場合、給付額が単身者の最低生活費を上回るためには、従前賃金は単身者の最低生活費の二分の三倍以上でなければならないことになる（傷病手当は所得税非課税のため、その分は減額）。したがって、フルタイムの最低賃金額は、最低生活費の数割増しでなければならない。

第二に、雇用保険を含めた社会保険による保障が最低生活費を下回ると、社会保険を掘り崩す要因になると同時に、最低生活費が保障される求職者保障および生活保護との比較で、強い政治的不満あるいは社会保険等に対する要求の高まりを生み出す可能性が高い。支配層はこれを抑えるために、生活保護および新たな求職者保障の給付基準を無理に下げる、あるいは従来から生活保護で行なわれてきたように、受給を無理に抑制し、強いスティグマをこれらに付与する可能性が高い。

所得水準のあり方として、多くの人々が納得するのは、以下のような順番であろう。

賃金収入＞社会保険による給付額≧求職者保障・生活保護による給付額

この順序の逆転は、求職者保障制度と生活保護制度の十全な機能を大きく脅かすのである。

第三に、性別、雇用形態別による賃金差別・処遇差別は、同一労働同一賃金という、労働の場での正義原則に反するのみでなく、不合理な低賃金の温床となるため、均等待遇原則の実現は不可欠である。長らくパート労働は、フルタイムであっても労働者本人の最低生活費に達しなくて当然とされてきた。一人分の生活ができない賃金が許容されてきた背景は、強い性別役割分業を大前提とした労働の場での性差別の容認であり、均等待遇の不在である。これを一般的な低賃金問題に解消してはならない。近年の日本では、性別による均等待遇の不在は賃金全般を引き下げるテコとしてはたらいたからである。長期にわたるパート労働の極端な低処遇は、非正規全般の低処遇の土台となり、さらに、派遣、契約など新たな非正規との競合を強いられる低処遇正規男性のいっそうの賃金下落を容易にした大きな要因であった。

均等待遇は、フルタイムで一人分の生活が上記の意味で可能な最低賃金額を土台として実行されなければならない。すなわち、男女、雇用形態を問わず、フルタイムで働けば、一人分は生活可能な時間賃金額がベースとなる必要があろう[*7]。

2 失業時の社会保険料負担、税負担

本来、地方税を含む租税と社会保険料は、最低生活費にくいこむことがあってはならない。社会保険は社会保障制度の重要な一環として強制加入の対象であり、その保険料負担は税負担に準ずるものであって、実際に、税と同様に強制的徴収の対象ともなっているため、この原則が適用されるのは当然である。

だが、日本の税制と社会保険制度は、こうした「最低生活費非課税」の原則からおよそ乖離した実態にある。たとえば、単身労働者世帯の所得税課税最低限度は一〇三万円、地方所得税非課税限度は九八万円だが[*8]、これは、住宅費がかからない持ち家のケースで、非都市部在住の場合でさえ、勤労必要経費を含めた単身者の最低生活費を下回る[*9]。

また、税も社会保険料も「応能負担」が当然だが、この原則も、国民年金保険料が定額であることをはじめ、低収入世帯の割合が多い国民健康保険の保険料率が最も高く、高賃金労働者の社会保険料（本人負担、企業負担とも）には上限が設定されているなど、およそ十分に実現されていない。

第2章で提案されている雇用保険改革と求職者保障が実現し、さらに、複数人数世帯の場合にそれにくわわるはずの最低保障年金、および、十分な児童手当等が給付された場合でも、相当数の求職者世帯の収入は最低生活費すれすれであることが予想される。そうした求職者と求職者世帯は、税と社会保険料の減免対象となって当然である。雇用保険改革と求職者保障が実現する以前の求職者世帯では、その必要がさらに大きいことはいうまでもない。

国民健康保険

現行の国民健康保険制度はとくに問題が多い。

国民健康保険料率は健康保険の労働者負担率よりもずっと高い。また、前年度の所得によって計算されるため、とりわけ「特定受給資格者」等でない離職者がいる世帯には過酷な保険料請求となることが多い。本来、国民健康保険料（あるいは国民健康保険税）は自治体による金額差が大きい。「減額」制度は国が法律で定めたものだが、平等割、均等割のみの減額措置であり、その基準もひどく低い。[*10]「減免」制度は自治体ごとに異なっており、その水準はまちまちである。本来、低所得世帯についての保険料減免は「最低生活費非課税」原則にそって法定されるべきだが、日本の国民健康保険はそうした原則でつくられていない。保険料の減免を自治体の条例に委任する国民健康保険法の条文も、災害や失業など一時的な低所得のみを対象としたもので、恒常的低所得は対象外と解釈されてきた。

二〇一〇年四月から「特定受給資格者」と「特定理由離職者」（第2章参照）については、国民健康保険料の「軽減」措置がとられているが、前年所得を三割に減じて保険料を計算する、という措置にとどまっている。離職理由による差別が実情に合わないことにくわえ（国民年金では差別はない）、軽減措置がとられる場合でも、保険料が最低生活費にくいこむことは放置されており、「公租公課が貧困を拡大する」という、あってはならない事態を解決できておらず、必要な医療へのアクセスが保障されない人々をなくすことができていない。

本来、健康保険は根本的に改革され、個人単位で加入する全国統一の制度となるべきであろう。負担は個人単位での応能負担を徹底し、保険給付・医療サービス提供は個人単位で保護されるのがよい。子ども、失業者、傷病者、高齢者など、市場所得のないことが想定される個人の保険加入は、公費負担によって担保されるべきである（「代替拠出」）。保険財政は被保険者の最低生活費にくいこむことがない応能負担による保険料、および、企業負担の社会保障税を含む公費によってまかなわれるべきである。[*11]

国民年金

雇用保険受給者のすべてと求職者保障受給者の多くは、国民年金保険の対象者である。

国民年金は一部を除いて低所得者が加入する構造になっており、現在の減免措置でも申し出があれば加入者の約八割が対象となりうるほどの状態である。[*12] しかし、「代替拠出」によって受給権を保護するという考え方はとられておらず、保険料の減免を受けると、ただでさえ低い受給額がさらに目減りする。

現在、国民年金には「退職（失業）による特例免除」制度がある（退職した年度と翌年度のみ）。本人の前年所得は問われないが、その失業者が属する世帯の世帯主あるいは配偶者の所得が一定基準以下の場合のみが対象となるため、女性失業者、親元にいる若年失業者は特例免除の対象からはずれやすい。免除期間は二分の一の加入期間と計算されるため、もともと少ない国民基礎年金額がこれで目減りするのを防ぐには、就職してからの「追納」が必要である。しかし、雇用条件の大幅な悪化によって、これも容易ではないケースが増えていると思われる。

本来、年金保険料は、世帯と無関係に本人の「応能負担」原則にもとづいて負担されるべきものであろう。学生が保険料を免除されるのは応能負担原則により当然だが、同時に、雇用保険受給者と求職者保障の受給者も、将来の目減りがないかたちで公費により年金加入を保障されるべきである。[*13] 失業期間の年金保険料を「代替拠出」でまかなっている諸国は少なくない。

3 他の世帯員の生活に必要な所得保障の諸制度

求職者保障は労働者本人の最低生活を保障するものであった。その労働者の世帯に、市場からの経常的収入を一般には想定できない人々、すなわち、子ども、高齢者、傷病・障害者等がいる場合、その人々の最低生活のための所得保障は、社会によってなされる必要がある。

児童手当、老齢年金、障害年金、傷病手当が最低生活のための所得保障制度として整備されていれば、この問題の多くは解決される。だが、現行ではこれらの制度が不十分であるため、不足する場合は生活保護制度の利用が想定される。

まず、児童手当、老齢年金等の現行での不備と整備の方向性について順次検討し、その後に生活保護の利用について考えたい。

児童手当（子ども手当）と片親加算

本来、求職者保障の利用者世帯に限らず、子どもに経常的収入がないのは当然だから、その基礎的養育費は親の収入にかかわらず社会が責任をもつべきである。「親の収入不足の場合に限って」という考え方は、基礎的養育費の親責任を前提としたものである。それに対して社会責任を前提した場合には、親の収入は無関係となり、所得制限はない。こうした枠組みによる児童手当制度は、親に多くの所得がある場合は応能負担の租税・社会保険料が高額になり、そのことによって社会的公正を保つという生活保障財源の確保の仕方とセットで実現される必要がある。

基礎的養育費として十分な額は、生活保護制度における子ども一人が増えたさいの生活扶助費の増加分をめやすとすることができよう。たとえば、〈夫婦〉の生活扶助費と〈夫婦と子一人（小学生）〉の生活扶助費の差額は、冬の暖房費を除き、二級地－1で月額三万五七五〇円、一級地－1で三万九二九〇円である。

勤労の準備ができるまでの子ども・青年は児童手当の対象であってよい。現代の先進諸国では一五歳で勤労の準備が終わることはほとんどないため、日本の児童手当の支給上限年齢は低すぎる。ドイツの児童手当は通常は一八歳までだが、失業の場合は二一歳まで、大学・職業訓練等へ通う場合は二五歳まで支給されている。「社会保障上の子ども・青年」への基礎的養育費の社会的な保障が制度化されていると考えられる。また、すぐ次にみるように、基礎的養育費に限らず、学校教育、子どもの医療、居住環境等において社会的責任による保障が必要である。

日本の二〇〇九年までの児童手当は、子どもの基礎的養育費を親責任とし、収入が不足する親に所得補助を与えるという考え方であった。親の所得不足を判定するために所得基準が設けられ、それ以下の世帯にのみ児童手当が支給された。こうした〈親責任への補助〉という枠組みには大きな欠陥がある。

第一に、この枠組みは〈基礎的養育費確保の親責任〉を大前提としたものであるため、児童手当はあくまで援助、補助であり、最終的な基礎的養育費確保が社会的責任でなされるという考え方は排除されている。旧来の児童手当の支給額が非常に低かったのは、そのためである。社会が責任をとるわけではなく、社会からの援助、補助にすぎなければ、その額を決める基準は存在せず、実際には政治的事情、財政的事情に容易に左右されることになる。この枠組みでは、基礎的養育費が不足する子どもを一掃することは困難である。

第二に、親が最低賃金額に近い賃金で働く、あるいは、求職者保障を受けている等の場合、〈基礎的養育費確保の親責任〉を前提した枠組みでは、世帯員全体が貧困となる可能性が大きくなり、貧困人口を増やすことになる。

第三に、基準以上の所得の世帯には児童手当が支給されないため、制度の政治基盤が弱くなる。支給額を決める本来的な基準の不在とあいまって、制度自体が不安定となることは避けられない。

なお、民主党政権が二〇一〇年から実施した「子ども手当」（二〇一〇年四月～二〇一二年三月）は、子育ての社会責任を理念とし、所得制限を設けなかった点は高く評価されてよい。しかし、こうした考え方とセットになるはずの税制における応能負担原則の強化を提起できず、子育ての社会責任についての本格的な世論喚起も行なわなかったため、給付額も大幅に不足したままで、後退する結果となった。

二〇一二年三月の児童手当法改正は、民主、自民、公明の三党の合意によるもので、民主党政権がはじめた「子ども手当」制度はわずか二年間で廃止された。所得制限が復活したことで、〈子育ての社会責任〉という「子ども手当」の制度理念は否定された。当面の所得限度額は、たとえば中学生以下二人の共働き四人世帯の場合、収入が多いほうの親の所得額（給与所得控除等を引いた額）が六九八万円、片働き四人世帯では七三六万円とされている。なお、児童手当をめぐる多くの論点については北明美氏の論考を参照されたい。[*14]

また、周知のように日本の現状では片親世帯の親の勤労条件は劣悪な状況にある。くわえて、片親で子どもを養育するための余分な費用も少なくないため、児童手当には片親加算が必要であろう。これまでの児童扶養手当は児童手当（子ども手当）の額がたいへん低いため、片親世帯の生活にとって非常に大きな位置をもっている。本来は、児童手当そのものが、子どもの基礎的養育費を充たす水準であって当然である。そうなった場合には、児童扶養手当に固有の機能はその片親加算というかたちで残ることになろう。

なお、第2章の求職者保障制度の提案では、本人に対して基礎額のほか、生活保護制度に準じて、冬期加算および妊婦、産婦、母子、障害者加算、児童養育加算等を支給することとしている。

老齢年金、障害年金

雇用保険受給者の多く、および、求職者保障受給者すべての所得は本人一人分の生活費であるから、所得が少ない老親、および、所得を得ることが難しい傷病・障害者が同じ世帯にいる場合、その生活を支えることは困難である。これを親族の扶養義務という規範で無理に扶養させれば、世帯員全体が貧困者となる。

高齢者については、最低保障年金が実現される必要がある。

現在の公的年金受給者では本人年金年額が五〇万円未満が男は八・二％、女は二四・五％を占める。[*15] これ以外に、公的年金・恩給を受給していない六五歳以上が人口の四・一％存在する。[*16] 低年金、無年金がたいへん多く、こうした状況は変わっていない。

政府が主張する、高齢者は年金のみで生活していないから、という議論は実態にそぐわない。「年金制度基礎調査」二〇一一年によれば、本人の公的年金以外の収入がないと答えた年金受給者は六二・一％である。また、仕送りあるいは同居の子の収入に頼るにしても、子の所得が低ければ、それは貧困者の拡大にしかならないことは明白である。

なお、最低保障年金の額だが、必要な医療と介護が現物給付で保障され、低所得者向けに居住保障の制度が整備されていれば、原理的には生活保護の生活扶助額を適用できる。[*17]

現在の障害年金制度は、障害をもち通常の勤労収入が得られない個人すべての最低生活を保障する趣旨でつくられておらず、「保険主義」を大前提とした制度となっている。障害に至る傷病の初診日における、国民年金、厚生年金への加入(二〇歳以上の場合)と保険料支払い(加入期間の三分の二以上)が要件であるため、さまざまな理由による無年金障害者が発生する。とくに精神障害の場合は、保険料支払いの滞りによる無年金が少なくない。障害年金は保険主義を排し、社会保障制度としてつくりなおすべきである。

傷病手当

傷病手当は、傷病による就業困難時に一年半を限度として、従前賃金の三分の二が健康保険から給付される制度だが、二つの大きな欠陥がある。この欠陥は、労働者の生活保障全体にとって大きな障害になるとともに、雇用保険改革と求職者保障が実現した場合でも、世帯のなかに傷病による就業困難者がいる求職者を困窮させる場合が少なくないだろう。

第一に、傷病手当は国民健康保険には存在しない。国民の約四割が国民健康保険の利用者であるため、この欠陥はたいへん大きなものである。しかも、国民健康保険に加入している勤労者の過半数は雇用労働者だが、そのほとんどは小零細企業労働者か非正規労働者である。そのため、勤労時から低収入であり、傷病手当の必要度がより高い人々が多い。

傷病手当の不在によって十分な治療・療養ができなければ、無理に就業しても困難が多く、労働力の水準を長期的に下げてしまうことになる。長時間・高ストレス労働で身体を壊しながら十分な療養ができず、週に三、四日の就労ならば可能という「半病人」状態を続けている人々は、その典型であろう。

第二に、傷病手当を受給できる場合でも、低賃金の場合は三分の二の給付額で療養生活を送るのは困難である。雇用保険では、給付額の従前賃金に対する割合は従前賃金額によって変わるが、傷病手当も、低賃金の場合には給付額割合を高くすべきである。

生活保護

これらの所得保障制度の十分な整備がなければ、複数人数世帯では、求職者保障による給付額では生活費が不足する場合が生ずる。この場合は、生活保護制度によって、必要額と求職者保障給付の差額を保障することになる。

だが、現行の生活保護制度では、厳しい資格要件設定と強い抑制的制度運用が行なわれており、そのままでは、求職者保障受給者が世帯員の生計のために必要な補足分を生活保護で確保することが容易ではない。とくに必要なのは、第2章4でも指摘されているように、生活基盤がほぼ完全に崩壊した場合のみに保護を認めるのではなく、自立の基盤をある程度残した状態（「困窮の手前」）で保護を認める方式への変更である。資産要件は大幅に緩和されなければならない。

また、親族による扶養の優先についても、申請者と親族との人間関係を壊す可能性が高いやり方は是正されなければならない。現在の生活保護法でも、夫婦間および親の中学生以下の子に対する関係のみが、強い扶養義務（「生活保持義務」）をもつとされているが、他の親族関係でしかも同じ世帯で暮らしてはいない人々への扶養照会が行なわれているため、生活保護申請をためらわせる大きな要因となっている。扶養義務をいっそう広く厳しくする制度改正が議論されているようだが、もってのほかというべきであろう。

4 公的責任による居住保障と基礎的社会サービスの保障

居住の保障は、失業中、求職中の生活保障の土台となるべきである。実際、二〇〇八年冬からの大規模な「非正規切り」とそれへの世間の関心の上昇を受けて、居住の確保支援のためにいくつかの緊急施策がとられた。使い勝手が悪すぎて大きな効果は上がらなかったが、生活保護とは異なる制度で、居住保障をする必要が不十分ながら認識されたということであろう。もとよりこれは一時的措置であり、利用できる範囲も強く限られていた（第2章2参照）。

そもそも日本には居住の権利を保障した実定法はない。ここでいう居住の権利とは、憲法第二五条が規定する生存権の不可欠な一部分と考えられる、「健康で文化的な生活を営むに足る住宅と住環境に安心して居住できる権利」[*18]をさす。一九六〇年代後半以降、高度経済成長による雇用と賃金の上昇を背景とした持ち家政策が大きな力をもち、公的責任による居住保障施策は長期にわたって縮小の一途をたどった。現在では一般低所得者向けの公的住宅はわずかなものにとどまり、高齢、障害、DVなど特別な理由による要支援世帯のためのものという位置づけが強くなっている。一般低所得者向けの借家家賃を補塡する住宅補助制度もない。

第2章で提案した求職者保障制度では、生活保護の住宅扶助額に順じた額の住宅費を、基礎額の一一万円のほかに給付することとした。これは、低所得者向けの居住保障の一般制度が存在しないなかでの提案だが、本来は、生活保護基準よりもゆるやかな基準による低所得者向けの居住保障施策があって当然であり、その場合には、求職者の居住保障はそこにゆだねられてよい。

一般に居住保障施策は、①低所得層を対象とする、地域の必要にねざした多様な低家賃・無料の公的住宅の十分な提供・確保、②生活保護基準の実質数割増しの基準による、より広い低所得層への住居費用補助制度の創設、③必要とされる各種福祉施設の十分な供給と、そこにおける居住の質(「健康で文化的な生活を営むに足る住宅と住環境」)の確保、④居住の安定とコミュニティの形成・活性化に寄与する居住支援(人的サポート)、を含む必要があろう。[*19]

次に、基礎的社会サービスとは、必要が生じたさいに受給しないと困るような社会サービスをさし、母子健診、乳幼児健診、保育、小中高の学校教育、子ども・ユースケア、医療、介護、障害者福祉、職業訓練、生活保障にかかわる情報提供と相談サービス等が含まれる。

現在の日本では、こうした社会サービスは、多くの場合に相当額の支払いを要求される。サービスの提供と受給の方式はバラバラであり、主なところだけでも、①公的責任による無料のサービス提供（乳幼児健診、母子健診）、②公的責任によるサービス提供と応能負担による利用料支払い（保育）、③社会保険による原則限度なしのサービス提供と応益負担の利用料支払い（医療）、④商品としてのサービス売買と、その費用の上限つき九割補助（社会保険から：介護、公費負担：障害者福祉）、⑤公的責任によるサービス提供とサービス受給に付随する相当額の諸費用支払い（教材費、給食費、通学費等）、および、相当の割合で要求される制度外サービス受給（塾等）の全額自己負担（公立の小中高）、などがある。

雇用保険受給時、求職者保障受給時の本人と他の世帯員の最低生活保障を考えるさいには、こうした基礎的社会サービスがどのように保障されるかが大きな問題となる。

生活保護制度は、上記の③④⑤を、③社会保険ではなく医療サービスを現物で給付する医療扶助、④介護保険料を給付する介護保険料加算、および利用料等を給付する介護扶助（障害者自立支援法の利用料は被保護者は無料）、⑤教育扶助と生業扶助（高校通学のための諸費用）というかたちで組みこんでいる。②は生活保護世帯の利用料は無料であるため、被保護者はこれらの基礎的社会サービスを、ほぼ無料で受給できるシステムとなっている。

基礎的社会サービスにかかわる、求職者保障受給時の最低生活保障は、生活保護の個々の要素に準じて考えることが可能である。その場合、医療保険は国民健康保険に加入するのではなく、拡大された医療扶助の対象となり、介護保険は加入はそのままだが、介護保険料と利用料は介護扶助の対象となろう。生活扶助を中核とする現在の生活保護そのものの適用対象となるのではなく、医療扶助の単給、介護扶助の単給、さらに、小中高に通うための教育扶助と生業扶助の単給が行なわれることとなろう。[*20] なお、求職者保障制度の提案では職業訓練をも組みこんでいる。

第2章4でもふれているように、こうした医療扶助、介護扶助、教育扶助と生業扶助、および住宅扶助の単給は、受給基準を現在の生活保護基準の一・三倍、一・四倍などのゆるやかなものとする必要がある。[*21] そうでないと、失業/求職から就業への移行がスムーズに行なわれないからである。生活保護受給世帯(または受給可能世帯)だけではなく、それよりも広い低所得世帯全体にこうした「単給」を保障し、基礎的社会サービスの確保の困難が、生活保護から求職者保障へ、および、求職者保障から本来の就業への移行を阻害しないようにすることが重要であろう。

第2章では求職者保障の受給者の傷病については、生活保護に加入して医療扶助を受けることを想定した。国民健康保険の減免制度が十分に整備されるか、あるいは、医療扶助の単給が整備される前は、こうするほかはない。

近年、健康保険料の支払い困難による無保険または「資格証明書」交付による実質上の無保険状態のみでなく、医療の窓口負担（医療保険の「一部負担金」）の支払いが困難なことによる、治療・受診控えや中断、投薬や検査の拒否が急増している。低所得による受診抑制の広がりの中心の一つが「失業」と半失業にあることは疑いをいれない。一刻も早い、市町村による一部負担金の本格的減免措置とそれへの国による高い割合での補助、あるいは医療扶助単給、さらにその基準の緩和が望まれる。[*22]

さらに、先にふれたように医療保険の抜本的改革が行なわれ、保険料の減免が個々の自治体や被保険者の負担に転化されない制度がつくられれば、医療扶助単給は不必要となり、雇用保険受給者と求職者保障受給者を含む低所得者は、全国一本の医療保険制度における減免の対象となるだろう。同様に、小中高の学校教育の本格的無償化が実現し、教育条件が向上して塾等での補足教育が例外的なものとなれば、就学援助、教育扶助等の多くの部分は不必要となる。[*23]

なお、その前の段階の話だが、現在の就学援助制度は高校を対象としていないため、高校をも対象にできる生業扶助の単給に言及した。しかし自治体ごとの基準と運用にまかされている現状が正されて、就学援助が高校まで拡大され通学費用を含む必要な給付が実現すれば、この部分の多くは就学援助で置き換えることができる。高校への就学援助の拡大は急務である。

本来、受給しないと困る基礎的社会サービスは、受給を無条件に保障すべきであり、サービス提供は公的責任によって果たされ、そのための費用は、国家財政・地方自治体財政の一部として、応能負担の個人負担と企業負担によって確保すべきものである（「必要充足・応能負担」）。「現金給付方式」と「現物給付方式」の違いを含め、基礎的社会サービスのあるべき姿の詳細については他を参照されたい。*24

◉注

*1 厚生労働省社会・援護局保護課が二〇一〇年四月に発表した「生活保護基準未満の低所得世帯数の推計について」によれば、収入が生活保護基準未満の世帯は七〇五万世帯（総世帯中の一四・六％）だが、そのうち、生活保護を受給しているのは一〇八万世帯（「フロー捕捉率」一五・三％）にすぎない（「国民生活基礎調査」二〇〇七年が基礎資料）。生活保護は厳しい資産要件を課しているため、貯金が最低生活費の一か月分以上ある世帯を七〇五万世帯から除くと三三七万世帯となり、資産要件を考慮した生活保護の「ストック加味捕捉率」は三二・〇％となる。この推計は、最低生活費を生活扶助費、教育扶助費、および、高等学校等就学費の合計として行なわれたものであり、住宅費、医療費は除外されている。かりに住宅費分を総務省「住宅・土地統計調査」二〇〇八年によって補正すると、生活保護基準未満世帯は総世帯中の一八・二％となり、そのなかの生活保護受給世帯の割合（「フロー捕捉率」）は一二・三％となる。医療費、通勤費等を考慮すれば、生活保護基準未満の収入の世帯のうち、フロー捕捉率は一割程度となり、九割は生活保護を受けていないことになる。吉永純・後藤道夫・唐鎌直義「膨大な『保護からの排除』を示す——厚生労働省『生活保護基準未満の低所得世帯数の推計について』を読む」（『賃金と社会保障』二〇一〇年一〇月上旬号）参照。

*2 全日本民医連による「手遅れ死亡事例調査」によれば、経済的理由によって手遅れとなり、死亡した事例は全日本民医連加盟の病院・診療所全体で六七名であった（二〇一一年一年間）。全日本民医連の病院等で受診した患者総数をもとに試算すると、日本全体では五五〇〇人が手遅れ死亡している計算になるという。

*3 「就業構造基本調査」二〇〇七年によれば、中卒で一五〜二四歳の女性が無業あるいは非正規でいる割合は九割である。

*4 全日本民医連「医療費・介護費相談及び無料低額診療事業利用者分析調査報告」（二〇一一年一一月三日）によれば、

医療ソーシャルワーカーが相談にあたった医療費・介護費相談の当事者および「無料低額診療事業」の利用者三〇二九人のうち、無保険が二九七名であり、国保では総計一六六八名のうち、正規の保険証をもっていることが明らかなのは一〇五二名にすぎず、残りは資格証明書、短期保険証、不明であった。なお、「税金等の滞納あり」は全体の三一%にのぼっている。

＊5 福祉国家と基本法研究会・井上英夫・後藤道夫・渡辺治編著『新たな福祉国家を展望する――社会保障基本法・社会保障憲章の提言』(旬報社、二〇一一年) 第Ⅱ章「はじめに」参照。

＊6 同前書、参照。

＊7 東京など大都市部の借家単身者の最低生活費は、生活保護基準を適用すると年額で一六六万円程度だが、これに直接税と社会保険料をくわえ、生活保護制度の勤労控除(基礎)を適用した勤労必要経費をくわえると、二五〇万円弱となろう。政府の最低賃金額の計算に使われる、月一七三・八時間(土日だけ休み。休日なし)という不当に長い所定内労働時間想定でも、時給は一四〇〇円以上となる。

＊8 給与所得控除の最低額六五万円+基礎控除三八万円。地方税の場合の基礎控除は三三万円。

＊9 かりに一〇三万円の賃金収入とすると、勤労控除基礎控除は二万一四二〇円×一二=二五万七〇四〇であるから、これを差し引いた残りは七七万二九六〇円となる。これは、冬季加算を含めない場合でも、最も低い三級地－2の生活扶助費年額(二〇~四〇歳)七七万八四四〇円を下回る。一級地－1の生活扶助費は冬季加算ぬきで一〇〇万四四〇〇円であり、その差は大きい。

＊10 国民健康保険の保険料は、①前年の世帯所得に応じた「所得割」、②当年度の固定資産税に応じた「資産割」、③世帯の加入者数に応じた「均等割」、④一世帯当たりにかかる「平等割」の、自治体ごとに異なる組み合わせで計算される。「法定軽減」の対象は③と④であり、二〇一二年度では、たとえば三人世帯で全員が国保かつ世帯収入が給与の場合、前年の収入年額が二二三万円以下で二割軽減、一四七万円以下で五割軽減、九八万円以下で七割軽減である(全国高齢者医療・国民健康保険主管課(部)長及び後期高齢者医療広域連合事務局長会議、保険局国民健康保険課説明資料、二

〇一二年二月二八日、による)。

＊11　二宮厚美・福祉国家構想研究会編『誰でも安心できる医療保障へ――皆保険50年目の岐路』(大月書店、二〇一一年)第3章を参照されたい。

課税、社会保険料算定の場合、所得のある個人についての最低生活費の基準は、単身世帯の最低生活費を用いればよいが、勤労年齢の専業主婦、半専業主婦については、「カップル」単位の最低生活費基準を適用できるようにしている諸国の事例を参考にできるだろう。子ども、失業者、高齢者等の生活に必要な所得は別に保障されることが前提である。

＊12　二〇〇七年度末の数字として厚生労働省が推計したところでは、全額免除相当が二六%、四分の三免除が一四%、半額免除が八%、四分の一免除が八%、これに若年者猶予と学生納付特例をくわえると、第一号被保険者の八〇%にあたる。実際に免除を受けているのは三〇%である(社会保障審議会年金部会、二〇〇八年一一月一二日資料)。

＊13　現在の雇用保険給付の日額上限は二〇一二年一〇月現在で七八七〇円である。第2章にあるとおりに大幅な上限額アップがなされるならば、雇用保険受給者が一定の基準のもとに年金保険料を支払うことはあってもよい。

＊14　北明美「児童手当政策におけるジェンダー」木本喜美子・大森真紀・室住眞麻子編『社会政策のなかのジェンダー』(講座　現代の社会政策　4)明石書店、二〇一〇年、同『子ども手当』とジェンダー」女性労働問題研究会編『女性労働研究』五六号、二〇一二年。

＊15　厚生労働省「年金制度基礎調査」二〇一一年。

＊16　厚生労働省「国民生活基礎調査」二〇一一年による。なお、この数字は実際に受給していない人の割合であり、受給権なしの割合とは一致しない。厚生労働省「公的年金加入状況等調査」二〇〇四年によれば六五歳以上の「受給権なし」は人口の二・五%である。

＊17　高齢者の生活実態に対応するためには、従来の老齢加算程度をくわえた額である必要があろう。

＊18　前掲、福祉国家と基本法研究会・井上・後藤・渡辺編『新たな福祉国家を展望する』一二〇頁。

＊19　同前、一二三頁。

＊20 「単給」とは、生活扶助と他の扶助を一体のものとせず、別々に受給することである。単給禁止を原則とする規定は生活保護法にはないが、原則禁止の運用が続いている。だが、実際には、医療扶助の単給は限られたかたちで行なわれている。

＊21 日本弁護士連合会は二〇〇八年の生活保護制度改革案において、現行の医療扶助、住宅扶助、生業扶助をそれぞれ単独で、最低生活費の一・三倍の収入を基準として給付できるように制度改正するよう主張している。

＊22 保険医団体連合会による会員開業医へのアンケート調査（「受診実態調査」二〇一〇年一一月一二日発表、および、「会員の実態・意識基礎調査」二〇一二年一一月八日発表）によれば、経済的理由による患者の受診抑制を経験した医師の割合が急増し、高い数値になっている。アンケートに回答した医師（医科）で、「この半年の間に経済的理由によると思われる治療中断等を経験」した割合は二〇一〇年の三三・六％から一二年の四九・六％に、「この半年で経済的理由による投薬拒否、検査拒否を経験」した割合は四五・五％から六〇・三％に増加した。

＊23 就学援助、教育扶助のうちには、学校で集められる学校納付金（給食費、教材費、修学旅行費など）のほかに、学用品その他（自治体によっては眼鏡等の費用）の費用も含まれる。学校教育の本格的な無償が実現しても、これらは別に考える必要があろう。なお、学校教育の本格的無償化のための法的枠組みや財政量については、世取山洋介・福祉国家構想研究会編『公教育の無償性を実現する――教育財政法の再構築』（大月書店、二〇一二年）を参照されたい。

＊24 前掲、福祉国家と基本法研究会・井上・後藤・渡辺編『新たな福祉国家を展望する』第Ⅱ章。

（後藤　道夫）

第4章

近年の半失業と失業時保障

この章では、近年における日本の「高失業社会」化を理解するうえでカギとなる「半失業」（不完全就業）の実態を概観し、失業から半失業への移行が失業時保障の縮小によって促進されている状況を描きたい。

1　広義失業への着目と不完全就業の規定

(1) 半失業

狭義の失業（完全失業、あるいは顕在的失業ともいわれる。「失業」と表示）は、総務省の「労働力調査」で集計されているが、その場合「失業」は、調査月の月末一週間について、①就業時間がゼロ、②求職活動を行なっている（以前の求職活動の結果待ちを含む）、③仕事があればすぐに就ける、という三つの条件を満たす状態をさしている。

これはＩＬＯの基準にそったものだが、序章および第1章で念頭におかれた、広義の失業、つまり、生活可能かつ持続可能な職を必要としながら就けずにいる状態（以下、失業と表示する）を表現するには狭すぎる。失業は「失業」にくわえて、半失業（＝不完全就業）と潜在的失業を含む。

半失業は、無収入を回避するために、満足できない当座の仕事に就きながら生活可能かつ持続可能な職を希望（あるいは希望・求職）する状態とみなせるが、これは「失業」の条件①を満たさない。半失業は「失業」と本来の就業の間にある。[*1]

潜在的失業は、無業で就業を希望しているが、求職意欲をそがれ、あるいは、時期を見計らうべく求職活動を休んでいる状態をさす。これは「失業」の条件②を満たさない。潜在的失業者は「労働力調査」で「非労働力人口」に数えられているが、実際には「失業」と非労働力の間で、「失業」に近い位置にある。

失業の存在の仕方、つまり、「失業」にくわえての半失業と潜在的失業の具体的な姿とその量は、時代と社会環境によって多様である。

失業期間が平均的に短く、かつ、労働市場と失業時生活保障が十分に整備されていれば、失業の相当部分は「失業」としてあらわれうる。だがもとより、失業時の生活保障は、高度に発達した福祉国家の登場まで、部分的にしか存在していない。そのため、長い間、失業の相当部分は、半失業、および、農村で都市に出るチャンスをうかがうことなどを含む、潜在的な形態をとって存在した。

生活を保障されない大量の「失業」者の存在は、生活困難な職に就かざるをえない人々を大量に生み出し、こうした状況は労働条件を下落させる大規模な圧力を労働市場にもたらす。大量の半失業の存在は、働いても生活困難な職が労働市場に多く存在していることと同義である。「失業」と半失業の相当部分は「ワーキングプア」にほかならない。

第1章で述べられているように、高度経済成長前半期までの日本では、学界のみならず、政府の各種審議会等の議論でも、「失業」と失業のギャップは大きな社会問題として認識されていた。農村にいる潜在的失業人口、過酷な労働条件で働く小零細企業労働者、臨時・日雇、零細自営業者などは、低所得の「不完全就業」あるいは「不安定就業」ととらえられ、日本社会が解決すべき「二重構造」の端的なあらわれとされた。一九五九年の雇用審議会答申では、これらを中心とする、生活保護被保護世帯と消費水準が変わらない低所得の不完全就業人口は「完全失業者の一〇倍前後」と見積もられている。この膨大な不完全就業は「完全就業」と「失業」とに分離させて解消させるべきものと考えられていた。[*2]

だが、こうした認識は高度成長の展開とともに失われていく。その変化の過程については紙幅の関係で省略する。他を参照されたい。[*3]

欧米では、こうした経緯と異なり、一九七〇年代以降も半失業＝不完全就業と潜在的失業についての議論が盛んに行なわれた。アメリカ労働局のU指標（一九七六年）は、その到達点の一つである。これは、「失業」にかかわる五つの指標（U1〜5）とともに、不完全就業の指標として「経済的理由によるパートタイム就業者」（＝非自発的パートタイム就業者：U6）をあげ、さらに、潜在的失業の指標として求職意欲喪失者（U7）をあげた。岩井浩によれば、OECDは一九九五年の ***Employment Outlook*** で、従来の「失業」に代わる補足指標として、「U指標型尺度」を算定・公表したが、それは、「失業」＋求職意欲喪失者＋非自発的パートタイム就業者からなっていた。[*4] OECDは現在も「統計抜粋」で、加盟各国の三つの指標についての推計を公表しつづけている。[*5]

(2)「労働時間関係の不完全就業」

不完全就業をどのように規定するかをめぐって、各国の統計研究者たちの間では多くの議論がなされてきた。岩井浩の詳しい紹介があるが[*6]、大きな問題の一つは、不完全就業の「不完全」を就業時間の不足に限定して測定するのか否か、就業時間不足に限定した場合、そこからはずれる多くの「不完全」要素をどのように考え、また統計にのせていくか、という点であったようだ。

本章では、日本の不完全就業＝半失業を労働時間不足に限定せずに論ずるが、その前に、不完全就業のとらえ方と測定に関する国際的な議論を簡単にながめておきたい。

アメリカのU指標は、意にそわない労働時間不足に限定して不完全就業を規定した。しかし、岩井によれば、アメリカの議論でもU指標が低所得・貧困を反映できないことは大きな問題として指摘されつづけ、そのすき間を埋める指標としてアメリカ労働局は、Working Poor の概念と指標を提起したという[*7]。

ＩＬＯの国際労働統計家会議（ＩＣＬＳ）では、一九六六年の決議で「顕在的不完全就業」と「潜在的不完全就業」が区別され、前者は労働時間不足の就業として、後者は低所得、技能の不完全利用、低生産性の問題とされた。

ＩＣＬＳの一九八二年の決議では、労働時間不足の指標として、①調査期間中の短時間就業、②短時間就業の非自発性、③追加就業の求職・就業可能、の三つがあげられ、実務的理由から不完全就業の統計上の測定はこうした顕在的不完全就業に限られるだろう、とされていた。さらに、一九九八年には「時間関係の不完全就業」として不完全就業の測定を国際的に行なう勧告が採択された。その基準は①追加就業の希望（追加就業とは、(i)同じ仕事で追加労働、(ii)追加の仕事で追加労働、(iii)転職して労働時間を増やす、(iv)これらのミックス、のいずれか）、②就業可能、③調査期間中の短時間就業、の三つである。

「労働力調査（詳細集計）」二〇一〇年平均によって推計すると、三五時間未満の就業者で、就業時間増の希望者は三八〇万人（(i)同じ仕事で時間増希望が二一六万人、(ii)追加の仕事で時間増希望が六六万人、(iii)転職して時間増希望が七一万人、これに現在休業中の時間増希望をくわえた合計）である。ＯＥＣＤ統計は日本についてこの数字を用いている。[*8]

同時に、ＩＣＬＳの一九九八年決議は、労働時間の不足だけでなく、より広い理由で現状に満足できず現在の就業状況を変えることを望んでいる人々を「不十分な就業状況」という概念で規定し、その統計的な定義とその測定のための方法については今後の議論とした。これは、以前の「潜在的不完全就業」を引き継いだものと思われる。

「不十分な就業状態」の内容については、「国ごとの環境に応じて選ばれた諸理由」とされ、その多様性を広く認めているが、とくに重視すべきものとして以下の三つの類型があげられている。

①技能関係の不十分就業（skill-related inadequate employment）

②所得関係の不十分就業（income-related inadequate employment）

③過剰就業時間に関する不十分就業（Inadequate employment related to excessive hours）

ここでは、①自分の熟練をより完全に生かすために、②収入を増やすために、③収入が減ることを認めたうえでより短い労働時間を実現するために、調査期間中に仕事の状況を変えることを希望したあるいは求職活動を行なった人々が念頭におかれている。

以下でみるように、日本の不完全就業を検討するさい、労働時間不足以外に、不安定雇用、低収入、長時間・高ストレス労働などの要因を重視すべきだと考えられる。ＩＬＯは、そうしたいくつかの要因を包含できる統計の必要性を認めており、今後の議論にゆだねたのである。

なお、この決議における「過剰就業時間に関する不十分就業」は、収入減をともなう就業時間減を希望・求職する人々が対象となっている。[*9] だが、この限定では、低収入かつ長時間の雇用がそこから除外されてしまう。二〇〇七年の総務省「就業構造基本調査」によれば、年二〇〇日以上就業で週六〇時間以上の男性労働者では、年収三〇〇万円台が九七万人と最も多く、二〇〇万円台も七二万人を数えている。こうした日本の現状では「収入減をともなう」という限定をそのまま適用するのは実情に合わない。[*10]

(3) 日本に即した半失業＝不完全就業理解——検討範囲拡大の必要

ＩＣＬＳの「時間関係の不完全就業」および「不十分な就業状態」を参考とし、同時に、日本の労働統計で調査・集計対象となっている事項を念頭において、日本における不完全就業の範囲を試みに規定しよう。想定されるその要素は、①現在の職では生活可能な所得が得られない（生活困難）、②非適職あるいは労働条件が過酷、雇用が不安定などの理由でその職で働きつづけることが難しい（持続困難）、③現在

図1　不完全就業の概念図

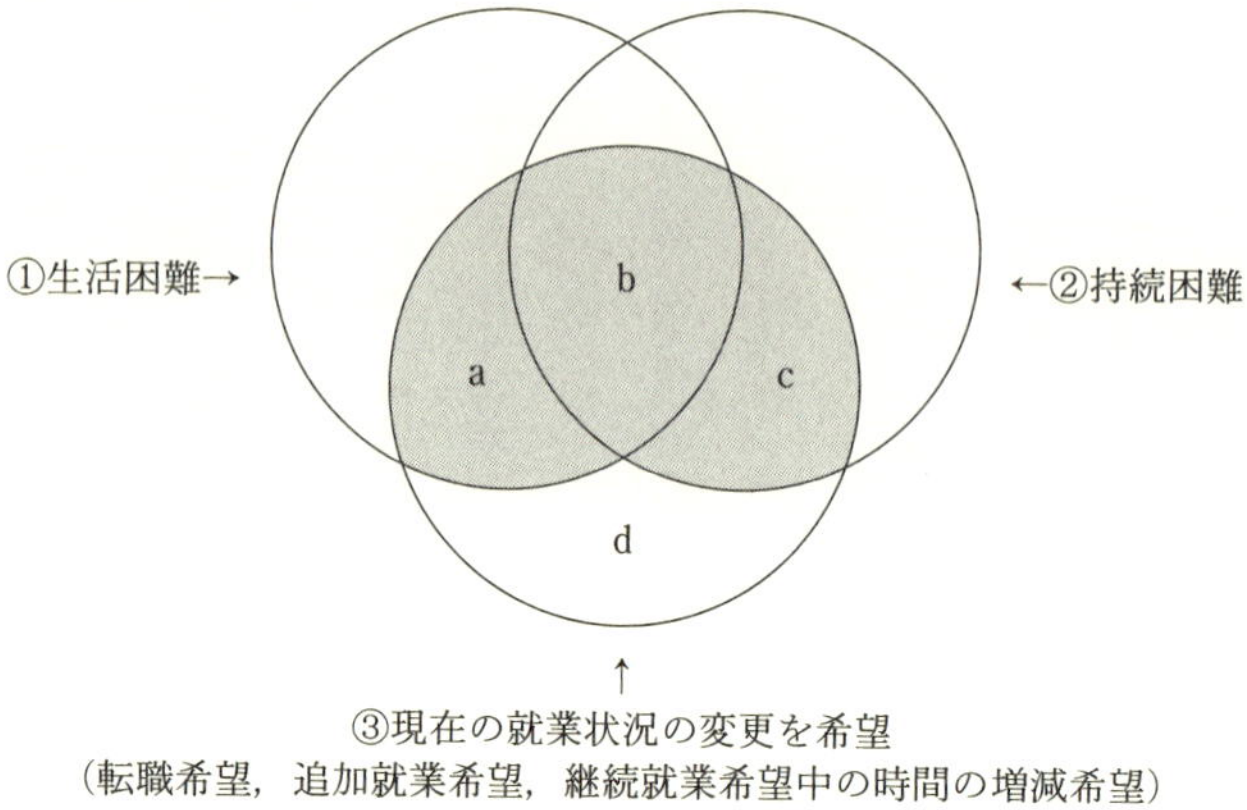

注）1．不完全就業＝a＋b＋c
　　2．その他の就業状況変更希望＝d

の就業状況を変更することを希望（求職）している（転職希望、追加就業希望、継続就業希望中の時間の増減希望）というかたちで整理できると思われる。[*11]

この①と②は重複しうる。ここでは、〈①＆／or②、かつ、③を満たす〉ものを不完全就業と考えたい。③そのものには、①＆／or②を満たす場合とそうでない場合が含まれる。また、①＆／or②があてはまる場合でも、それによる不都合が大きくない場合、あるいは「ガマン」の限度内と感じられていれば、現在の就業状況の変更は希望されず、③は満たされないだろう（図1）。

「生活困難な所得」

①の「生活困難な所得」という条件は、とりあえず個人の賃金額によって規定できる。

「生活困難」の基準としては、就業する本人とその世帯員の労働力（あるいは将来の想定労働力）の水準が徐々にであれ速やかにであれ、破壊・衰退の過程をたどるか否か、が大きな基準と思われる。[*12]「無理をしながらの生活」はごく普通にみられるものだが、それは短期的に維持できても、この意味で「生活困難」とみなすべき場合が少なからず存在する。この基準は想定される労働力の水準によって、言い換えれば、社会階層やライフスタイルによって異なっておかしくない。

また、個人の賃金額が「生活可能」であるかどうかは、その労働者の賃金収入が家計支持のうえでどのような位置を占めているかによって違う。時給が安い短時間の非正規職でも、その賃金が主に家計補助という位置をもち、それで大きな不足がなく、その労働者がいまのままの仕事の継続を望んでいる場合には、不完全就業とはいいがたい。また逆に、高校生のアルバイトであっても、家計支持上に大きな意味をもつならば、不完全就業といわざるをえない場合もあろう。

関連するが、日本の場合、とくに子どもがいる世帯では、労働者の年齢によって「生活可能」な収入額の想定が大きく変わる。これに、賃金の性別格差、雇用形態格差、企業規模格差がからんで、事実上、単身世帯向けの賃金水準と世帯主向けの賃金水準とが、それぞれ大きな内部格差をもって存在している状況である。賃金についての生計費原則および同一労働同一賃金原則（同一価値労働同一賃金原則）は、日本ではないがしろにされており、労働時間が長ければ賃金収入が高いはず、という常識すらあてはまらない場合も少なくない。実際、二〇〇七年の「就業構造基本調査」を用いて、就業時間グループごとの賃金分布をみると、正規／非正規、男／女、どの組み合わせをとっても、就業時間ごと（四三～四八時間、四九～五

表1　雇用形態別・男女別・労働時間階級ごとの賃金年収分布（年200日以上就業者）

（%）

	男　非正規			女　非正規			男　正規			女　正規		
	43～48	49～59	60時間以上	43～48	49～59	60時間以上	43～48	49～59	60時間以上	43～48	49～59	60時間以上
50万円未満	0.5	0.5	0.7	0.7	1.2	2.8	0.1	0.1	0.1	0.4	0.5	1.8
50～99万円	1.2	1.2	3.0	4.7	5.8	14.7	0.2	0.1	0.2	1.4	2.0	4.4
100～149万円	8.3	6.6	5.2	23.4	21.9	17.4	1.1	0.7	0.8	5.5	5.4	7.4
150～199万円	17.2	13.3	9.1	26.8	23.8	17.1	3.0	2.3	2.2	11.1	9.9	9.9
200～249万円	26.6	24.8	21.4	23.3	24.7	18.6	8.7	7.0	6.3	19.0	16.8	16.6
250～299万円	16.3	18.1	16.6	9.9	10.4	10.1	10.2	8.9	8.3	14.8	14.2	13.1
300～399万円	18.1	20.8	24.6	8.0	8.5	11.9	19.6	19.2	21.5	20.7	19.9	17.3
400～499万円	6.3	8.2	10.7	1.8	2.3	3.6	16.4	17.7	19.8	11.4	11.9	11.4
500～599万円	2.8	3.1	4.0	0.2	0.5	2.0	12.1	13.3	12.6	6.4	6.8	5.5
600～699万円	0.9	1.3	2.0	0.4	0.3	0.8	8.7	9.2	8.9	3.8	4.9	5.1
700～799万円	0.7	0.8	1.1	0.0	0.1	0.2	6.9	7.1	6.2	2.9	3.6	2.5
800～899万円	0.4	0.2	0.5	0.1	0.1	0.2	4.9	5.0	4.2	1.2	1.8	1.8
900～999万円	0.1	0.1	0.4	0.0	0.0	0.0	3.1	3.5	2.5	0.4	0.6	0.7
1000～1499万円	0.3	0.3	0.4	0.1	0.0	0.0	4.0	4.7	4.8	0.4	0.7	1.4
1500万円以上	0.0	0.2	0.2	0.0	0.0	0.0	0.4	0.6	0.9	0.1	0.2	0.3
計	100.0	100.0	100.0	100.0	100.0	100.0	100.0	100.0	100.0	100.0	100.0	100.0
参考 500万円以上	5.3	6.1	8.6	0.8	1.1	3.2	40.2	**43.5**	**40.2**	15.2	**18.7**	**17.4**

出典）総務省「就業構造基本調査」2007年より作成。

九時間、六〇時間以上）の賃金分布の差は小さい。男性正規で年収五〇〇万円以上は、四九～五九時間グループで四三・五％だが、六〇時間以上グループでは四〇・二％と賃金分布の逆転すらみられる（表1）。女性正規も同様である。

ＩＬＯの「時間関係の不完全就業」は、「生活困難」が第一次的には就業時間で測定できることを想定していると思われるが、日本で適用できる範囲は小さい。これらの事情を考慮して、ここでは時間ではなく所得で「生活困難」の推計を行なう。

就業状況の変更希望には、生活困難＆／or持続困難のほかに、生活困難等ではないが、キャリアアップのため、あるいは社会的成功をめざすため、余暇を増やすため等の理由にもとづくものがあるのは当然である。不完全就業の推計のさいには、そうした理由によるものをできるだけ排除する必要がある。そのため、就業状況変更希望者のなかで、ある基準を設け、それ以下の収入の者を不完全就業とみなすことにしたい。ここでの基準は、「生活困難」による就業状況変更希望の実態を反映でき、同時に、キャリアアップ等の理由にもとづくものを排除する蓋然性が高ければよい。なお、この収入基準額は、貧困であるか否かを端的に判断する基準ではなく、それぞれの労働者が自分にとって「生活困難」と考える値の社会的な代表値でよい。実際の就業希望や求職等の行動はそれにそって行なわれるからである。

基準額を検討しよう。以下、一九九七年と二〇〇七年の「就業構造基本調査」を用いて考えたい。転職希望理由の大きなものに「収入が少ない」がある。「就業構造基本調査」では九つの転職希望理由のうち一つを選択させている。一九九七年では転職希望労働者六五八万人中の一四九万人（二二・六％）が「収入が少ない」であり、二〇〇七年では七三四万人中二二四万人（三〇・五％）がそうであった。転職希望者のうちの求職活動を行なった者でみると、それぞれ、二九二万人中の七一万人（二四・二％）、三二七万人中の一〇九万人（三三・八％）である。

他の理由を選んだ転職希望者でも「収入が少ない」を選んだ者よりさらに収入分布が低い項目（「一時的についた仕事だから」）もあり、「収入が少ない」の回答者だけが「生活困難」の状態にあるわけではない。しかし、「収入が少ない」を選んだ転職希望者をピックアップして、「生活困難」のさしあたりの収入基準を検討する材料とすることは妥当だろう。

正規労働者をとって、「収入が少ない」転職希望の年収分布と、現在の仕事を続けたい継続就業希望のそれとを比較すると（図2－1、2－2）、前者が後者を大きく超える境目は、男性で四〇〇万円、女性は二五〇万円のあたりである。

また、正規雇用の男女で、収入階層ごとに就業希望意識・就業時間希望の分布をみると（図3－1、3－2）、転職希望、追加就業希望、継続就業かつ時間増希望の合計の割合が下がるのは、男性では四〇〇万円以上、女性では二五〇万円以上である。したがって、正規雇用の場合、男性で四〇〇万円未満、女性で二五〇万円未満が目安となろう。就業状況の変更を希望する正規雇用労働者のうち、この基準未満を「生活困難」による不完全就業とみなすのである。

非正規の場合、その多くが不安定雇用かつ低賃金であるため、就業状況変更を希望する非正規労働者は、その大半が「生活困難」の不完全就業と考えられる。実際、正規に即して検討した二五〇万円、四〇〇万円という基準で、転職希望の非正規の賃金をながめると、女性はその九二・六％が年収二五〇万円未満であり、男性では七九・二％が二五〇万円未満、九五・七％が四〇〇万円未満である。

ちなみに、年収二五〇万円以上の男性非正規は二〇〇七年で一四六万人いるが、そのうち、三分の一は五五～六四歳で雇用延長型非正規が中心である。他方、二五～三四歳男性の場合は、二五〇万円以上の年

図2−1 「収入が少ない」転職希望の正規雇用・男性の収入分布

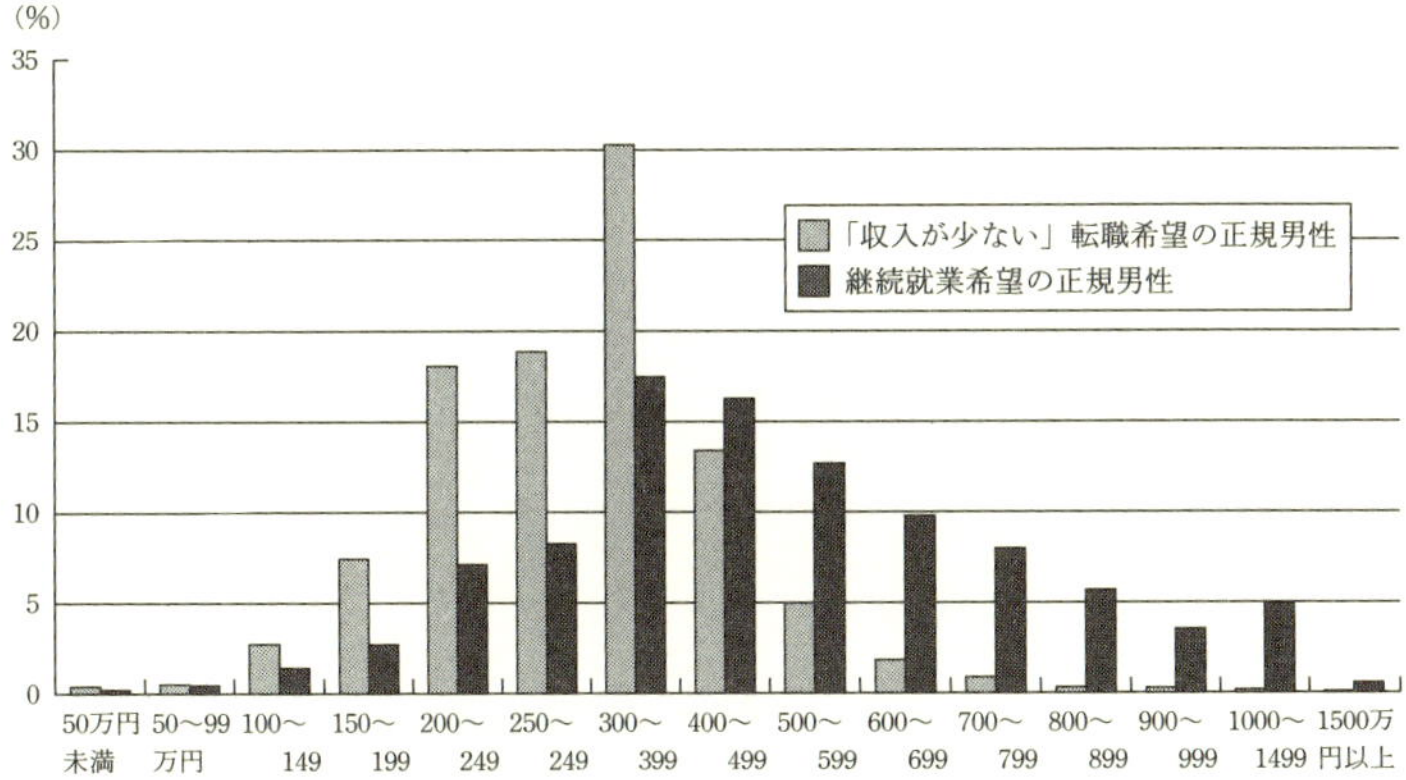

出典）総務省「就業構造基本調査」2007年より作成。

図2−2 「収入が少ない」転職希望の正規雇用・女性の収入分布

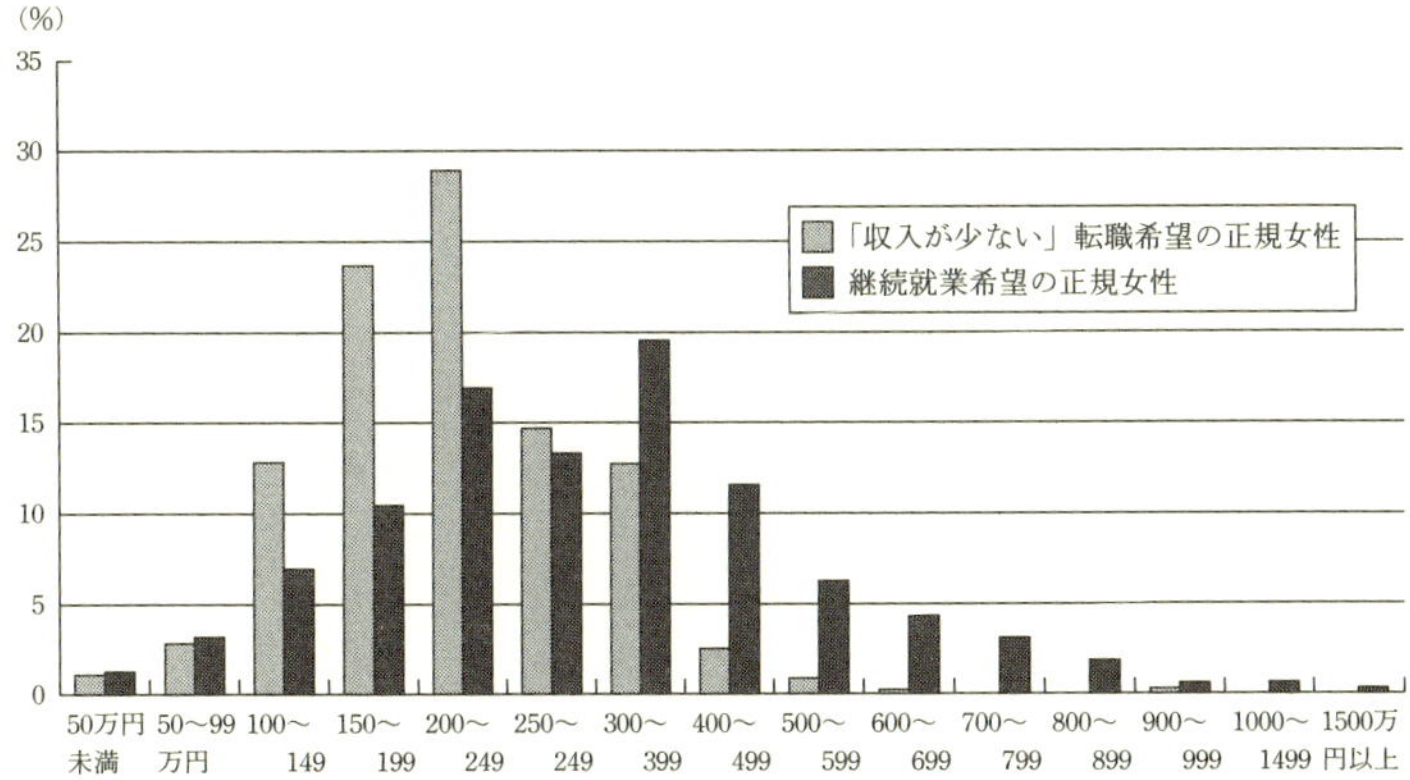

出典）総務省「就業構造基本調査」2007年より作成。

図3−1　年収別の就業希望意識の違い（正規雇用・男性）

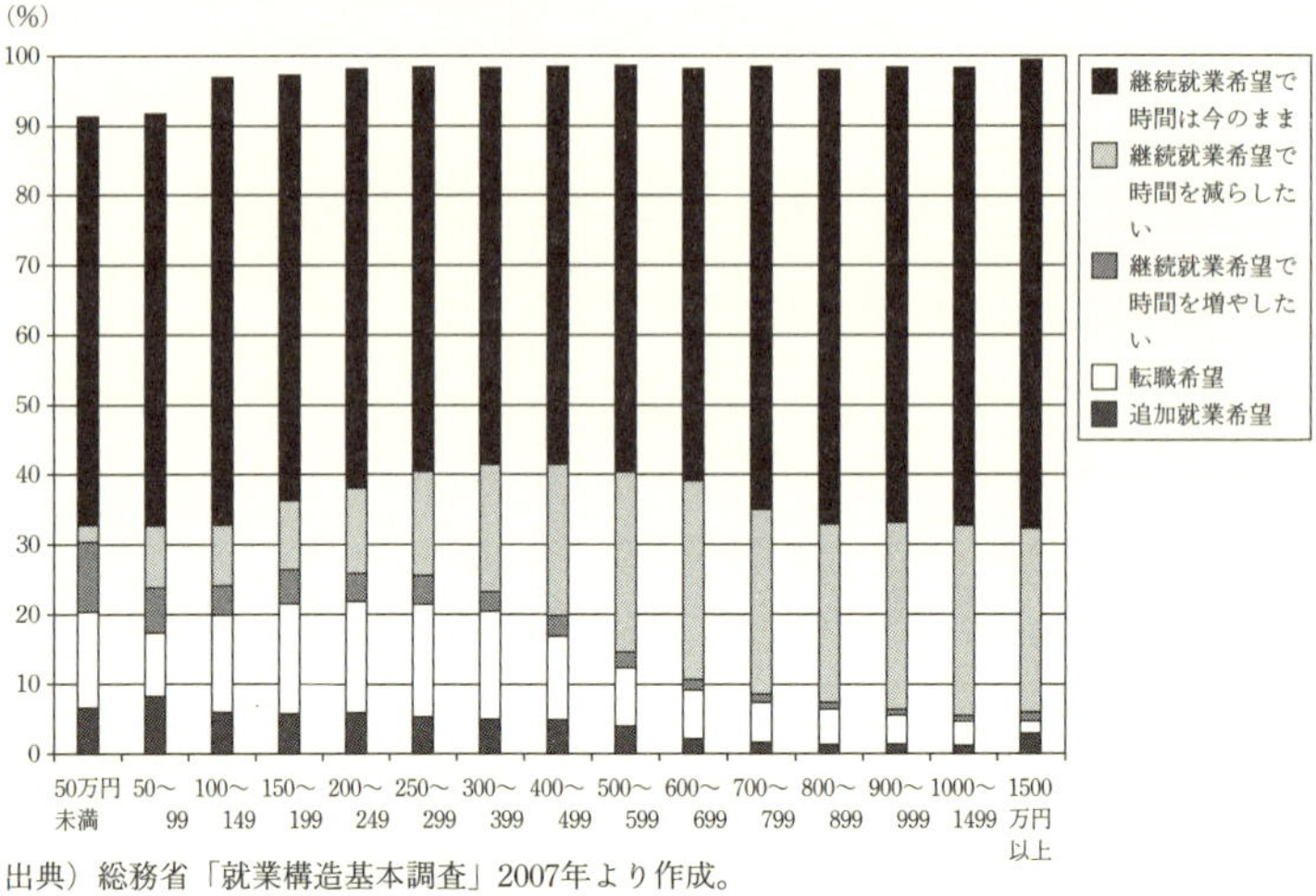

出典）総務省「就業構造基本調査」2007年より作成。

図3−2　年収別の就業希望意識の違い（正規雇用・女性）

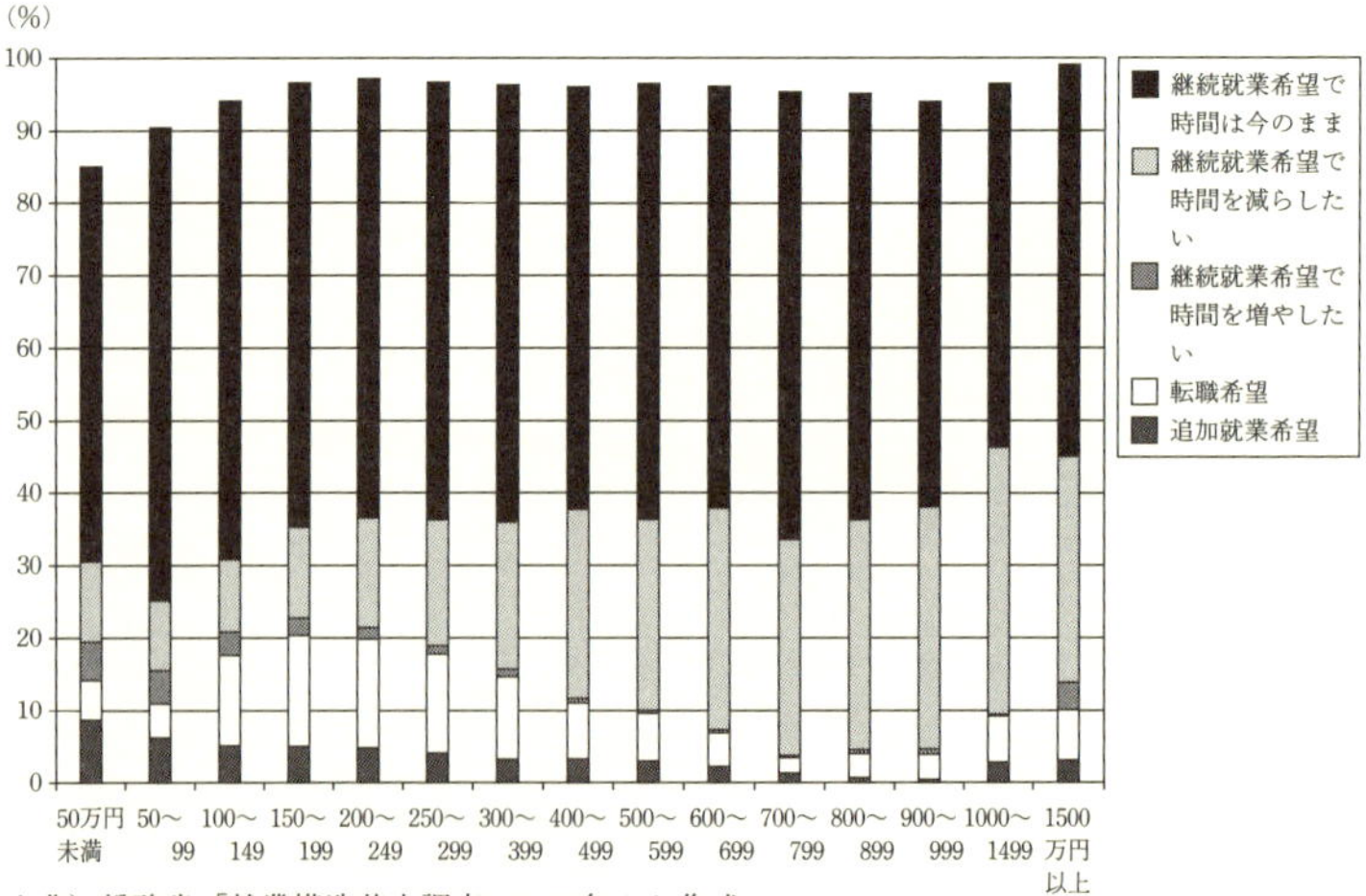

出典）総務省「就業構造基本調査」2007年より作成。

収がある非正規三〇万人の四二・一％が四九時間以上、一七・四％が六〇時間以上働いている（年間二〇〇日以上就業）。男性非正規の年収二五〇万円以上の相当部分は、長時間労働か、または、正規雇用からの雇用延長型非正規と考えてよい。

同じ低処遇の非正規で、就業状況の変更を希望するかしないかは、その働き手の家計支持上の位置に由来する面が大きいと考えられる。二〇一〇年の厚生労働省「就業状況の多様化に関する総合実態調査」によれば、非正規労働者で主な収入源が自分の賃金と答えた割合は、男で八二・三％、女で二九・六％であり、二〇〇七年の非正規労働者数をこれに乗ずると、男四八六万人、女三八四万人、計八七〇万人となる。非正規で転職希望、追加就業希望、継続就業・時間増希望の総計は、男二二六万人、女四一八万人、計六四四万人であり、男女合計は先の数字の四分の三ほどになる。つまり、自分の賃金で暮らす非正規の相当部分が、就業状況変更を希望していると考えてよい。

以上を考慮し、就業者全体に対する「生活困難」不完全就業の推計に用いる所得基準は、四〇〇万円と二五〇万円の二つとしたい。

「持続困難」な就業

「持続困難」には、仕事の内容が自分に合わない、[*13] 長時間労働を含めて労働条件が過酷、悪い職場環境、雇用が不安定、などいくつかの場合がある。非正規雇用はそのほとんどが不安定雇用であるため、もともと「持続困難」な雇用である場合が多い。以下では、これらのうちから、労働条件中の就業時間に問題を絞り、「過剰労働による持続困難」の不完全就業を量的に推計したい。

長時間労働の量的拡大と様相の変化

近年では、異常な長時間労働および高ストレス労働によって健康を害する場合が少なくない。

仕事での過労・ストレスによる脳・心臓疾患の傷病・死亡および精神障害・自殺等の労災申請は増えつづけており、二〇一一年度では、支給決定されたこの種類の労災事例（六三五件）のうち、脳・心臓疾患では月間残業時間六〇時間以上（≒週四九時間以上就業）の割合が九九・六％、月間残業時間一〇〇時間以上（≒週六〇時間以上就業）が五二・八％、精神障害では、それぞれ五八・九％と四〇・三％であった（ともに労働時間にかかわらない強いストレスの事例は分子・分母から除外）。*14 以前にくらべれば緩和されてはいるが、労災認定のハードルは高く、労災制度を知らない、あるいは、制度を利用する生活上の余裕がない、必要な資料がそろわない、「半病人」状態を私病としかみることができない、等々の場合が少なくないだろうことを考えると、過剰労働による膨大な健康被害が生じていることは、すでに明らかである。

図4は厚生労働省による三年ごとの「患者調査」における精神疾患、およびそのうちの躁うつ病を含む気分障害疾患の総患者数の変化を指数で示したものである。この変化が労働時間等の条件悪化をその有力な要因としている疑いは濃厚である。

図4　躁うつ病を含む精神疾患の急増

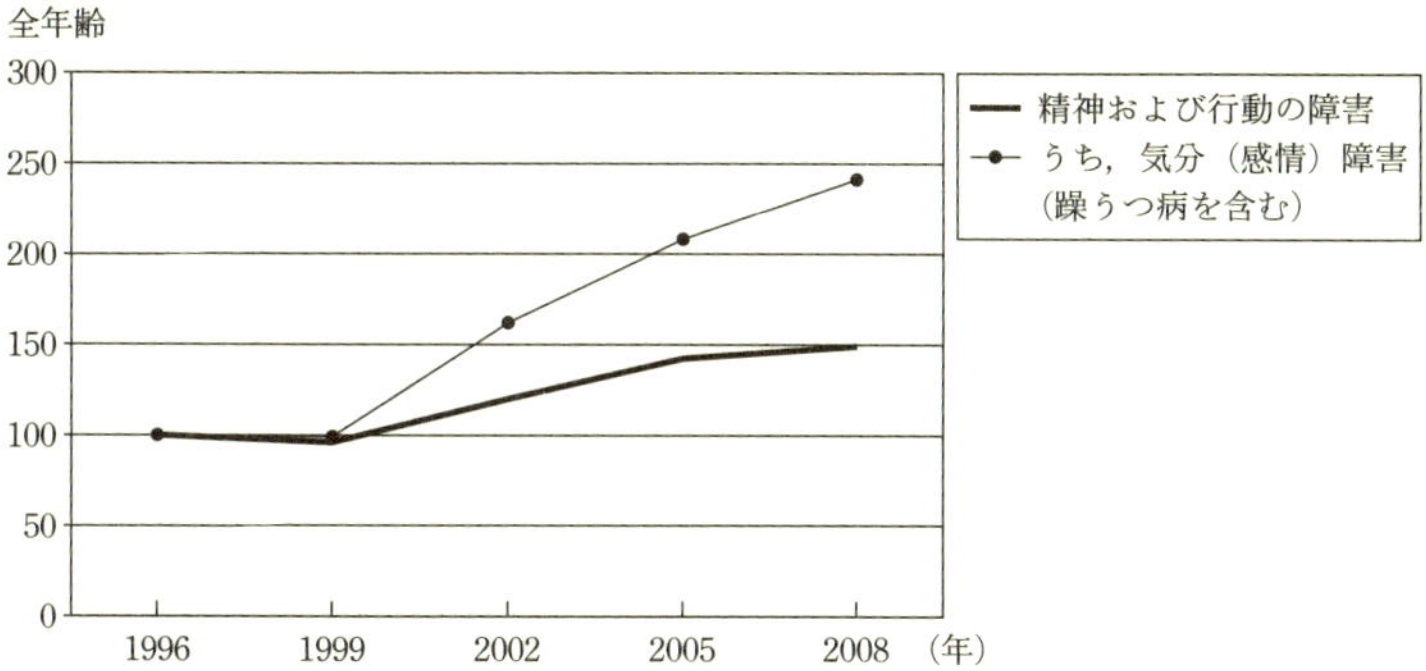

注）総患者数指数　1996＝100
出典）厚生労働省「患者調査」1996年，1999年，2002年，2005年，2008年より作成。

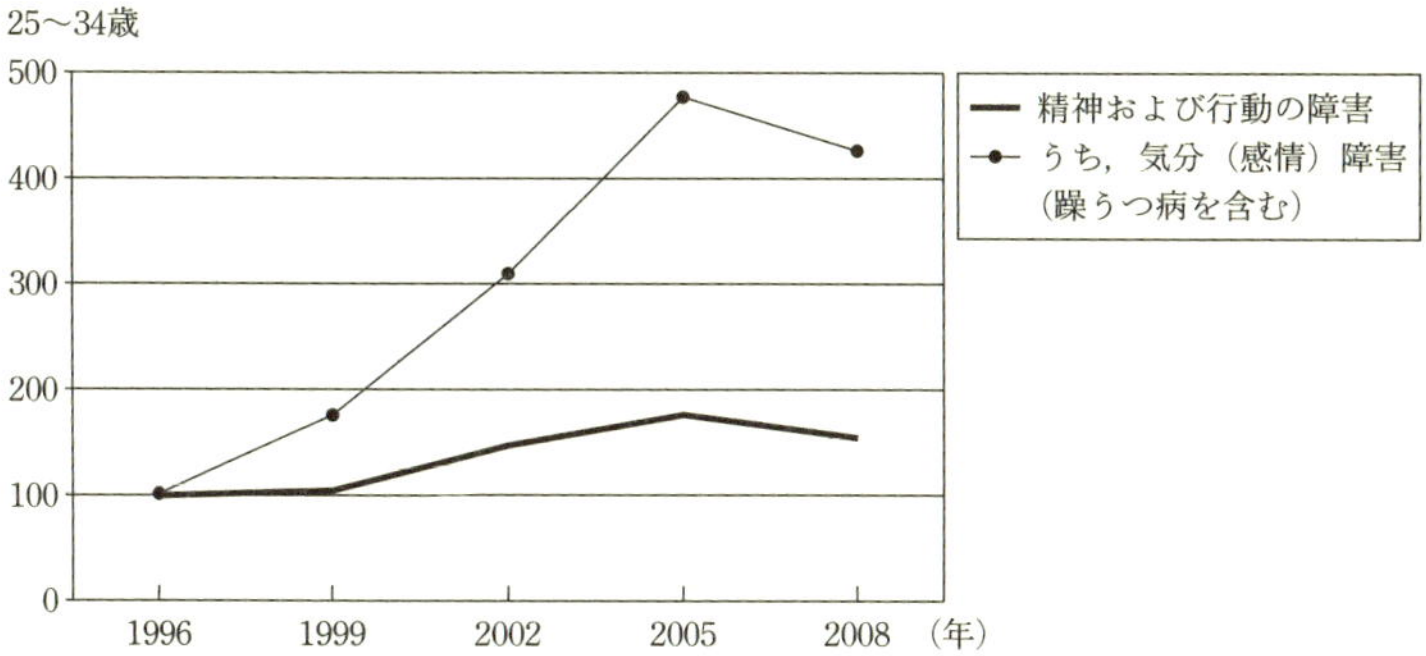

注）総患者数指数　1996＝100
出典）厚生労働省「患者調査」1996年，1999年，2002年，2005年，2008年より作成。

長時間就業の割合は一九九七年から二〇〇七年で大きく増えている。年に二〇〇日以上就業する有業者全体でみると、週四九時間以上就業の割合は、男性が三二・八％から四二・一％へ、女性が一五・六％から一八・九％に増えており、週六〇時間以上は男性が一三・五％から一九・一％に、女性が五・七％から七・一％へと増加した（「就業構造基本調

図5　就業状況変更希望者の就業時間分布の変化（男性有業者）

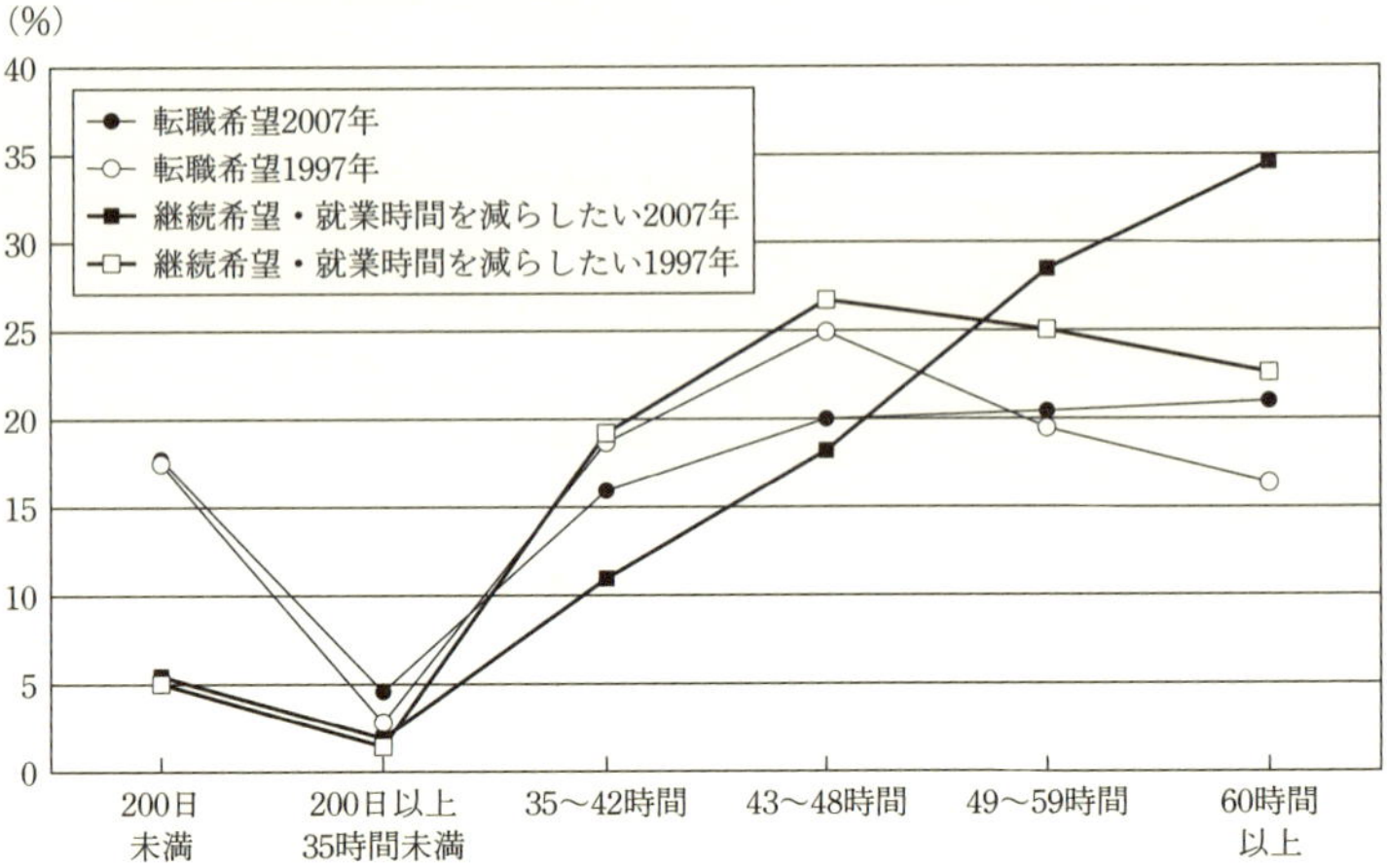

出典）総務省「就業構造基本調査」1997年，2007年より作成。

査」）。

就業状況変更希望者の就業時間分布においても、六〇時間以上就業の比率が大きく増えた。図5をみると、転職希望と継続就業希望で就業時間を「減らしたい」のいずれも、時間分布のピークが一九九七年には四三～四八時間であったものが、二〇〇七年には六〇時間以上となっている。同じ「減らしたい」という希望であっても、切迫度は大きく変わっているとみてよい。なお、正規男性に限ると、二〇〇七年の転職希望では、その五四・五％が四九時間以上、二八・三％が六〇時間以上である。

六〇時間以上労働者の九割以上は正規雇用だが、[*15]近年の諸報告によれば、以前の日本型雇用のもとでの働きすぎとは違い、長期雇用と企業内での系統的な技能育成を想定しない「使い捨て」型の過剰労働強制が大きな位置を占めはじめているようだ。その実態につい

図6　男性正規雇用労働者の就業時間別賃金分布の変化（1997年→2007年）

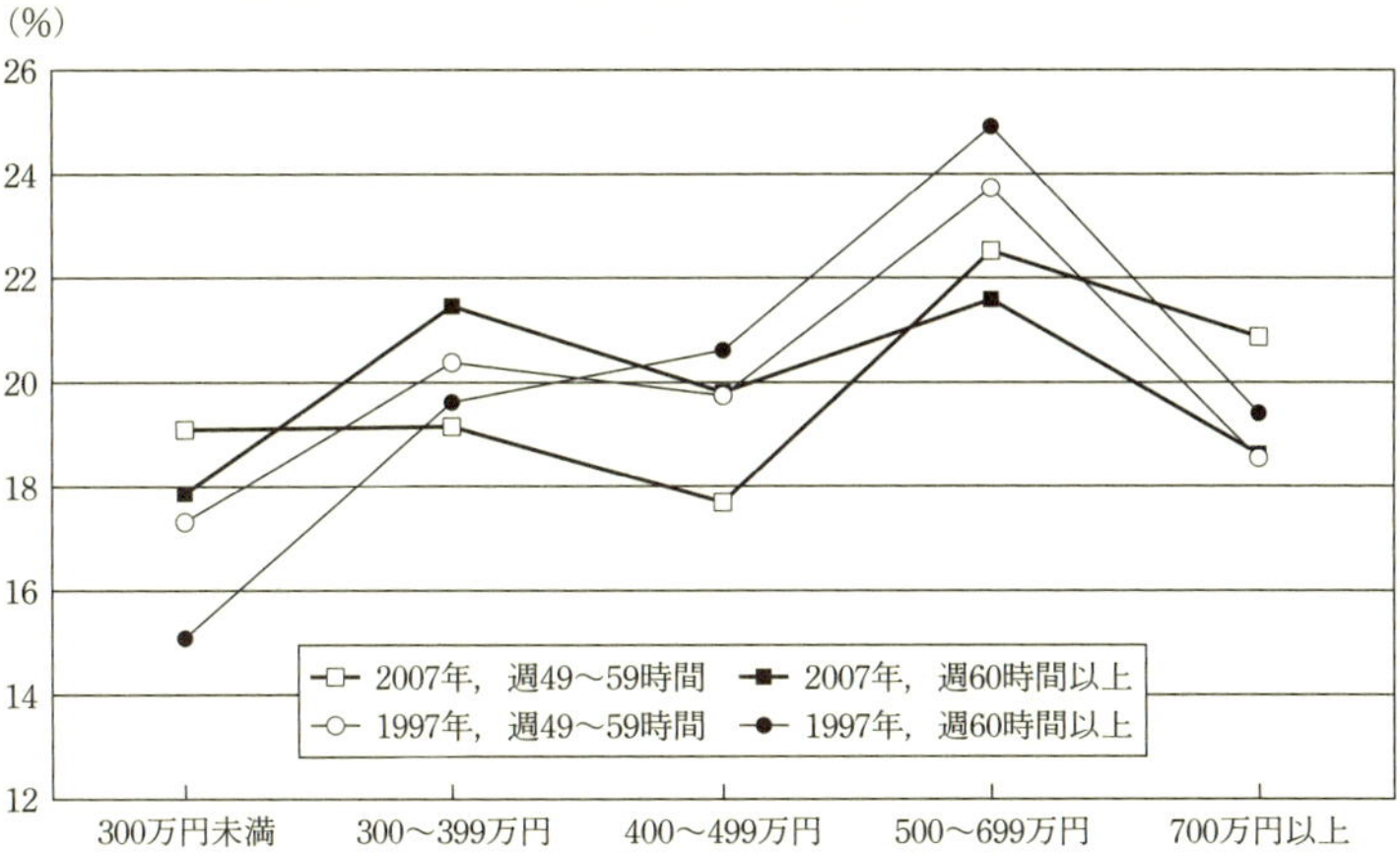

出典）総務省「就業構造基本調査」1979年，2007年より作成。

ては他を参照していただくとして、[*16] ここでは「就業構造基本調査」によって、低処遇・長時間労働の構造変化をながめたい。

図6によると、男性正規では一九九七年にくらべ二〇〇七年は週六〇時間以上就業が全般的に低処遇化し、年収四〇〇万円未満が三四・八%から三九・四%に拡大した。特徴的なのは、二〇〇七年では週四九～五九時間就業の年収分布が六〇時間以上のそれよりも高いことである。一九九七年では六〇時間以上の分布のほうが高かった。注文の多寡に応じた残業変動で結果として長時間という、従来型の長時間労働であれば、こうした逆転は起きにくいはずである。長時間労働を生み出す構造が変わりつつあると考えられる。

図7－1、7－2をみると、週四三～四八時間就業では、年功型の賃金上昇がみてとれるが、六〇時間以上では、三つの年齢階層の収入分布ピークが三〇〇万円台、

図7－1　週43～48時間就業正規労働者（男性）の年齢別収入分布

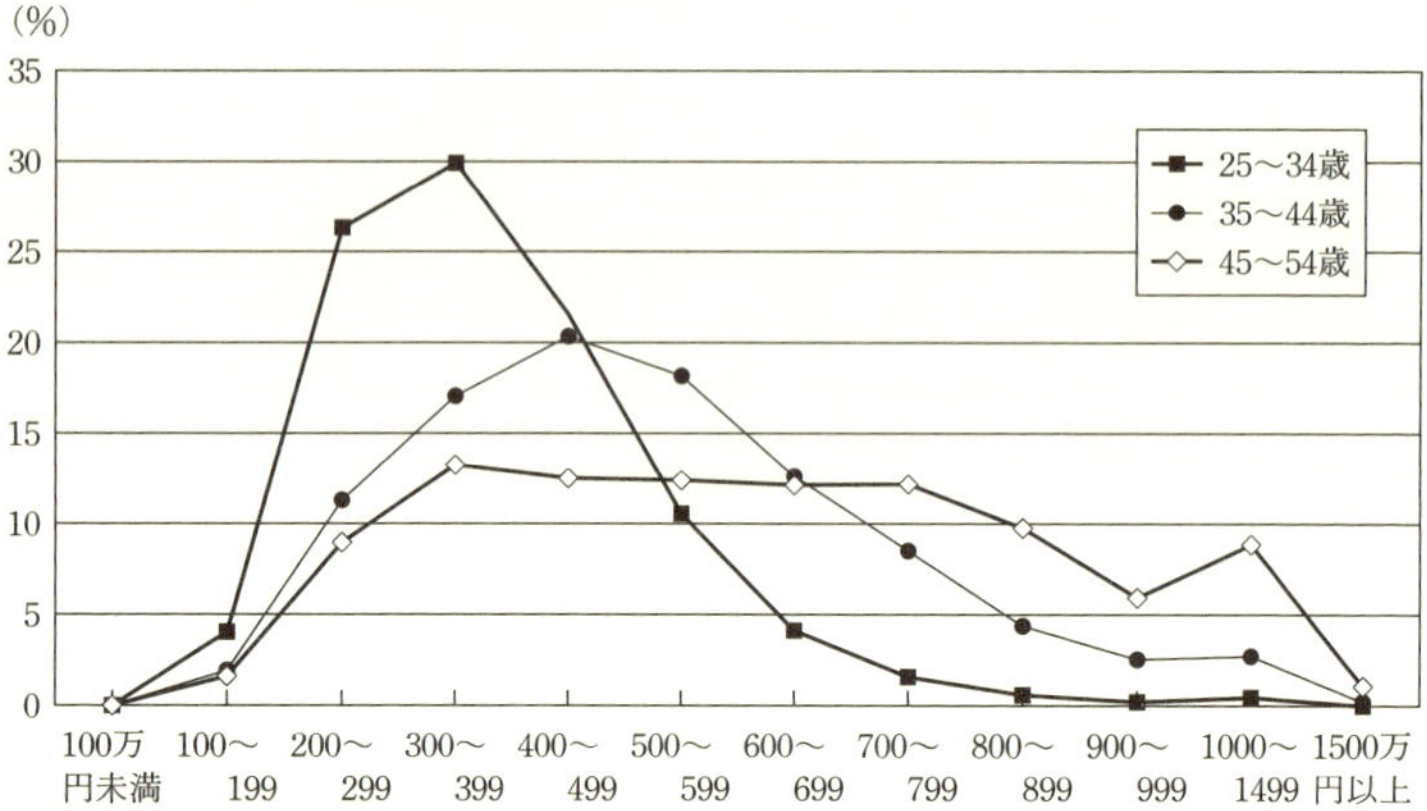

出典）総務省「就業構造基本調査」2007年より作成。

図7－2　週60時間就業正規労働者（男性）の年齢別収入分布

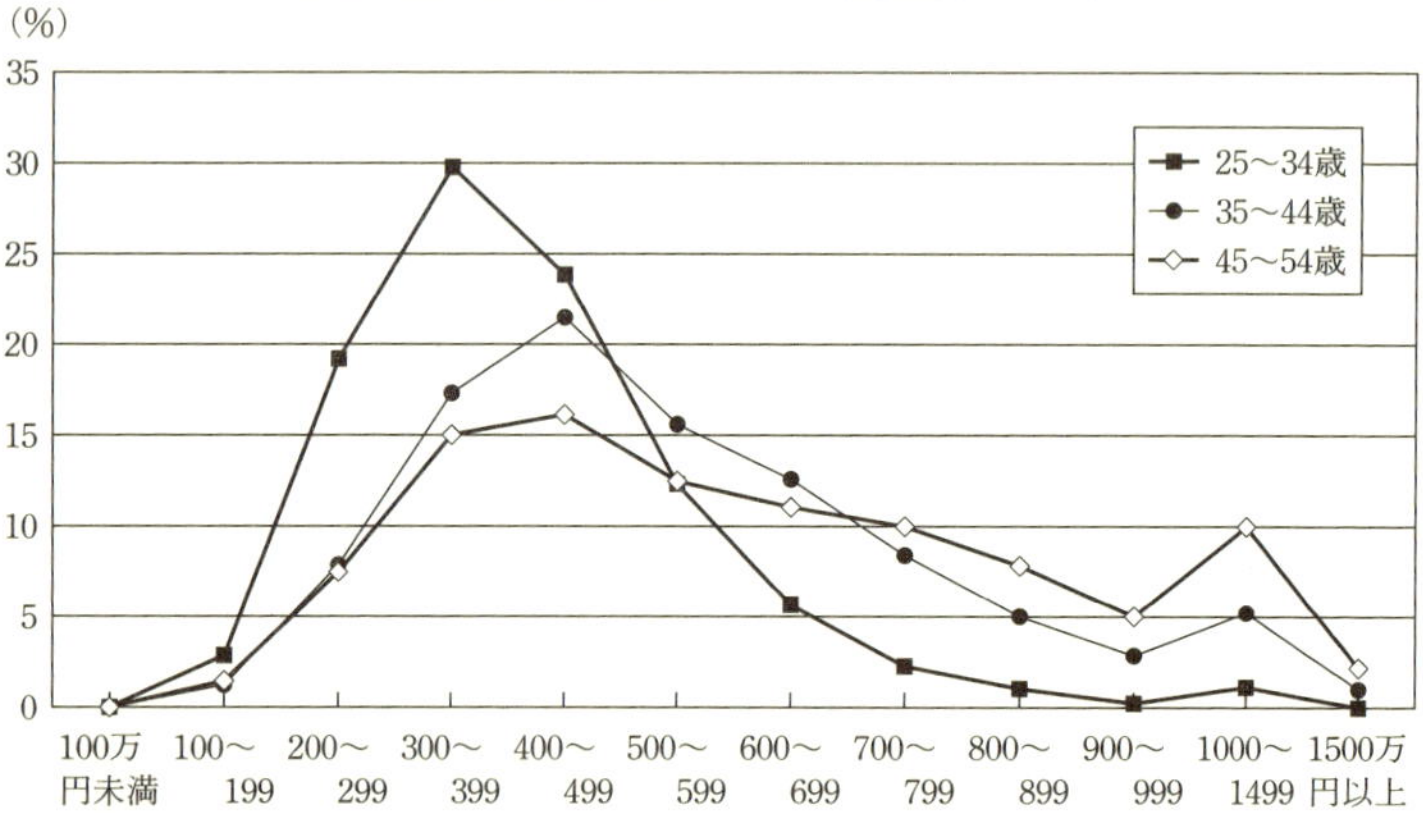

出典）総務省「就業構造基本調査」2007年より作成。

四〇〇万円台にとどまり、あまり変わらない。長時間労働で非年功型処遇の雇用と労務管理が拡大しているとみなせよう。なお、ここには示していないが四九~五九時間ではグラフのかたちが四三~四八時間に近い。

これらは、たえざる長時間かつ非年功型低処遇を経営そのものの基本にすえた働かせ方が、少なくない産業領域で定着・拡大しつつあることのあらわれとみなすべきであろう。これは、「持続困難」不完全就業を重視する理由の一つである。その少なくない部分が、激しい使い捨て型の労務管理となっている可能性があることは想像にかたくない。

結局、過剰労働・使い捨ての正規雇用と低賃金・不安定の非正規との二者択一を迫られる状況が拡大しているのである。長時間・高ストレス雇用と低賃金・不安定雇用は表裏一体の関係にあり、そうしたものとして、ともに日本の不完全就業の重要な要素と考えるべきである。低賃金・不安定雇用と長時間・高ストレス雇用は、失業時保障を整備することでその縮小・緩和が予想できる点でも共通である。

「持続困難」の時間基準

長時間労働による「持続困難」の時間基準を検討しよう。

転職希望理由に「時間的・肉体的に負担が大きい」をあげたのは、一九九七年では転職希望労働者の二二・三%(一四七万人)、二〇〇七年では二〇・三%(一四九万人)と、ほぼ五人に一人である(求職活動を

図8－1　「時間的・肉体的に負担が大きい」を理由にあげた転職希望雇用者の就業時間分布（男性）

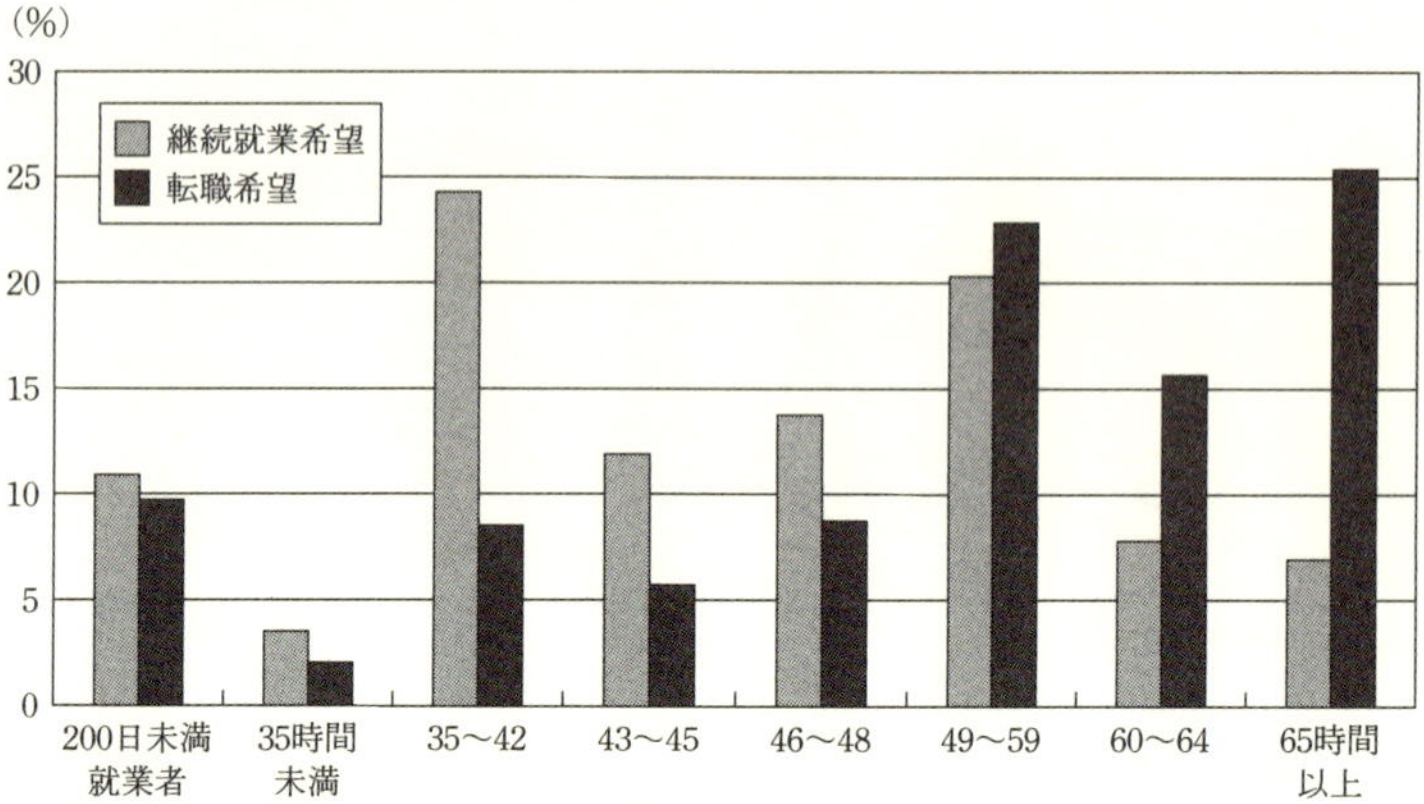

出典）総務省「就業構造基本調査」2007年より作成。

図8－2　「時間的・肉体的に負担が大きい」を理由にあげた転職希望雇用者の就業時間分布（女性）

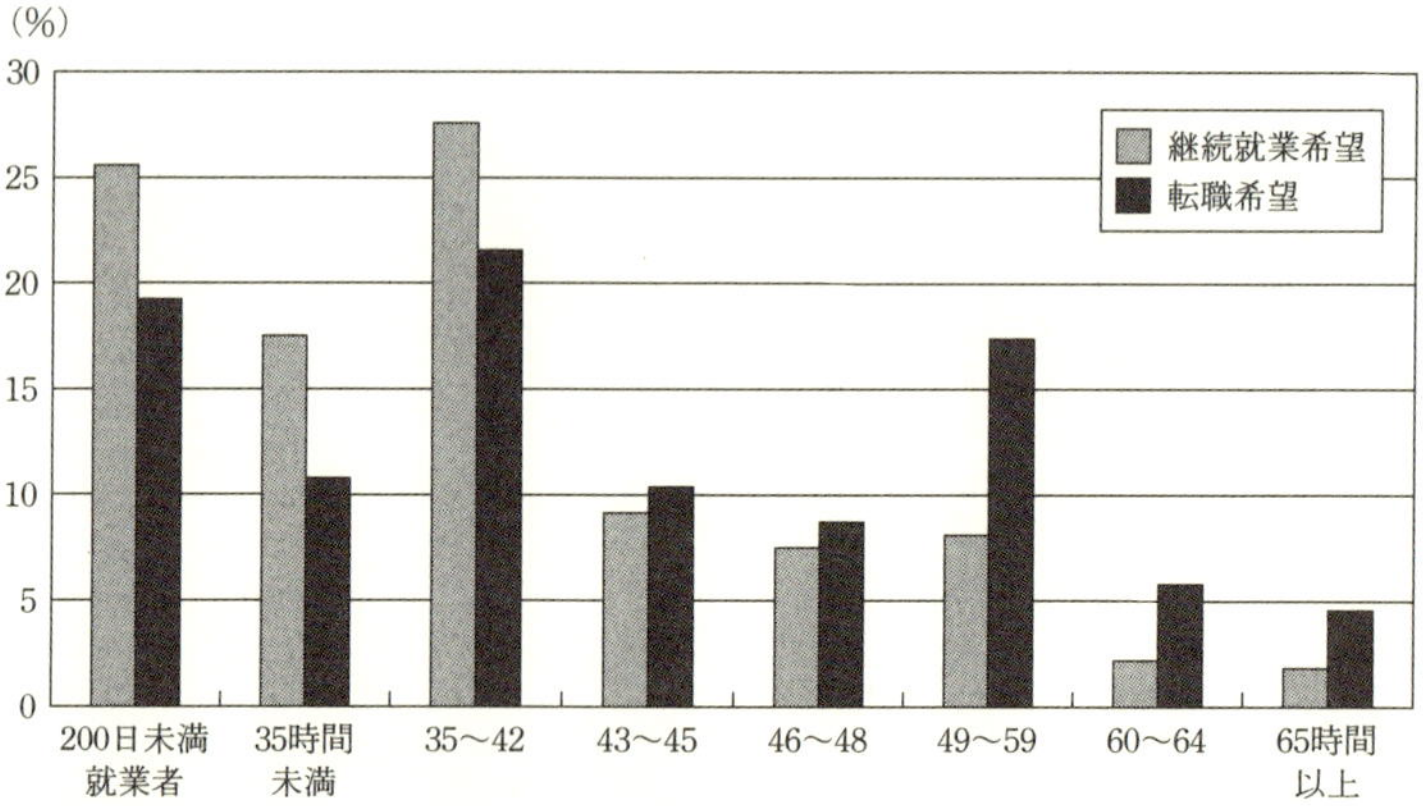

出典）総務省「就業構造基本調査」2007年より作成。

図9－1　就業時間別の就業希望意識・就業時間希望（正規雇用・男性）

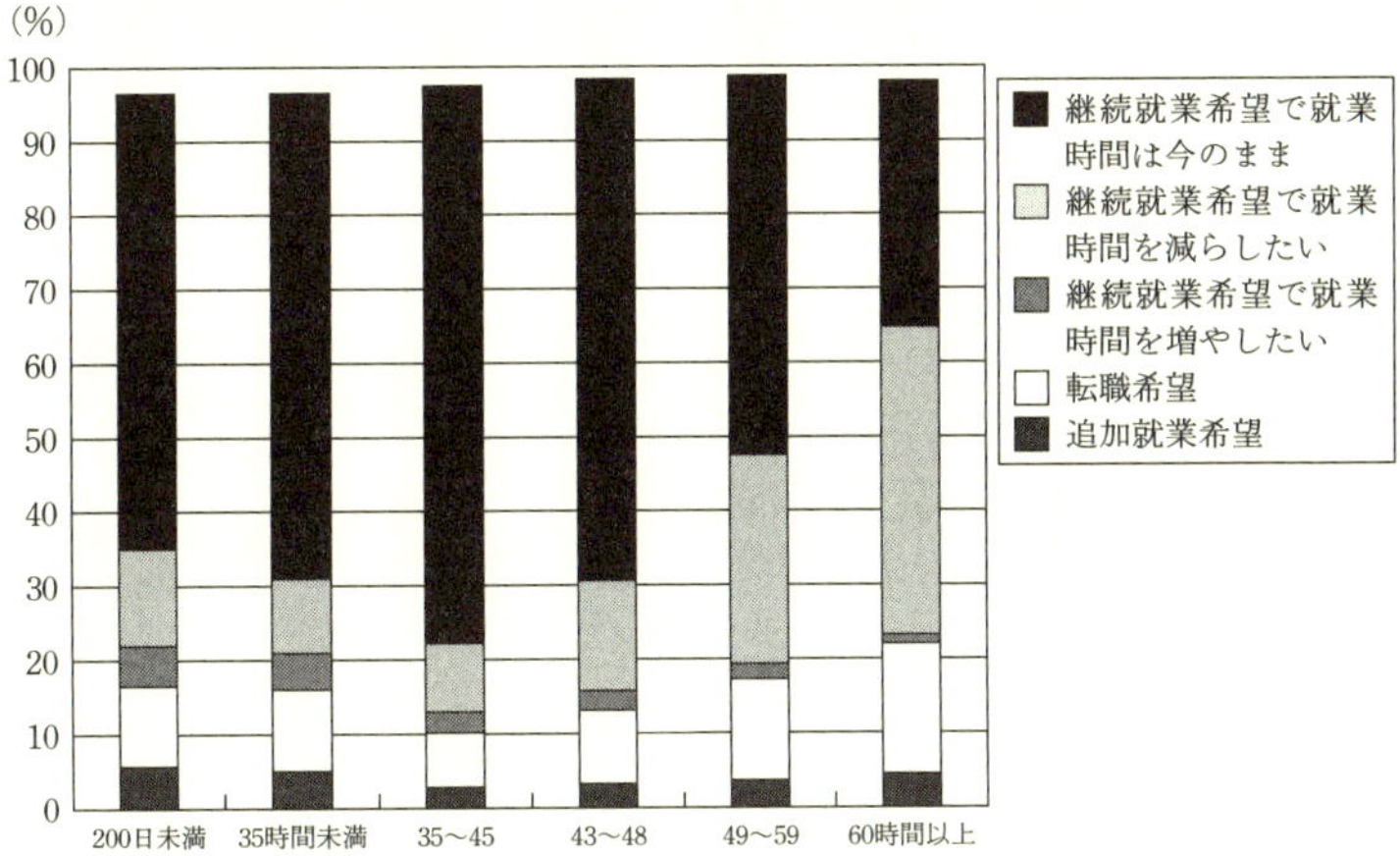

出典）総務省「就業構造基本調査」2007年より作成。

図9－2　就業時間別の就業希望意識・就業時間希望（正規雇用・女性）

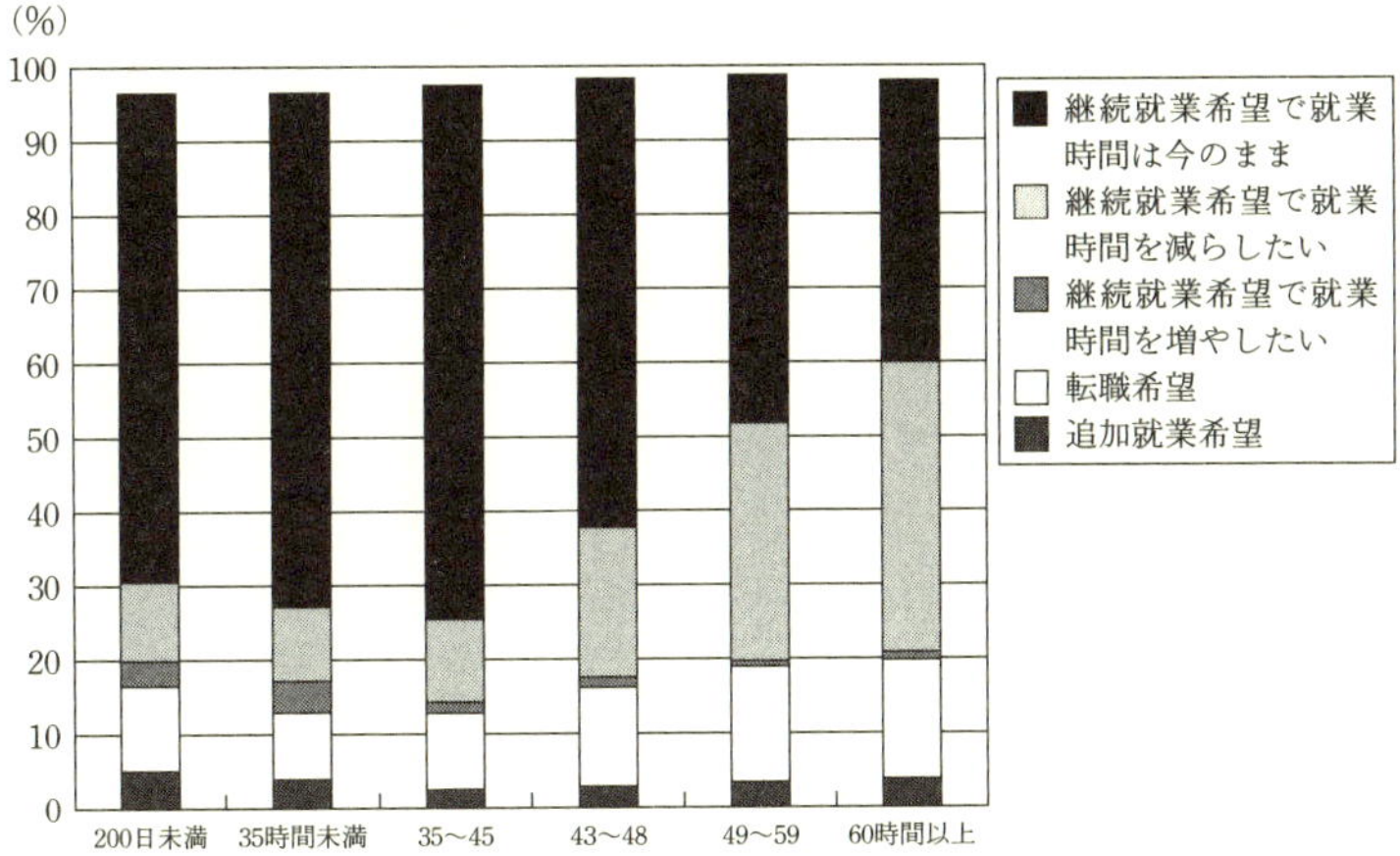

出典）総務省「就業構造基本調査」2007年より作成。

行なった者はそれぞれ、一七・一％〔五〇万人〕、一五・一％〔五〇万人〕）。

二〇〇七年で、「時間的・肉体的に負担が大きい」をあげた転職希望の雇用者の就業時間分布と、継続就業希望の雇用者の就業時間分布とを比較すると（図8－1、8－2）、転職希望が継続就業希望を大きく超えるのは、女性では週四九時間以上、男性では週六〇時間以上である。このあたりが境目となって、持続困難による転職希望が増えていると考えてよい。[*17]

また、正規雇用の男女で、就業時間階層ごとに就業希望意識・就業時間希望の分布をみると（図9－1、9－2）、男、女ともに、週四九時間を超えると、転職希望と継続就業かつ時間減希望の合計割合が大きく上昇し、男は週六〇時間以上でさらに上がることがわかる。

ＩＣＬＳの二〇〇八年の一般報告が述べ、またディーセント・ワークの測定基準としてＩＬＯがあげているように、[*18]「限界としての週四八時間」は先進諸国で広い合意がある基準である。日本の場合も上記の検討から週四九時間以上を一つの大きな目安とすべきことがわかる。同時に、日本の場合は週六〇時間以上雇用者が年二〇〇日以上就業の男性で一七・九％も存在しており、この人々の「持続困難」の程度が一段と高いと考えられることから、週六〇時間をもう一つの目安としたい。

2 「就業構造基本調査」を用いた不完全就業の推計

(1) 推計方法

以下では、二〇〇七年の「就業構造基本調査」における就業希望意識と就業時間希望の調査を資料として、不完全就業を推計したい。就業希望意識の調査は就業者に、継続就業希望、追加就業希望、転職希望の別を問うもので、後二者については求職活動の有無も聞いている。就業時間希望の調査はさらに、継続就業希望者の就業時間について、「今のままでよい」「増やしたい」「減らしたい」のいずれかを選択させている。

①追加就業希望については、全体として労働時間を増やす希望と解釈し、持続困難に関する労働時間基準は適用せずに、生活困難の所得基準だけを適用した。*19 追加就業希望、追加就業希望・求職のなかの年収二五〇万円未満、四〇〇万円未満が不完全就業となる。

②転職希望は、所得基準と労働時間基準の両方を適用した。転職希望、転職希望・求職のうちの、年収二五〇万円未満、四〇〇万円未満が「生活困難」による不完全就業であり、週四九時間以上、六〇時間以

表2　長時間労働かつ低賃金の分布（年200日以上就業者）

（万人）

		有業者計		正規雇用		非正規雇用	
		49時間以上	60時間以上	49時間以上	60時間以上	49時間以上	60時間以上
男	250万円未満	218	101	97	40	34	11
	400万円未満	595	273	377	166	64	23
	所得階級計	1358	614	974	420	77	28
女	250万円未満	151	57	85	31	40	12
	400万円未満	245	88	107	54	51	16
	所得階級計	368	139	232	77	53	17

（%）

男	250万円未満	16.0	16.4	10.0	9.6	43.8	39.5
	400万円未満	43.8	44.4	38.8	39.4	83.5	80.7
	所得階級計	100.0	100.0	100.0	100.0	100.0	100.0
女	250万円未満	41.0	40.8	36.5	40.2	75.1	70.6
	400万円未満	66.6	63.4	46.2	70.5	95.1	92.6
	所得階級計	100.0	100.0	100.0	100.0	100.0	100.0

出典）総務省「就業構造基本調査」2007年より作成。

上が「持続困難」による不完全就業である。両者をくわえて、そこから両者が重なる部分、つまり、長時間労働かつ低賃金の部分を差し引く必要がある。表2をみると、長時間労働と低賃金が重なる割合は思いのほかに大きい。実数でみると、年に二〇〇日以上就業で週六〇時間以上の男性正規総数は四二〇万人だが、そのうち四〇〇万円未満が一六六万人、二五〇万円未満が四〇万人を数える。

なお、二〇〇七年の「就業構造基本調査」では、就業時間／賃金所得のクロス集計は就業希望意識の区分ごとには行なわれていない。そのため、転職希望、転職希望・求職の生活困難と持続困難が重なる部分は、表2の比率をそのまま用いて推計した。[*20]

③継続就業希望で就業時間を「増やしたい」と答えた人々のうちでは、年収が基準（二五〇万円、

四〇〇万円）以下を「生活困難」による不完全就業とし、就業時間を「減らしたい」としたうちでは、労働時間が基準（週四九時間、六〇時間）以上の人々を「持続困難」による不完全就業と数えた。この場合には、生活困難と持続困難の重なりはない。

④不完全就業・求職者は転職希望と追加就業希望にだけ存在する。現在の職への不満、状況変更の希望が切実である度合いは求職者のほうが非求職者よりも強いと推測できる。[*21] 彼らは「失業」者とともに「求職者」として労働市場にあらわれることも重要な点である。

したがって、不完全就業の推計は〈追加就業希望、転職希望、継続就業希望中の時間変更希望〉における所得基準と就業時間基準を満たした「不完全就業」と、そのうちの追加就業希望と転職希望における不完全就業かつ求職の合計からなる「不完全就業・求職」の二層で行なわれる。

(2) 推計結果の概要

就業状況変更希望全体の概要

不完全就業の推計結果をみる前に、その基礎資料とした、就業状況変更希望の全体的状況をみておこう。

表3①②③は、二〇〇七年の「就業構造基本調査」によって、就業状況変更希望（転職希望、追加就業希望、および、継続就業希望中の就業時間増希望および時間減希望）の数、および、その一部である就業状況変更希望・求職（転職希望・求職、および、追加就業希望・求職）の数を、自営・家族従業者、正規雇用労

表3　就業状況変更希望（全体表）

①

（万人）	男女計				男				女			
	有業者計	自営·家族従業	正規	非正規	有業者計	自営·家族従業	正規	非正規	有業者計	自営·家族従業	正規	非正規
有業者総数	6597.8	855.1	3432.4	1889.9	3817.5	526.1	2379.9	591.1	2780.3	328.9	1052.6	1298.8
転職希望	773.3	38.8	385.2	338.5	426.3	22.3	263.6	132.0	347.0	16.5	121.6	206.5
うち求職中	342.0	14.8	137.0	186.4	191.3	9.1	98.4	80.7	150.8	5.7	38.6	105.8
追加就業希望	345.7	46.3	139.1	139.8	192.8	28.5	99.1	48.8	152.9	17.8	40.0	91.0
うち求職中	124.1	16.3	34.1	61.8	67.7	12.8	25.1	22.7	56.4	6.8	8.9	39.1
継続就業希望中の時間増希望	336.2	72.4	79.9	166.0	175.0	51.3	62.7	45.5	161.2	21.1	17.1	120.5
同　時間減希望	961.4	111.5	695.6	85.5	660.7	73.6	500.4	31.8	300.7	37.9	195.1	53.8
就業状況変更希望計(転職希望,追加就業希望,時間増希望,時間減希望の合計)	2416.6	269.0	1299.8	729.8	1454.8	175.7	925.8	258.1	961.8	93.3	373.8	471.8
(再)転職希望,追加就業希望計	1119.0	85.1	524.3	478.3	619.1	50.8	362.7	180.8	499.9	34.3	161.6	297.5
(再)就業状況変更希望·求職(転職希望·求職,追加就業希望·求職　計)	466.1	31.1	171.1	248.2	259.0	21.9	123.5	103.4	207.2	12.5	47.5	144.9
参考　継続就業希望のうち「今のまま」	3881.3	511.9	2037.5	1070.6	2213.3	312.5	1403.7	299.1	1668.0	199.5	633.8	771.5
参考「失業」(無業·求職·「すぐつくつもり」)	278.6				126.2				152.4			

②

（対就業者比率　%）	男女計				男				女			
	有業者計	自営·家族従業	正規	非正規	有業者計	自営·家族従業	正規	非正規	有業者計	自営·家族従業	正規	非正規
転職希望	11.7	4.5	11.2	17.9	11.2	4.2	11.1	22.3	12.5	5.0	11.6	15.9
うち求職中	5.2	1.7	4.0	9.9	5.0	1.7	4.1	13.7	5.4	1.7	3.7	8.1
追加就業希望	5.2	5.4	4.1	7.4	5.1	5.4	4.2	8.3	5.5	5.4	3.8	7.0
うち求職中	1.9	1.9	1.0	3.3	1.8	2.4	1.1	3.8	2.0	2.1	0.8	3.0
継続就業希望中の時間増希望	5.1	8.5	2.3	8.8	4.6	9.7	2.6	7.7	5.8	6.4	1.6	9.3
同　時間減希望	14.6	13.0	20.3	4.5	17.3	14.0	21.0	5.4	10.8	11.5	18.5	4.1
就業状況変更希望計(転職希望,追加就業希望,時間増希望,時間減希望の合計)	36.6	31.5	37.9	38.6	38.1	33.4	38.9	43.7	34.6	28.4	35.5	36.3
(再)転職希望,追加就業希望計	17.0	10.0	15.3	25.3	16.2	9.7	15.2	30.6	18.0	10.4	15.4	22.9
(再)就業状況変更希望·求職(転職希望·求職,追加就業希望·求職　計)	7.1	3.6	5.0	13.1	6.8	4.2	5.2	17.5	7.5	3.8	4.5	11.2
参考　継続就業希望のうち「今のまま」	58.8	59.9	59.4	56.6	58.0	59.4	59.0	50.6	60.0	60.7	60.2	59.4

③

（対労働力比　%）	男女計（労働力人口6876万人）				男（労働力人口3944万人）				女（労働力人口2933万人）			
	有業者計	自営·家族従業	正規	非正規	有業者計	自営·家族従業	正規	非正規	有業者計	自営·家族従業	正規	非正規
転職希望	11.2	0.6	5.6	4.9	10.8	0.6	6.7	3.3	11.8	0.6	4.1	7.0
うち求職中	5.0	0.2	2.0	2.7	4.9	0.2	2.5	2.0	5.1	0.2	1.3	3.6
追加就業希望	5.0	0.7	2.0	2.0	4.9	0.7	2.5	1.2	5.2	0.6	1.4	3.1
うち求職中	1.8	0.2	0.5	0.9	1.7	0.3	0.6	0.6	1.9	0.2	0.3	1.3
継続就業希望中の時間増希望	4.9	1.1	1.2	2.4	4.4	1.3	1.6	1.2	5.5	0.7	0.6	4.1
同　時間減希望	14.0	1.6	10.1	1.2	16.8	1.9	12.7	0.8	10.3	1.3	6.7	1.8
就業状況変更希望計(転職希望,追加就業希望,時間増希望,時間減希望の合計)	35.1	3.9	18.9	10.6	36.9	4.5	23.5	6.5	32.8	3.2	12.7	16.1
(再)転職希望,追加就業希望計	16.3	1.2	7.6	7.0	15.7	1.3	9.2	4.6	17.0	1.2	5.5	10.1
(再)就業状況変更希望·求職(転職希望·求職,追加就業希望·求職　計)	6.8	0.5	2.5	3.6	6.6	0.6	3.1	2.6	7.1	0.4	1.6	4.9
参考　継続就業希望のうち「今のまま」	56.4	7.4	29.6	15.6	56.1	7.9	35.6	7.6	56.9	6.8	21.6	26.3
参考「失業」(無業·求職·「すぐつくつもり」)	4.1				3.2				5.2			

出典）総務省「就業構造基本調査」2007年より作成。

働者、非正規雇用労働者に分けてみたものである。

再確認しておけば、不完全就業はここで示されている就業状況変更希望のなかで、「生活困難」「持続困難」を理由とするものをさし、不完全就業・求職は就業状況変更希望・求職における「生活困難」「持続困難」部分をさす。

表3①は実数、表3②はそれぞれの就業者中での割合、また表3③は対労働力比（男女、男、女）であらわされている。なお、ここでの労働力人口は「就業構造基本調査」における有業者、および、無業・求職者・「すぐつくつもり」（≒「失業」）の合計である。調査のベースが異なるため、「労働力調査」の数値とは一致しない。[*22]

転職希望者は有業人口の一一・七％、追加就業希望者は五・二％、合計一七・〇％である。つまり、約六人に一人が現在の職に満足していない。さらに、現在の職を継続したい継続就業希望のなかに時間増を希望する者が有業人口の五・一％、時間減の希望が一四・六％であるため、現在の就業状況に満足していない人々の総計は、有業人口の三六・六％、三人に一人となる。

就業状況変更希望・求職は対労働力比六・八％であり、無業・求職・「すぐつくつもり」（≒「失業」）の四・一％を上回る。労働市場に求職者としてあらわれる人々の合計は一〇・八％と、「失業率」の二倍以上に達していることがわかる。就業状況変更希望全体の割合は「失業率」の八・七倍である。非正規は、転職希望、追加就業希望の合計の割合、および就業状況変更希望・求職の割合が男女ともたいへん高い。

とくに男の非正規は六人に一人が求職活動をしながら働いている。

表3①から就業状況変更希望者の就業形態別内訳を計算してみると、自営／家族従業者一一・一％、正規五三・八％、非正規三〇・二％であり、就業状況変更希望・求職では、自営等六・七％、正規三六・七％、非正規五三・三％である。求職者ベースでは、非正規がすでに多数派となっていることがわかる。あらかじめ述べておけば、非正規の転職／追加就業希望の求職者は、ほぼそのすべてが不完全就業であり、現在では不完全就業の中心的な形態である。

正規と非正規を比較すると、就業状況変更希望ではその対就業者比率にそれほどの違いはないが、就業状況変更希望・求職では大きな違いがあり、非正規の数字は高い。非正規は、現在の状況変更を希望する切実さの程度が正規雇用より高いためであろう。

就業状況変更希望と就業状況変更希望・求職の変化を正規、非正規別に追うと（表4）、正規の就業状況変更希望が大きく減っているが、これは継続就業希望で就業時間を「減らしたい」の大幅減による。正規雇用の就業状況変更希望・求職の男女計割合は微増である。

非正規はいずれも実数で二倍以上に大きく増えているが、非正規総数そのものが急増したため、非正規中の割合としては、就業状況変更希望で八ポイント、就業状況変更希望・求職で二ポイントほどの増加にとどまっている。結果として、就業状況変更希望、就業状況変更希望・求職における非正規の比重は、この一五年間で飛躍的に上昇した。

表４　雇用形態別の就業状況変更希望の推移

正規労働者，非正規労働者中の就業状況変更希望者数

（万人）

			1992	1997	2002	2007
転職希望者	男	正規	244	284	288	264
		非正規	56	75	116	132
	女	正規	136	140	119	122
		非正規	115	150	192	207
追加就業希望者	男	正規	109	118	95	99
		非正規	24	31	43	49
	女	正規	44	52	35	40
		非正規	41	59	86	91
継続就業希望「（就業時間を）増やしたい」	男	正規	35	42	78	63
		非正規	7	17	41	46
	女	正規	9	12	17	17
		非正規	35	64	118	121
継続就業希望「（就業時間を）減らしたい」	男	正規	852	700	539	500
		非正規	8	21	24	32
	女	正規	320	260	193	195
		非正規	37	40	42	54
計	男	正規	1239	1144	1000	926
		非正規	94	143	225	258
	女	正規	509	465	365	374
		非正規	229	313	438	472
	男女計	正規	1748	1609	1365	1300
		非正規	323	456	662	730

正規労働者，非正規労働者中の就業状況変更希望者の割合

（%）

			1992	1997	2002	2007
転職希望者	男	正規	9.3	10.6	11.8	11.1
		非正規	19.8	22.2	24.3	22.3
	女	正規	11.4	11.9	11.7	11.5
		非正規	15.0	16.2	16.8	15.9
追加就業希望者	男	正規	4.2	4.4	3.9	4.2
		非正規	8.3	9.1	9.0	8.3
	女	正規	3.6	4.4	3.4	3.8
		非正規	5.4	6.4	7.6	7.0
継続就業希望「（就業時間を）増やしたい」	男	正規	1.3	1.6	3.2	2.6
		非正規	2.5	5.1	8.6	7.7
	女	正規	0.8	1.1	1.7	1.6
		非正規	4.6	6.9	10.3	9.3
継続就業希望「（就業時間を）減らしたい」	男	正規	32.6	26.1	22.0	21.0
		非正規	2.7	6.1	5.1	5.4
	女	正規	26.7	22.1	19.0	18.5
		非正規	4.8	4.4	3.6	4.1
計	男	正規	47.4	42.7	40.9	38.9
		非正規	33.3	42.6	47.1	43.7
	女	正規	42.5	39.5	35.9	35.5
		非正規	29.8	33.9	38.3	36.3
	男女計	正規	45.9	41.7	39.4	37.8
		非正規	30.8	36.2	40.9	38.6

正規労働者，非正規労働者中の就業状況変更希望・求職者数

（万人）

			1992	1997	2002	2007
転職希望・求職者	男	正規	94	112	107	98
		非正規	31	45	74	81
	女	正規	46	48	39	39
		非正規	57	84	107	106
追加就業希望・求職者	男	正規	32	33	23	25
		非正規	11	15	21	23
	女	正規	11	12	8	9
		非正規	18	28	39	39
計	男	正規	126	146	130	124
		非正規	42	60	95	103
	女	正規	57	60	47	48
		非正規	75	112	146	145
	男女計	正規	183	206	177	171
		非正規	117	172	241	248

正規労働者，非正規労働者中の就業状況変更希望・求職者の割合

（%）

			1992	1997	2002	2007
転職希望・求職者	男	正規	3.6	4.2	4.4	4.1
		非正規	11.0	13.3	15.4	13.7
	女	正規	3.8	4.1	3.8	3.7
		非正規	7.5	9.1	9.4	8.1
追加就業希望・求職者	男	正規	1.2	1.2	0.9	1.1
		非正規	3.9	4.5	4.4	3.8
	女	正規	0.9	1.0	0.8	0.8
		非正規	2.3	3.1	3.4	3.0
計	男	正規	4.8	5.4	5.3	5.2
		非正規	14.9	17.8	19.8	17.5
	女	正規	4.8	5.1	4.6	4.5
		非正規	9.8	12.1	12.8	11.2
	男女計	正規	4.8	5.3	5.1	5.0
		非正規	11.2	13.6	14.8	13.1

注）1992年非正規はパート，アルバイトのみ。

出典）総務省「就業構造基本調査」1992年，1997年，2002年，2007年より作成。

表5　就業状況変更希望・求職労働者の雇用形態別／転職希望理由別 収入分布

		正規・転職希望・求職				(比較)正規・継続就業希望	非正規・転職希望・求職	非正規・追加就業希望・求職	(比較)非正規・継続就業希望
		総数	一時的についた仕事だから	収入が少ない	時間的・肉体的に負担が大きい				
男	計（%）	100.0	100.0	100.0	100.0	100.0	100.0	100.0	100.0
	50万円未満(%)	0.4	2.2	0.5	0.2	0.1	8.8	13.6	8.1
	150万円未満	3.3	13.3	4.6	1.5	1.7	45.1	56.4	42.0
	250万円未満	21.4	44.1	32.5	13.9	11.6	81.3	83.7	71.3
	400万円未満	63.3	82.4	82.5	56.9	37.5	96.5	96.3	90.9
	600万円未満	87.9	95.0	96.7	87.4	66.5	99.1	99.0	96.9
	総数（万人）	98.4	2.8	34.4	19.1	1965.0	80.7	22.7	378.9
女	計（%）	100.0	100.0	100.0	100.0	100.0	100.0	100.0	100.0
	50万円未満(%)	0.8	3.6	1.8	0.1	1.1	13.0	23.6	10.5
	150万円未満	11.7	30.0	19.5	7.6	11.1	70.4	78.5	74.4
	250万円未満	52.9	81.4	76.0	41.8	38.4	93.0	94.5	93.5
	400万円未満	86.3	95.7	96.5	78.4	71.5	99.1	99.2	98.5
	600万円未満	96.3	97.9	98.8	94.4	89.4	99.5	99.6	99.2
	総数（万人）	38.6	1.4	9.6	10.7	846.8	105.8	39.2	947.5

出典）総務省「就業構造基本調査」2007年より作成。

就業状況変更希望・求職労働者（転職希望・求職、追加就業希望・求職）の収入状況を正規、非正規別および転職希望理由別にみておこう。就業状況変更希望はどの程度の「困窮」を表現しているのか、についての概観である。

表5をみると、男女とも正規、非正規の格差がきわめて大きい。同時に、とくに正規では転職希望・求職あるいは追加就業希望・求職と継続就業希望の格差が大きいことがわかる。また、非正規・追加就業希望者の収入分布が低いほうに大きく偏っていることにも注意されたい。追加就業希望・求職労働者は総計で九六万人だが、そのうち非正規が六二万人である。女性非正規の追加就業希望・求職は就業状況変更希望・求職者のなかで最も低所得である。

正規男性の転職希望・求職者の収入分布は、転職希望理由による違いが大きい。表5によれば、四〇〇万円未満の割合は、比較対象である継続就業希望者の三七・五％に対し、「収入が少ない」は八二・五％、「時間的・肉体的に負担が大きい」は五六・九％を示している。[*23]

なお、表5にはないが、転職希望・求職者が希望する就業形態をみると、現在が正規か非正規かを問わず、勤労年齢では正規希望が圧倒的であり、男性では起業希望も一定の割合を占める。退職年齢時には非正規希望が増える。

追加就業希望・求職者の場合、希望する就業形態は男では起業、正規、非正規の順となり、女では非正規、正規、起業の順となる。男性・追加就業希望・求職者も、起業希望で三〇〇万円未満が四〇・六％となるなど、その収入分布は顕著に低い。

なお、追加就業希望・求職者男女のうち、現在の就業が週四三時間以上の割合は、正規希望で五一・五％、起業希望で六八・四％である。就業時間の合計が過剰となることを予想しながらの追加就業希望といってよかろう。

不完全就業の推計結果

表6①②（二〇〇七年）および表7①②（一九九七年）は不完全就業と不完全就業・求職を推計した全体表である。

表6　不完全就業者の推移（2007年）

①不完全就業者の推計　（万人）

	不完全就業者			不完全就業・求職者		
基準	男	女	計	男	女	計
250万円・60時間	634	580	1214	155	173	329
250万円・49時間	895	662	1557	184	180	364
400万円・60時間	834	660	1495	217	196	413
400万円・49時間	1071	734	1805	236	199	436

（%）

対労働力比	不完全就業者			不完全就業・求職者		
基準	男	女	計	男	女	計
250万円・60時間	16.1	19.8	17.7	3.9	5.9	4.8
250万円・49時間	22.7	22.6	22.6	4.7	6.1	5.3
400万円・60時間	21.2	22.5	21.7	5.5	6.7	6.0
400万円・49時間	27.2	25.0	26.3	6.0	6.8	6.3
参考「無業・求職・すぐつくつもり」の割合（≒「失業率」）				3.2	5.2	4.1

注）1．不完全就業者＝a＋b＋c。

a．転職希望者中の基準額以下 &/or 基準就業時間以上。

b．追加就業希望中の基準額以下。

c．継続就業希望で就業時間増希望者中の基準額以下＋時間減希望者中の基準時間以上。
2．不完全就業・求職者＝aのうちの求職者＋bのうちの求職者。
出典）総務省「就業構造基本調査」2007年より作成。

②A基準による不完全就業推計（2007年）　（万人）

	不完全就業者			不完全就業・求職者		
基準	男	女	計	男	女	計
250万円・49時間		662	1497		180	397
400万円・60時間	834			217		

（%）

対労働力比	不完全就業者			不完全就業・求職者		
基準	男	女	計	男	女	計
250万円・49時間		22.6	21.8		6.1	5.8
400万円・60時間	21.2			5.5		
参考「無業・求職・すぐつくつもり」の割合（≒「失業率」）				3.2	5.2	4.1

注）A基準＝男性：年収400万円・週60時間就業，女性：年収250万円・週49時間就業。

表6①と表7①は、男女同一で四つの基準を用いた推計結果だが、二〇〇七年では不完全就業は一二一四万～一八〇五万人、不完全就業・求職が三二九万～四三六万人であり、一九九七年ではそれぞれ九四〇万～一五五四万、二六九万～三八〇万人である。この一〇年間、それぞれの基準で、不完全就業が二四三万～三〇二万人、不完全就業・求職が五四万～六三万人増えている。

男女を別の基準にすると形式的には一六個の推計が可能だが、実際の状況に最も近い組み合わせは、基準を検討したさいの知見を参考にすると、男性年収四〇〇万円・週六〇時間就業、女性年収二五〇万円・週四九時間就業（以下、A基準と呼ぶ）と思われる。

表6②はA基準による二〇〇七年の推計である。不完全就業は一四九七万人、不完全就業・求職は三九

表7　不完全就業者の推計（1997年）

①　**不完全就業者の推計**　（万人）

	不完全就業者			不完全就業・求職者		
基準	男	女	計	男	女	計
250万円・60時間	474	465	940	110	159	269
250万円・49時間	769	545	1314	136	165	301
400万円・60時間	664	529	1193	177	182	359
400万円・49時間	938	616	1554	195	185	380

（%）

対労働力比	不完全就業者			不完全就業・求職者		
基準	男	女	計	男	女	計
250万円・60時間	11.6	15.9	13.4	2.7	5.4	3.8
250万円・49時間	18.8	18.6	18.7	3.3	5.6	4.3
400万円・60時間	16.3	18.0	17.0	4.3	6.2	5.1
400万円・49時間	23.0	21.0	22.1	4.8	6.3	5.4
参考「無業・求職・すぐつくつもり」の割合（≒「失業率」）				3.2	6.3	4.5

注）1．不完全就業＝a＋b＋c。

a．転職希望者中の基準額以下 &/or 基準就業時間以上。

b．追加就業希望中の基準額以下。

c．継続就業希望で就業時間増希望者中の基準額以下＋時間減希望者中の基準時間以上。
2．不完全就業・求職者＝aのうちの求職者＋bのうちの求職者。
出典）総務省「就業構造基本調査」1997年より作成。

②　**A基準による不完全就業推計**（1997年）　（万人）

	不完全就業者			不完全就業・求職者		
基準	男	女	計	男	女	計
250万円・49時間		545	1209		165	342
400万円・60時間	664			177		

（%）

対労働力比	不完全就業者			不完全就業・求職者		
基準	男	女	計	男	女	計
250万円・49時間		18.6	17.2		5.6	4.9
400万円・60時間	16.3			4.3		
参考「無業・求職・すぐつくつもり」の割合（≒「失業率」）				3.2	6.3	4.5

注）A基準＝男性：年収400万円・週60時間就業，女性：年収250万円・週49時間就業。

七万人、それぞれの対労働力比は二一・八％、五・八％である。つまり、現在の仕事に「生活困難」「持続困難」を感じて、就業状況を変更したいと考えている者が労働力人口の五人に一人を上回り、そのうち求職活動を行なっている者が労働力人口の一七人に一人である。就業状況変更希望者総数は二四一七万人であったから、そのうちの六一・九％が不完全就業となる。就業状況変更希望・求職者の総数は四六六万人のため、不完全就業・求職はその八五・二％である。

表7②は、A基準を動かさずに一九九七年の「就業構造基本調査」にあてはめたものである。一九九七年と比較すると、二〇〇七年は不完全就業で二八八万人（一九九七年比二三・八％）、不完全就業・求職で五五万人（同一六・二％）の増である。対労働力比は不完全就業で四・五ポイント、不完全就業・求職で〇・九ポイント上昇した。

なお、一九九七年の就業状況変更希望者は二五三三万人、そのうちの求職者は四三八万人であった。この一〇年間で就業状況変更希望者は一一六万人減っているが、逆に不完全就業は二八八万人増え、就業状況変更希望に占める不完全就業の割合は、四七・七％から六一・九％に、就業状況変更希望・求職に占める不完全就業・求職の割合は、七八・〇％から八五・二％に増えている。

以下、さらに詳しい集計を使いながら、現代日本の不完全就業の特徴をいくつか指摘したい。

(i)大量のフルタイム就業者が「生活困難」不完全就業

収入不足による「生活困難」不完全就業と、過剰労働による「持続困難」不完全就業を分けて示したのが表8－1である。これによれば、二〇〇七年の「生活困難」不完全就業は男五五五万人、女五二三万人、計一〇七八万人（対労働力比：男一四・一％、女一七・八％、男女計一五・七％）、同不完全就業・求職は男一九八万人、女一七〇万人、計三六八万人（対労働力比：男五・〇％、女五・八％、男女計五・四％）である。一九九七年（表8－2）と比較すると、「生活困難」不完全就業は二四七万人（対九七年比一・三〇倍）、同不完全就業・求職は五〇万人（同一・一六倍）の増である。対労働力比は、それぞれ三・八ポイント、〇・八ポイント増えた。

先に、「労働力調査（詳細集計）」二〇一〇年平均によって、ＩＬＯ定義の「時間関係の不完全就業」を三八〇万人と推計した。これは、現在週三五時間未満で、転職・追加就業をも含んで就業時間を増やしたい人々の合計だが、同じ「労働力調査（詳細集計）」の二〇〇七年平均を用いると二七九万人となる。本推計による「生活困難」不完全就業一〇七八万人は、この数字を大幅に上回り、その差は約八〇〇万人となる。大まかにいえば、「生活困難」不完全就業のうち、週三五時間以上就業の人々がこの差となるはずである。[*24]

フルタイム就業者の収入不足による不完全就業が膨大な量になる、これが日本の不完全就業のまず最も大きな特徴であろう。

かりに「生活困難」の基準を男女ともに年収二五〇万円としても、男三三〇万人、女五二三万人、計八

表8−1　A基準による不完全就業の内訳（2007年）

（万人）

不完全就業	「生活困難」不完全就業（α）			「持続困難」不完全就業（β）			転職希望内の「生活困難」と「持続困難」の重複分（γ）			計（α＋β−γ）		
	男	女	男女計	男	女	男女計	男	女	男女計	男	女	男女計
	555	523	1078	319	160	479	40	20	60	834	662	1497
不完全就業・求職	「生活困難」不完全就業・求職（α）			「持続困難」不完全就業・求職（β）			転職希望・求職内の「生活困難」と「持続困難」の重複分（γ）			計（α＋β−γ）		
	男	女	男女計	男	女	男女計	男	女	男女計	男	女	男女計
	198	170	368	34	17	51	15	7	22	217	180	397

注）A基準＝男性：年収400万円・週60時間就業，女性：年収250万円・週49時間就業。
出典）総務省「就業構造基本調査」2007年より作成。

表8−2　A基準による不完全就業の内訳（1997年）

（万人）

不完全就業	「生活困難」不完全就業（α）			「持続困難」不完全就業（β）			転職希望内の「生活困難」と「持続困難」の重複分（γ）			計（α＋β−γ）		
	男	女	男女計	男	女	男女計	男	女	男女計	男	女	男女計
	416	415	831	273	142	415	25	12	37	664	545	1209
不完全就業・求職	「生活困難」不完全就業・求職（α）			「持続困難」不完全就業・求職（β）			転職希望・求職内の「生活困難」と「持続困難」の重複分（γ）			計（α＋β−γ）		
	男	女	男女計	男	女	男女計	男	女	男女計	男	女	男女計
	161	157	318	26	12	38	10	4	14	177	165	342

注）A基準＝男性：年収400万円・週60時間就業，女性：年収250万円・週49時間就業。
出典）総務省「就業構造基本調査」1997年より作成。

五三万人が「生活困難」不完全就業となり、「時間関係の不完全就業」二〇〇七年との差は、五七四万人とやはり膨大である。結論は変わらない。

なお、年収二五〇万円、四〇〇万円という基準は貧困基準として考えたものではなく、「就業構造基本調査」の五〇万円刻みの賃金収入階層調査において、就業状況変更希望のあらわれ方がその前後で変わる金額として定めたものであった。だが、この二五〇万円、四〇〇万円という数字は、結果として、最低生活費との関係でも一定の実体をもっている。まず、単身者貧困基準と二五〇万円を比較しよう。

三五歳単身者（借家）を念頭において、生活保護基準における生活扶助額と住宅扶助特別基準額の合計を出すと、年額で大都市部（一級地－1）は一六八万円、地方小都市（二級地－2）で一二九万円である。[*25]賃金労働者を想定して、額面年収二五〇万円から社会保険料、直接税、勤労必要費用（生活保護で制度化されている「勤労控除」の基礎控除）、さらに通勤費として一〇万円、保健医療費五万円[*26]を差し引くと、残りは一五〇万円となる。大都市部では明らかに不足し、小都市部でも自動車を維持する経費を通勤費に置き換えると、余裕はない。

二五〇万円という額面収入基準は、単身者の大まかな貧困基準としておかしくない数字であることがわかる。同様に、四〇〇万円という額は四人世帯の貧困基準として大きすぎることはない。就業状況変更希望のあらわれ方がこの二つの数字の前後で変化しているのは、これらの数字が単身世帯と子育て世帯の、実際の貧困境界を反映しているためと考えることができる。

(ii)過剰労働による「持続困難」不完全就業の大きな割合

表8－1によれば、「持続困難」不完全就業は男三一九万人、女一六〇万人、計四七九万人と、たいへん大きな数になっている（対労働力比：男八・一％、女五・四％、男女計七・〇％）。不完全就業のうち、男は三八・二％が「持続困難」不完全就業である（女は二四・二％、男女計で三二・〇％）。不完全就業・求職の男女計では、その一二・八％が「持続困難」不完全就業・求職である。

「持続困難」不完全就業は、基準時間以上就業の転職希望者および継続就業希望で就業時間を「減らしたい」人々の合計だが、このうちの転職希望での「持続困難」不完全就業は男九〇万人、女四九万人、計一三九万人（対労働力比：男二・三％、女一・七％、男女計二・〇％）である。繰り返しになるが、これは男で週に六〇時間以上、女で四九時間以上就業し、転職を希望している人々の数字である。さらにこのうち求職活動を行なっているのは、男三四万人、女一七万人、計五一万人（対労働力比：男〇・九％、女〇・六％、男女計〇・七％）である。二〇〇七年の「失業」者（無業・求職・すぐつくつもり）が二七九万人であることを考えると、その規模の大きさがわかる。

一九九七年の表8－2と比較すると、「持続困難」不完全就業は、この一〇年で六四万人増で一・一五倍となり、不完全就業・求職では一三万人増一・三四倍となった。

なお、継続就業希望で就業時間を「減らしたい」はこの一〇年間で一三〇六万人から九六一万人に減っている。だが、そのうちの不完全就業（男六〇時間以上、女四九時間以上）は、逆に、三一三万人から三四〇万人に増えており、「減らしたい」のうちの不完全就業の割合は、二三・九%から三五・三%へと大幅に上がった。「減らしたい」の時間分布が、この一〇年間で大きく変化したことは、図5で確認したとおりである。

この推計では、不完全就業における「生活困難」と「持続困難」の重複は、転職希望における収入不足と過剰労働の重複部分として示される。男で年収四〇〇万円未満・週六〇時間以上就業、女で年収二五〇万円未満・週四九時間以上の転職希望者は、それぞれ、四〇万人と二〇万人であり、一九九七年と比較すると一・六倍に増えた。なお、転職希望に限らずすべての就業者でみると、この基準による低収入・長時間労働の人数は、一九九七年では男一七四万人、女一〇七万人であったのに対し、二〇〇七年では男二七三万人、女一五一万人となった。この一〇年間で男が一・六倍、女が一・四倍、男女計で一・五倍の増加である。

(iii)不完全就業の中心は非正規

雇用形態別にみよう。表9によれば、非正規労働者は有業者総数の二八・六%を占めるが、不完全就業では四一・九%、不完全就業・求職では五九・五%を占めている。とりわけ女性では不完全就業・求職のうち非正規が七五・八%を占める。不完全就業の中心は非正規労働者である。

表9　A基準による雇用形態別の不完全就業と不完全就業・求職の推計

正規雇用　　（万人）

	追加就業希望		転職希望		継続就業希望・時間増減希望		総計	
	総数	うち不完全就業	総数	うち不完全就業	総数	うち不完全就業	総数	うち不完全就業
男	99	52	264	198	563	211	926	460
女	40	21	122	80	212	92	374	193
計	139	73	385	278	775	303	1300	654
	追加就業希望・求職		転職希望・求職				総計	
	総数	うち不完全就業	総数	うち不完全就業			総数	うち不完全就業
男	25	15	98	79			124	94
女	9	5	39	28			48	33
計	34	20	137	107			171	127

非正規雇用　　（万人）

	追加就業希望		転職希望		継続就業希望・時間増減希望		総計	
	総数	うち不完全就業	総数	うち不完全就業	総数	うち不完全就業	総数	うち不完全就業
男	49	46	132	128	77	50	258	224
女	91	85	207	194	174	125	472	404
計	140	131	338	322	252	175	730	628
	追加就業希望・求職		転職希望・求職				総計	
	総数	うち不完全就業	総数	うち不完全就業			総数	うち不完全就業
男	23	22	81	78			103	100
女	39	37	106	99			145	136
計	62	59	186	178			248	236

有業者計　　（万人）

	追加就業希望		転職希望		継続就業希望・時間増減希望		総計	
	総数	うち不完全就業	総数	うち不完全就業	総数	うち不完全就業	総数	うち不完全就業
男	193	126	426	350	836	359	145	835
女	153	117	347	290	462	256	962	662
計	346	242	773	640	129	615	241	1497
	追加就業希望・求職		転職希望・求職		8		7　総計	
	総数	うち不完全就業	総数	うち不完全就業			総数	うち不完全就業
男	68	50	191	168			259	217
女	56	46	151	133			207	180
計	124	96	342	301			466	397

非正規，正規が不完全就業等に占める割合　　（万人）　　（%）

		有業者総数	不完全就業	不完全就業・求職	有業者総数	不完全就業	不完全就業・求職
男	有業者	3818	835	217	100.0	100.0	100.0
	正規	2382	460	94	62.4	55.2	43.3
	非正規	591	224	100	15.5	26.8	46.1
女	有業者	2780	662	180	100.0	100.0	100.0
	正規	1054	193	33	37.9	29.2	18.5
	非正規	1299	404	136	46.7	61.0	75.8
計	有業者	6598	1497	397	100.0	100.0	100.0
	正規	3436	654	127	52.1	43.7	32.1
	非正規	1890	628	236	28.6	41.9	59.5

注）A基準＝男性：年収400万円・週60時間就業，女性：年収250万円・週49時間就業。
出典）総務省「就業構造基本調査」2007年より作成。

もともと非正規では、就業状況変更希望の割合が高いうえに（継続就業希望で就業時間を「減らしたい」を除く）、この間の非正規増が大きく影響して、就業状況変更を希望する非正規が急増した（表4）。さらに、非正規では収入が低いため、就業変更希望のうちで不完全就業が占める割合が非常に高い（表10）。雇用の不安定をあわせ考えれば、非正規の就業状況変更希望はほとんどそのまま不完全就業とみなしてよい。

雇用形態別に、不完全就業における「生活困難」（収入不足）と「持続困難」（過剰労働）の内訳をみたのが表11である。不完全就業・求職の正規男女計では、その八〇・五%が収入不足、三一・八%が過剰労働、両者の重複分が一二・二%であるのに対し、非正規では九九・四%が収入不足、二・八%が過剰労働、二・二%が両者の重複となる。非正規では圧倒的に収入不足が大きな位置をもち、正規では収入不足にくわえて過剰労働が大きいことがわかる。基準を変えて男女ともに年収四〇〇万円・週四九時間就業、あるいは年収二五〇万円・週六〇時間就業としても、この傾向は変わらない。

なお、不完全就業・求職に占める非正規の割合は五九・五%だったが、過去一年以内に離職した無業・求職では、前職が非正規の割合は、男四二・一%、女六四・五%、男女計五四・八%である。「就業構造基本調査」における無業・求職は「失業」と同じではないが、半失業、「失業」の双方において、非正規の比重はきわめて高いと考えてよいだろう。

表10　A基準による就業状況変更希望中の不完全就業の割合

（%）

		就業状況変更希望中の不完全就業率				就業状況変更希望・求職中の不完全就業・求職率		
		追加就業希望中の不完全就業率	転職希望中の不完全就業率	継続就業希望「（就業時間を）増やしたい」中の不完全就業率	継続就業希望「（就業時間を）減らしたい」中の不完全就業率	追加就業・求職中の不完全就業率	転職希望・求職中の不完全就業率	転職希望・求職と追加就業希望・求職合計中の不完全就業率
250万・49時間	非正規 女	93.2	93.9	96.8	16.1	94.5	93.9	94.1
	正規 女	52.0	66.1	66.8	41.3	57.0	72.8	69.9
400万・60時間	非正規 男	95.0	96.8	96.8	17.4	96.0	97.2	96.9
	正規 男	52.6	74.9	62.4	34.3	58.4	80.7	76.2

注）A基準＝男性：年収400万円・週60時間就業，女性：年収250万円・週49時間就業。
出典）総務省「就業構造基本調査」2007年より作成。

表11　雇用形態別の不完全就業の内訳

（万人）

			生活困難			持続困難			転職希望内の収入不足と過剰労働の重複分			計		
			男	女	男女	男	女	男女	男	女	男女	男	女	男女
A基準	不完全就業	非正規	217	393	609	13	20	33	6	8	14	224	404	628
		正規	244	91	335	289	115	404	29	12	42	503	193	696
	不完全就業・求職	非正規	100	135	235	3	4	7	2	3	5	100	136	236
		正規	77	25	102	28	12	40	11	4	16	94	33	127

（%）

			生活困難			持続困難			転職希望内の収入不足と過剰労働の重複分			計		
			男	女	男女	男	女	男女	男	女	男女	男	女	男女
A基準	不完全就業	非正規	96.9	97.2	97.1	5.8	4.9	5.2	2.7	2.0	2.3	100.0	100.0	100.0
		正規	48.4	47.0	48.0	57.4	59.4	58.0	5.8	6.5	6.0	100.0	100.0	100.0
	不完全就業・求職	非正規	99.5	99.3	99.4	2.8	2.9	2.8	2.3	2.1	2.2	100.0	100.0	100.0
		正規	81.8	76.8	80.5	30.1	36.5	31.8	11.9	13.3	12.2	100.0	100.0	100.0

注）A基準＝男性：年収400万円・週60時間就業，女性：年収250万円・週49時間就業。
出典）総務省「就業構造基本調査」2007年より作成。

(iv)女は「生活困難」が多く、男は「持続困難」も

女性と男性の間では、収入分布と就業時間分布が大きく異なるため、不完全就業のあらわれ方に大きな違いがある。そもそもA基準はその実態を反映してつくられたものであった。男女に同一の基準を適用した推計結果を表12にまとめたが、「生活困難」不完全就業は女性に多く、これに対して「持続困難」不完全就業は、男性が女性の四倍弱（四九時間基準）、五倍（六〇時間基準）である。不完全就業総数ではいずれの基準でも男が女を上回る。

なお、対労働力比でみると、二〇〇七年、一九九七年とも、不完全就業は基準によって男女の上下が入れ替わるが、不完全就業・求職ではすべて女が男を上回る（表6）。

「就業構造基本調査」では、不完全就業を「世帯主との続柄」で直接に推計するために必要なクロスデータが集計されていない。そこで、「世帯主との続柄」別に就業者中の転職希望、追加就業希望の割合を男女で比較すると、二人以上世帯世帯主では、両者の合計が男で一二・〇%であるのに対し、女は二〇・〇%と差が出る。[*27] これは二人以上世帯世帯主であっても、女性には「世帯主」水準の賃金が適用されないことが多いためであろう。実際、転職希望あるいは追加就業希望の女性世帯主二人以上世帯の世帯収入をみると、いずれも三〇〇万円未満に集中した分布となっている。二〇〇万円未満の割合は、追加就業希望で四一・八%、転職希望で三六・九%とたいへん高い。女性世帯主世帯の場合、世帯収入と世帯主収入との違いが大きい場合は少ないと考えられるので、女性世帯主の転職希望者、追加就業希望者は高い割合で、

表12　基準別，不完全就業の内訳

（万人）

不完全就業の内訳	「生活困難」不完全就業（α）		「持続困難」不完全就業（β）		転職希望内の収入不足と過剰時間の重複分（γ）		計（α＋β－γ）	
	男	女	男	女	男	女	男	女
250万円・60時間	330	523	319	64	15	7	634	580
250万円・49時間	330	523	593	160	28	20	895	662
400万円・60時間	555	607	319	64	40	11	834	660
400万円・49時間	555	607	593	160	77	33	1071	734
不完全就業・求職の内訳	**「生活困難」不完全就業・求職（α）**		**「持続困難」不完全就業・求職（β）**		**転職希望・求職内の収入不足と過剰時間の重複分（γ）**		**計（α＋β－γ）**	
	男	女	男	女	男	女	男	女
250万円・60時間	127	170	34	6	6	3	155	173
250万円・49時間	127	170	68	17	11	7	184	180
400万円・60時間	198	194	34	6	15	4	217	196
400万円・49時間	198	194	68	17	30	11	236	199

注）網掛けはA基準（男性：年収400万円・週60時間就業，女性：年収250万円・週49時間就業）。
出典）総務省「就業構造基本調査」2007年より作成。

不完全就業と考えてよかろう。[28]

女性単身世帯の二〇〇万円未満比率は、転職希望の場合で三七・七%、追加就業希望四四・二%である（男単身世帯では、それぞれ二四・六%、二八・四%）。

なお、とくに低所得が多い追加就業希望の女性の状況は、実際にダブルワークを行なっている女性の状況を参照しながら分析すべきであろう。図10をみると、「副業あり」の本業と追加就業希望・求職の収入分布はほとんど重なっている。一五〇万円未満の割合はそれぞれ六一・六%、六四・五%であり、これは「副業なし」の有業女性の四三・七%、継続就業希望女性の四二・九%を大きく上回る。一般にダブルワークは「闇労働」化しや

図10　女性有業者の追加就業希望・求職者と「副業あり」本業の収入分布

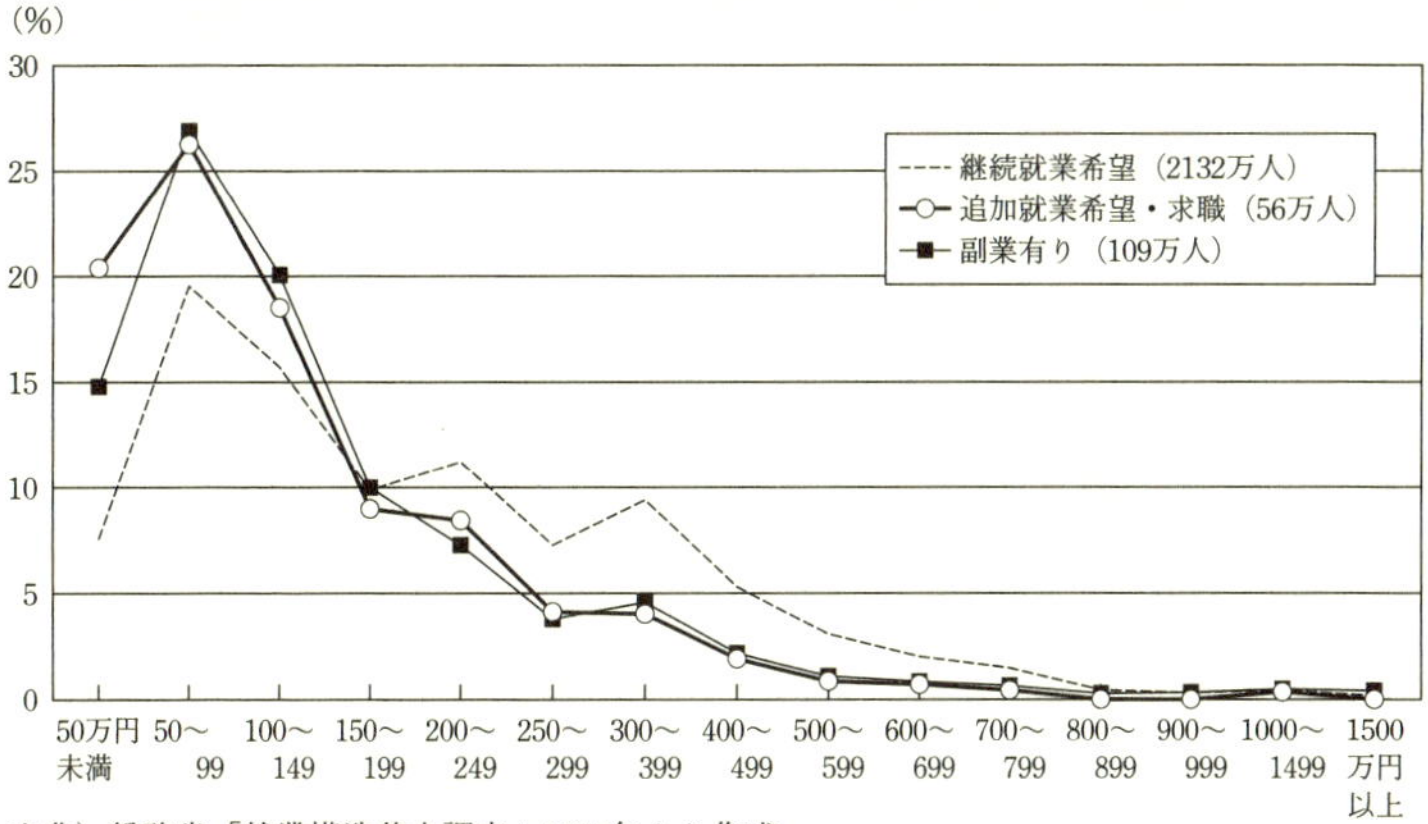

出典）総務省「就業構造基本調査」2007年より作成。

すく、各種の労働規制や社会保険による保護をすりぬけやすい性質をもっており、ワーキングプア底辺層、「雑業」層に多くみられるが、その実態については把握が進んでいない。

なお、「就業構造基本調査」の「副業」に関する集計には「世帯主との続柄」とのクロス集計がない。「就業構造基本調査」二〇〇七年によれば、「副業あり」は女性有業者の四・〇%だが、厚生労働省「全国母子世帯等調査」二〇一一年によれば、母子世帯の母親で「副業あり」は六・九%であり、その副業収入の六七%は五〇万円未満である。

(v)働きざかり男性の「持続困難」不完全就業の大量存在

表13は、年齢階層別に、有業者全体と雇用者の不完全就業をこれまでと同じ方法で推計したものである（A基準）。男女とも若年の不完全就業率が高く、とくに二五〜三四歳では男女ともに三割前後となっている。

表13　A基準による年齢別不完全就業推計

（単位：万人，%）

男	有業者					雇用者				
	有業者総数	就業状況変更希望者数	不完全就業者数	有業者中の不完全就業率	不完全就業の年齢階層別内訳	雇用者総数	就業状況変更希望者数	不完全就業者数	雇用者中の不完全就業率	不完全就業の年齢階層別内訳
15～24歳	297	141	120	40.2	14.3	291	139	119	40.7	16.3
25～34	795	377	241	30.3	28.9	756	360	230	30.5	31.7
35～44	839	377	192	22.9	23.1	764	344	170	22.3	23.4
45～54	740	272	133	18.0	16.0	647	233	106	16.4	14.6
55～64	767	217	114	14.9	13.7	622	166	80	12.9	11.1
65～74	294	58	30	10.2	3.6	173	32	17	9.8	2.3
75以上	86	14	4	4.5	0.5	29	4	2	5.8	0.2
計	3817	1455	834	21.9	100.0	3281	1279	727	22.2	100.0

女	有業者					雇用者				
	有業者総数	就業状況変更希望者数	不完全就業者数	有業者中の不完全就業率	不完全就業の年齢階層別内訳	雇用者総数	就業状況変更希望者数	不完全就業者数	雇用者中の不完全就業率	不完全就業の年齢階層別内訳
15～24歳	294	142	116	39.6	17.6	290	140	115	39.8	18.9
25～34	574	247	164	28.6	24.8	552	238	158	28.7	25.9
35～44	591	235	166	28.0	25.0	546	215	154	28.1	25.2
45～54	573	180	124	21.6	18.7	516	160	112	21.7	18.3
55～64	513	119	75	14.5	11.3	420	96	61	14.6	10.1
65～74	181	31	15	8.2	2.2	103	17	9	8.8	1.5
75以上	53	8	2	4.5	0.4	19	3	1	5.2	0.2
計	2780	962	662	23.8	100.0	2446	868	610	24.9	100.0

注）A基準＝男性：年収400万円・週60時間就業，女性：年収250万円・週49時間就業。
出典）総務省「就業構造基本調査」2007年より作成。

不完全就業者の年齢階層別内訳をみると、二五～四四歳の働きざかりが男で五一・九%、女で四九・九%を占める。有業者全体では同じ年齢階層の占める割合は、それぞれ四二・八%、四一・九%であり、「失業」（無業・求職・「すぐつくつもり」）では三四・二%、四一・九%であるから、これらと比較すると、不完全就業の場合は働きざかり年齢層の比重

表14　A基準による年齢別不完全就業の内訳

（万人）

男	有業者					雇用者				
	「生活困難」不完全就業者数（α）	「持続困難」不完全就業者数（β）	うち転職希望者数		不完全就業計（α＋β－γ）	「生活困難」不完全就業者数（α）	「持続困難」不完全就業者数(β)	うち転職希望者数	転職希望内の収入不足と過剰労働の重複分（γ）	不完全就業計（α＋β－γ）
15～24歳	110	16	7	6	120	109	16	7	7	119
25～34	166	92	34	17	241	159	89	33	18	230
35～44	100	101	27	8	192	84	93	26	7	170
45～54	74	64	14	5	133	55	55	13	3	106
55～64	80	38	7	3	114	56	26	5	2	80
65～74	23	7	1	0	30	14	3	0	0	17
75以上	2	2	0	0	4	1	1	0	0	2
計	555	319	90	40	834	478	283	84	34	727
女										
15～24歳	100	23	11	7	116	99	23	11	7	115
25～34	123	48	19	6	164	117	47	19	6	158
35～44	137	31	9	3	166	128	29	8	3	154
45～54	98	28	6	2	124	90	24	5	2	112
55～64	54	22	4	2	75	48	15	2	1	61
65～74	9	6	1	0	15	7	2	0	0	9
75以上	1	1	0	0	2	1	0	0	0	1
計	523	160	49	20	662	489	140	46	20	610

注）A基準＝男性：年収400万円・週60時間就業，女性：年収250万円・週49時間就業。
出典）総務省「就業構造基本調査」2007年より作成。

がとくに高いことがわかる。

さらに、不完全就業の内訳を年齢階層別にみると（表14）、「持続困難」不完全就業は、男の二五～五四歳で雇用者合計が二三七万人と大きな規模になっており、なかでも三五～四四歳、四五～五四歳では「生活困難」と「持続困難」の比重がほぼ等しくなっていることが注目される。二五～五四歳の男性雇用者全体は二一六七万人であるため、

表15　年齢別の不完全就業・非正規の簡易推計

（単位：万人，%）

		不完全就業・非正規者数	不完全就業・求職の非正規者数	非正規中の不完全就業率	非正規中の不完全就業・求職率
非正規男	15～24歳	68	31	52.2	23.6
	25～34	62	32	57.5	29.8
	35～44	32	15	53.2	24.6
	45～54	24	11	48.7	21.7
	55～64	34	12	23.0	8.2
	65～74	11	3	12.2	3.1
	75以上	1	0	10.0	1.6
	計	232	103	39.2	17.5
非正規女	15～24歳	77	34	51.2	22.7
	25～34	102	36	42.6	14.9
	35～44	117	38	38.7	12.6
	45～54	81	25	27.6	8.5
	55～64	43	11	17.3	4.4
	65～74	6	1	10.7	2.1
	75以上	0	0	7.4	0.5
	計	427	145	32.9	11.2

注）1．不完全就業非正規は非正規中の転職希望，追加就業希望，継続就業希望で就業時間を「増やしたい」，および，時間基準以上の継続就業希望で就業時間を「減らしたい」の合計。
2．不完全就業・求職非正規は，非正規中の転職希望・求職，追加就業希望・求職の合計。
出典）総務省「就業構造基本調査」2007年より作成。

現在の就業状況を変えたいと希望する六〇時間以上就業者はその一〇・九％にのぼることがわかる。

「持続困難」について正規労働者を詳しくみると、二五～五四歳の正規男性総数は一八一四万人だが、うち三五二万人（一九・四％）が六〇時間以上働いており、そのうち転職希望は六六万人、継続就業希望で就業時間を「減らしたい」が一四九万人である。週六〇時間以上就業の正規男性のうち、計二一四万人（六

図11　非正規・年齢別の不完全就業・求職の変化（簡易推計）

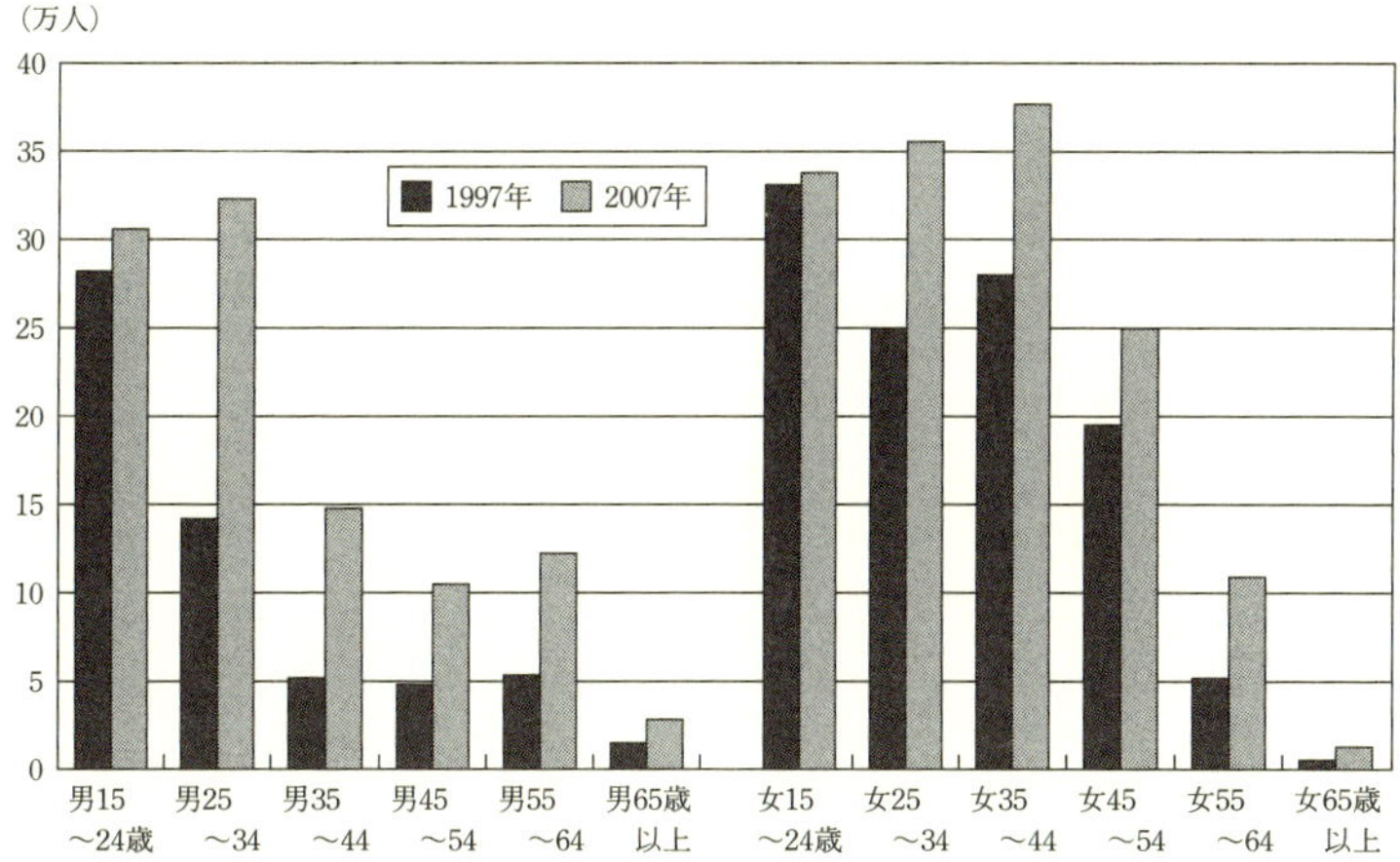

出典）総務省「就業構造基本調査」1997，2007年より作成。

〇・八％）が現在の就業状況を変えたいと希望している。この数は二五～五四歳の正規男性の一一・八％にあたる。*29

同じく女性正規労働者の二五～三四歳をとってみると、総数が三〇八万人、うち週四九時間以上就業の労働者が七三万人（二三・七％）、そのうちの転職希望は一四万人、継続就業希望で就業時間を「減らしたい」が二六万人である。週四九時間以上就業の正規女性のうち、計四一万人（五五・五％）が就業状況変更を希望しており、この数は二五～三四歳の女性正規総数の一三・二％にあたる。

なお、年齢別・雇用形態別の不完全就業の推計、および、年齢別の不完全就業・求職の推計は、「就業構造基本調査」二〇〇七年の既集計データでは不可能であったため、非正規のみを簡便化した方法で推計したのが表15である。非正規労働者の転職希望と追加就業希望については、そのすべてを不完全就業とし、さらに、継続就業希望で就業時間を「増やしたい」のすべて、および、時間基準以上就業の継続就業希望で就業時間を「減らしたい」をこれにくわえた。不完全就業・求職については、転職希望・求職と追加就業希望・求職の合計をそのままあてた。

この簡易推計によれば、一五～四四歳では男女とも、非正規労働者中の不完全就業と不完全就業・求職の割合がきわめて高い。高い割合は、男性では五四歳まで続いている。

この推計方法で一九九七年から二〇〇七年への年齢別、非正規の不完全就業・求職の変化をみたのが図11である。男女とも二五歳以上で増加が顕著であり、広義失業問題が若年から勤労年齢全体へ拡大しつつあることがわかる。

3　失業時保障の縮小と不完全就業・求職・非正規労働者の増加

本節では、不完全就業を失業時生活保障との関連で検討する。

序章と第1章にあるように、日本の失業時生活保障は臨調行革期と構造改革期に大きく縮小した。構造改革では、日本型雇用の縮小・解体ならびに激しい労働規制撤廃と並行して、雇用保険給付の所定日数と額が一挙に圧縮され、不完全就業の増大に寄与したと考えられる。本節では、総務省「労働力調査」と厚生労働省「雇用保険事業年報」を使い、各年の失業関連の諸指標と雇用保険給付の諸指標を関連づけて、不完全就業がどのようにして拡大しているのかを探りたい。不完全就業を減らし、ワーキングプアを減らす失業時生活保障の制度整備に資することがねらいである。

(1)「労働力調査」による広義求職の推計と不完全就業の把握

「労働力調査特別調査」(二月調査、二〇〇一年まで)および「労働力調査(詳細集計)」(一~三月平均、〇二年から)を用いると、失業と就業状況変更希望についての各年の数値がわかる。だが同時に、就業状況変更希望とのクロスで集計されている項目が少ないため、前節までの方法によって就業状況変更希望のうちの不完全就業をより分けることは困難である。

そのためここでは、就業状況変更希望・求職(転職希望・求職+追加就業希望・求職)の推移を主たる材料として議論を進めたい。とはいえ、すでに述べたように、非正規の就業状況変更希望・求職は、ほぼそのまま不完全就業・求職とみなしてよい。正規雇用についていえば、「就業構造基本調査」二〇〇七年では、就業状況変更希望・求職の正規雇用のうちの不完全就業・求職の割合は、男七六・二%、女六九・九%(A基準)であった。非正規、自営等を含めた就業状況変更希望・求職全体のうちの不完全就業・求職の割合は男八三・九%、女八六・八%である(一九九七年の同調査では男七三・二%、女八一・二%)。二〇一二年春の「労働力調査」による就業変更希望・求職の数字に〇七年のこの比率をそのまま適用すると、一二年春の不完全就業・求職は三三八万人となる。

潜在的失業と広義求職

ところで、第1節、第2節では「潜在的失業」を検討しなかった。「就業構造基本調査」は「ふだん」の就業状況を聞く調査であるため、潜在的失業の通常の理解（現在無業で就業を希望しているが、求職意欲をそがれ、あるいは、時期を見計らうべく調査期間中は求職活動を休んでいる）にもとづく推計に不可欠な、求職活動の有無を問う調査期間の設定がない。

「労働力調査」では通常の理解にそった推計が可能である。本節では、潜在的失業の推計方法として「労働市場への限界接触者」を用いたい（無業・就業希望・調査期間中は非求職・一年以内に求職活動あり・仕事があればつける）。[*30]

潜在的失業は、実際には、求職活動をともなう「失業」に近いため、「失業」、就業状況変更希望・求職、潜在的失業の合計は、労働市場に影響を与える「広義求職」とみなすことができる。なお、前節までの定義による「広義失業」は、広義求職中の就業状況変更希望・求職を不完全就業・求職で置き換えた数ということになろう。[*31]

非正規の就業状況変更希望・求職を中心に広義求職が大幅増

図12－1　広義求職者の推移（男性・対労働力比）

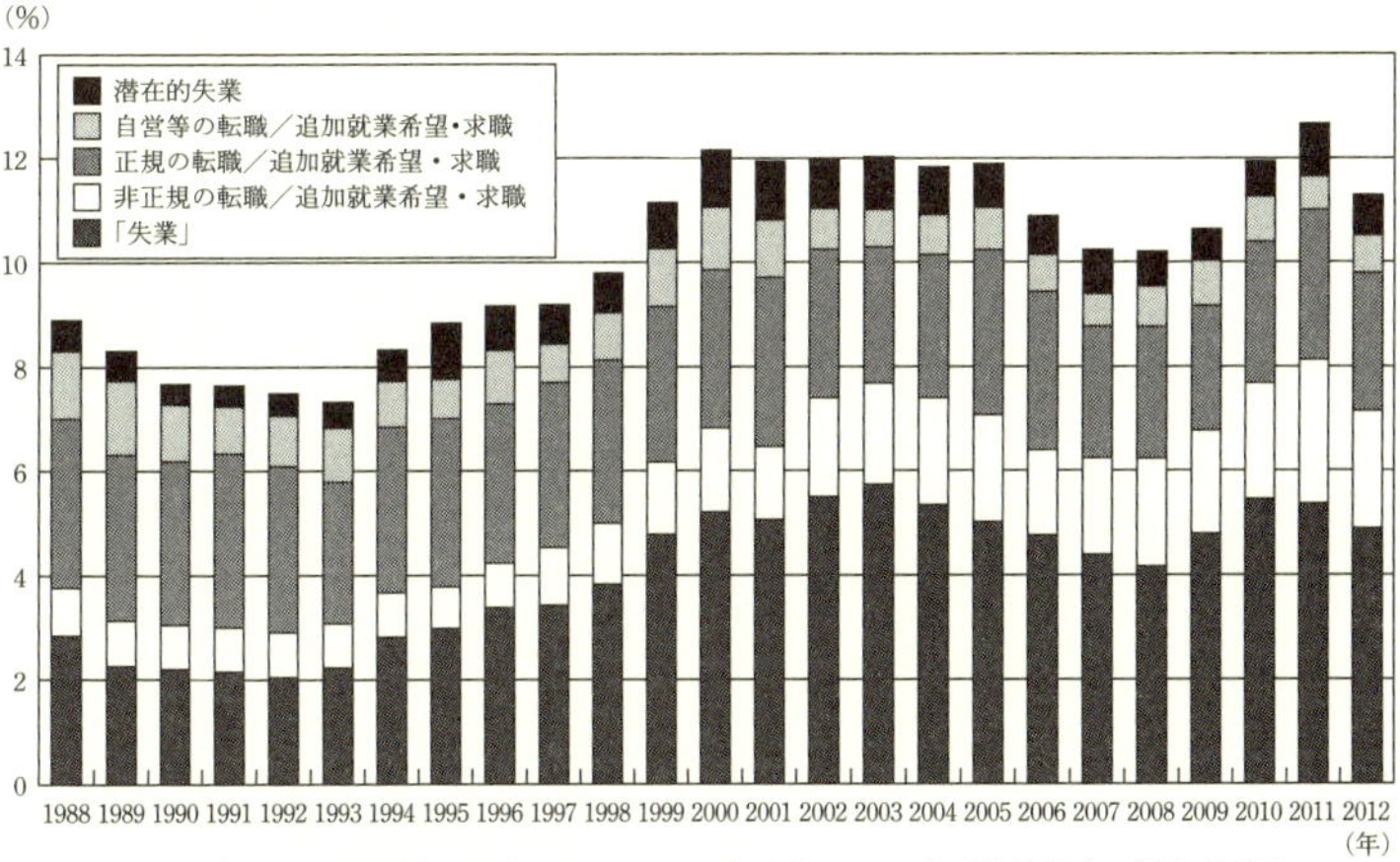

出典）総務省「労働力調査特別調査」1988～2001年各年２月,「労働力調査（詳細集計）」2002～2012年各年１～３月平均。

図12－1、12－2および表16は、広義求職のそれぞれの要素について一九八八年春から二〇一二年春までの推移をあらわしたものである。現在と一九九〇年代前半をくらべると、広義求職者の対労働力比は男女ともに四ポイントほど上昇し、女で一四％前後、男で一二％前後となっている。

「失業」、潜在的失業の増加とならんで、とくに非正規の転職／追加就業希望・求職の増加が著しい。それに対して正規および自営等の転職／追加就業希望・求職は減少している。転職／追加就業希望・求職全体に占める非正規労働者の割合は、一九八八年の二四・六％から二〇一二年の五七・一％に大きく上昇した。不完全就業・求職ではさらに非正規の割合が高いことが予想できる。*32

なお、非正規の比重が上昇しているのは転職／追加就業希望・求職、さらに、不完全就業・求職だけでは

図12−2　広義求職者の推移（女性・対労働力比）

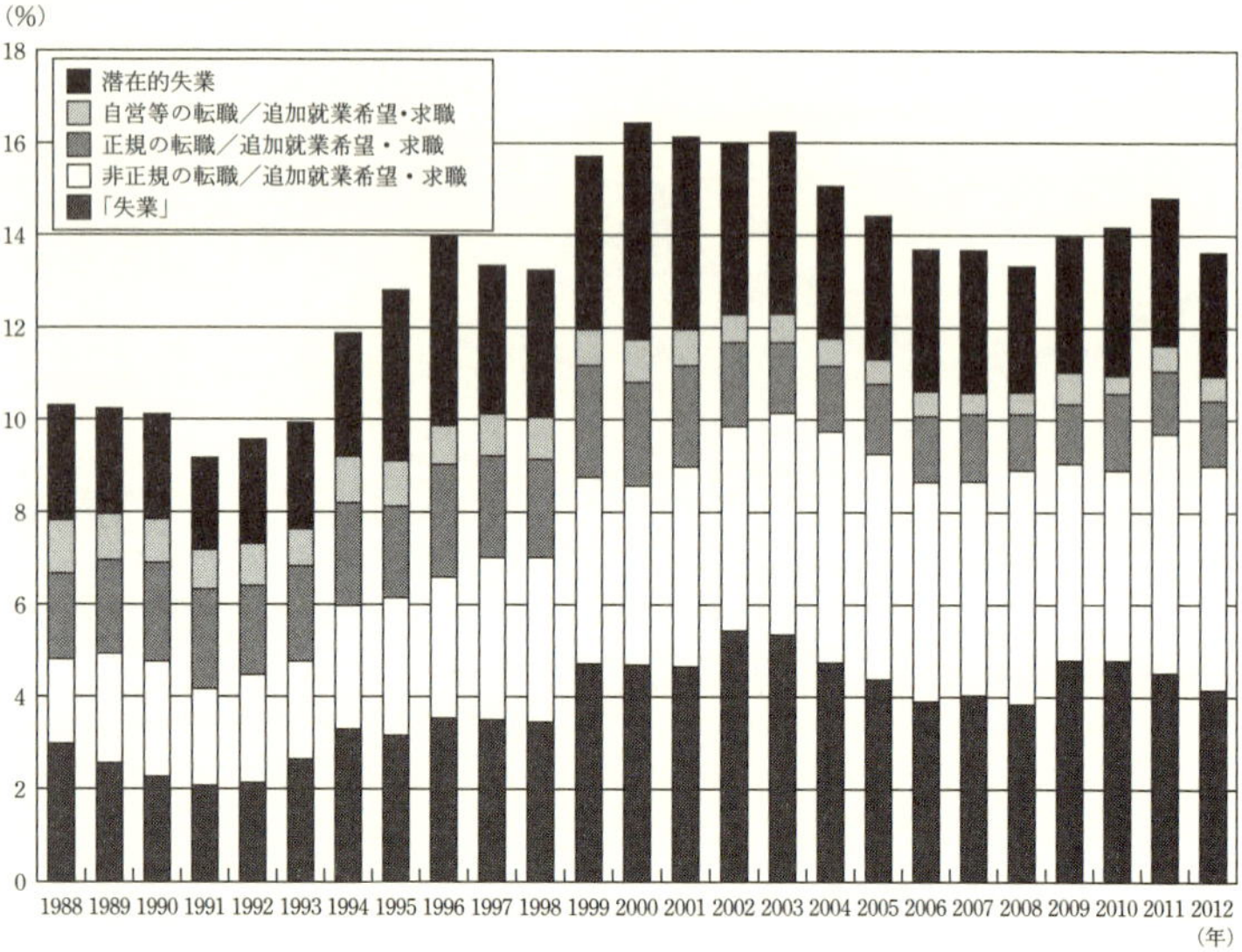

出典）総務省「労働力調査特別調査」1988～2001年各年２月，「労働力調査（詳細集計）」2002～2012年各年１～３月平均。

ない。「労働力調査（詳細集計）」二〇一二年一～三月平均によれば、離職しての「失業」は二〇五万人であり、「失業者」全体の六九・三％にあたる（男性は七二・五％）。離職失業者のうち、過去一年間に離職した役員を除く雇用者は、男が六四万人、女が五五万人だが、そのうち、男では二四万人（三七・五％）、女は三四万人（六一・八％）、男女計五七万人（四七・九％）が非正規職からの離職である。過去一年間に離職した失業者の前職が非正規職である割合は、一九九九年二月では、男二五・三％、女四五・五％、男女計三四・一％であった。半失業だけでなく「離職失業」においても非正規の比重は大きく上がっている。[*33]

就業状況変更希望の総数（転職希望、追加

就業希望、継続就業希望で就業時間を「増やしたい」、継続就業希望で就業時間を「減らしたい」の合計）の対労働力比は、一九九〇年代前半からみて男が七ポイント程度、女が四ポイントほど減少している。転職希望と「減らしたい」が減ったためだが、就業状況変更希望のうちの求職者の割合は、男が六ポイントほど、女が三・五ポイントほどの増加である。現在の就業状況に満足できない程度とその内容が大きく変わったと考えてよいだろう。

女性・潜在的失業の変化

潜在的失業は女性に多くあらわれ、その数字は失業率とともに変動するといわれてきた。実際、表16をみると、男性よりもずっとその数は多く、また失業率と平行した変動は続いているが、二〇〇二年から、女性の潜在的失業の水準が下がり、たえず、「失業」よりも三〇万〜四〇万人程度少ない数字で推移するようになった。これは、女性の非正規・就業状況変更希望・求職がこの頃から高止まりを続けていることと無関係ではなかろう。就業環境の大変動により求職行動も変わったと考えられる。

(2) 不完全就業と失業時の生活保障

本書序章では、国際比較によって、不完全就業と失業時保障の状況との間に密接な関係があることにふれた。ここでは、国内の時系列比較によってこの関係を吟味したい。不完全就業を簡易推計の非正規・不

表16 「労働力調査」による広義求職の推移

			1988	1989	1990	1991	1992	1993	1994	1995	1996	1997	1998	1999	2000	2001	2002	2003	2004	2005	2006	2007	2008	2009	2010	2011	2012
男	労働力人口（万人）		3611	3648	3699	3758	3839	3866	3886	3884	3907	3961	3959	3969	3960	3943	3927	3895	3865	3853	3857	3871	3857	3831	3799	3432	3776
	正規雇用総数（万人）		2368	2407	2438	2518	2568	2610	2637	2620	2635	2639	2636	2594	2537	2544	2427	2430	2390	2320	2329	2387	2364	2362	2371	2178	2304
	非正規雇用総数（万人）		209	229	236	234	252	271	244	256	274	311	303	323	335	363	423	434	455	504	528	538	542	512	518	551	563
	パート，アルバイト（万人）		104	123	126	131	143	154	145	150	170	190	195	207	232	261	230	225	232	249	254	260	245	245	246	272	271
	派遣，契約等（万人）		106	106	109	103	109	116	99	106	104	120	109	116	106	105	192	210	222	254	273	278	297	267	272	279	292
a	「失業」（万人）		106	87	84	83	80	89	110	117	133	135	151	189	204	193	217	222	203	189	180	164	158	180	208	184	182
	転職希望＆追加就業希望（万人）	有業者計	754	772	658	660	667	634	662	648	671	703	727	741	738	736	500	478	496	510	483	485	503	476	492	467	501
		正規	533	549	463	480	486	457	489	475	490	507	520	522	505	505	329	306	323	311	290	303	315	298	305	276	309
		非正規	66	75	61	63	64	65	63	63	70	86	89	99	112	119	122	123	127	151	147	140	141	131	135	152	150
		自営・家族従業者・役員	155	148	134	117	117	112	110	110	111	110	118	120	121	112	49	49	46	48	46	42	47	47	52	39	42
b	うち転職希望・求職＋追加就業希望・求職（万人）	有業者計	196	198	191	194	193	174	191	189	194	205	210	217	234	233	220	213	220	237	215	198	210	201	218	215	213
		正規	116	118	117	127	122	104	117	119	119	123	121	120	126	128	114	106	110	107	103	96	102	99	106	99	101
		非正規	32	30	28	29	31	31	35	34	34	47	46	57	63	64	77	78	83	101	89	82	84	76	83	96	91
		パート，アルバイト	23	22	22	21	25	24	28	28	27	37	38	48	52	50	53	52	60	61	50	50	41	44	49	54	54
		派遣，契約等	9	8	6	8	6	7	7	6	7	10	8	9	11	14	24	26	23	40	39	32	43	32	34	40	37
		自営・家族従業者・役員	48	50	46	38	40	39	39	36	41	35	43	40	45	41	29	29	27	29	23	20	24	26	29	20	21
c	潜在的失業（無業・就業希望・過去一年間に求職・つける）（万人）		19	17	11	12	13	18	21	37	36	29	28	39	42	45	33	33	36	33	25	32	25	28	26	33	32
	広義求職（a＋b＋c）（万人）		321	302	286	289	286	281	322	343	363	369	389	445	480	471	470	468	459	459	420	394	393	409	452	432	427
	対労働力人口比（%）	「失業」	2.9	2.4	2.3	2.2	2.1	2.3	2.8	3.0	3.4	3.4	3.8	4.8	5.2	4.9	5.5	5.7	5.3	4.9	4.7	4.2	4.1	4.7	5.5	5.4	4.8
		非正規　転職／追加就業希望・求職	0.9	0.8	0.8	0.8	0.8	0.8	0.9	0.9	0.9	1.2	1.2	1.4	1.6	1.6	2.0	2.0	2.1	2.6	2.3	2.1	2.2	2.0	2.2	2.8	2.4
		正規　転職／追加就業希望・求職	3.2	3.2	3.2	3.4	3.2	2.7	3.0	3.1	3.0	3.1	3.1	3.0	3.2	3.2	2.9	2.7	2.8	2.8	2.7	2.5	2.6	2.6	2.8	2.9	2.7
		自営等　転職／追加就業希望・求職転追求	1.3	1.4	1.2	1.0	1.0	1.0	1.0	0.9	1.0	0.9	1.1	1.0	1.1	1.0	0.7	0.7	0.7	0.8	0.6	0.5	0.6	0.7	0.8	0.6	0.6
		潜在的失業	0.5	0.5	0.3	0.3	0.3	0.5	0.5	1.0	0.9	0.7	0.7	1.0	1.1	1.1	0.8	0.8	0.9	0.9	0.6	0.8	0.6	0.7	0.7	1.0	0.8
		広義求職計	8.9	8.3	7.7	7.7	7.4	7.3	8.3	8.8	9.3	9.3	9.8	11.2	12.1	11.9	12.0	12.0	11.9	11.9	10.9	10.2	10.2	10.7	11.9	12.6	11.3
参考	継続就業希望「増やしたい」（万人）		58	59	58	43	46	76	81	66	71	69	81	116	105	100	201	194	170	149	144	134	148	264	216	163	151
	継続就業希望「減らしたい」（万人）				630	607	635	544	558	488	453	493	457	439	483	474	517	505	494	490	479	509	495	380	357	377	375
	就業状況変更希望 計（万人）				1346	1310	1348	1254	1301	1202	1195	1265	1265	1296	1326	1310	1218	1177	1160	1149	1106	1128	1146	1120	1065	1007	1027
	同上 対労働力人口比率（%）				37.2	35.6	35.9	33.2	34.5	31.9	31.7	33.1	33.2	34.3	35.3	34.9	32.8	32.1	31.7	31.4	30.1	30.4	31.0	30.7	29.7	29.3	28.6

			1988	1989	1990	1991	1992	1993	1994	1995	1996	1997	1998	1999	2000	2001	2002	2003	2004	2005	2006	2007	2008	2009	2010	2011	2012
女	労働力人口（万人）		2353	2408	2481	2536	2595	2564	2597	2618	2603	2674	2686	2667	2667	2715	2692	2677	2687	2688	2700	2702	2713	2731	2727	2500	2729
	正規雇用総数（万人）		1009	1045	1050	1121	1137	1146	1168	1159	1165	1172	1158	1093	1073	1078	1059	1014	990	1013	1010	1006	1007	1024	1046	986	1031
	非正規雇用総数（万人）		546	589	645	663	706	716	727	745	770	842	870	903	923	983	982	1062	1099	1087	1135	1188	1195	1187	1192	1189	1242
	パート，アルバイト（万人）		496	533	584	603	638	647	656	675	700	754	791	817	846	891	793	867	873	845	867	905	898	887	905	917	978
	派遣，契約等（万人）		50	55	62	61	68	69	71	70	70	86	78	85	88	103	190	195	226	242	267	283	296	300	287	272	263
a	「失業」（万人）		67	64	59	53	57	68	84	82	91	94	95	124	123	125	143	141	126	117	106	108	105	124	124	111	114
	転職希望＆追加就業希望（万人）	有業者計	451	499	435	428	439	414	457	445	463	500	508	540	524	539	364	381	392	400	388	377	398	386	387	375	411
		正規	211	243	204	219	215	204	226	210	222	236	237	234	226	215	129	117	123	126	119	118	117	120	122	112	131
		非正規	135	155	145	139	145	141	158	165	175	201	208	238	237	260	210	236	243	248	243	237	254	237	244	244	258
		自営・家族従業者・役員	105	101	86	70	79	69	73	70	66	63	63	68	61	64	25	28	26	26	26	22	27	29	21	19	22
b	うち転職希望・求職＋追加就業希望・求職（万人）	有業者計	117	128	137	128	133	127	152	156	167	177	176	195	189	200	188	189	190	189	181	179	186	180	178	176	183
		正規	44	50	54	55	54	52	57	55	62	61	60	62	57	59	49	42	42	41	39	39	36	38	45	36	36
		非正規	45	53	58	54	57	54	72	78	84	96	97	112	109	122	123	133	135	134	129	128	137	125	123	130	135
		パート，アルバイト	41	48	53	48	53	50	65	71	77	85	87	99	97	110	102	111	108	101	101	93	104	92	91	97	103
		派遣，契約等	4	5	5	6	4	5	7	7	7	11	10	13	12	12	21	22	27	33	28	35	33	33	32	34	32
		自営・家族従業者・役員	28	25	25	19	22	21	23	23	21	20	19	21	23	19	16	14	13	14	13	12	13	17	10	10	12
c	潜在的失業（無業・就業希望・過去一年間に求職・つける（万人）		59	54	54	48	57	59	72	100	105	87	88	97	125	113	99	105	91	81	82	81	72	76	84	78	76
	広義求職（a＋b＋c）（万人）		243	246	250	229	247	254	308	338	363	358	359	416	437	438	430	435	407	387	369	368	363	380	386	365	373
	対労働力人口比（%）	「失業」	2.8	2.7	2.4	2.1	2.2	2.7	3.2	3.1	3.5	3.5	3.5	4.6	4.6	4.6	5.3	5.3	4.7	4.4	3.9	4.0	3.9	4.5	4.5	4.4	4.2
		非正規　転職／追加就業希望・求職	1.9	2.2	2.3	2.1	2.2	2.1	2.8	3.0	3.2	3.6	3.6	4.2	4.1	4.5	4.6	5.0	5.0	5.0	4.8	4.7	5.0	4.6	4.5	5.2	4.9
		正規　転職／追加就業希望・求職	1.9	2.1	2.2	2.2	2.1	2.0	2.2	2.1	2.4	2.3	2.2	2.3	2.1	2.2	1.8	1.6	1.6	1.5	1.4	1.4	1.3	1.4	1.7	1.4	1.3
		自営等　転職／追加就業希望・求職転追求	1.2	1.0	1.0	0.7	0.8	0.8	0.9	0.9	0.8	0.7	0.7	0.8	0.9	0.7	0.6	0.5	0.5	0.5	0.5	0.4	0.5	0.6	0.4	0.4	0.4
		潜在的失業	2.5	2.2	2.2	1.9	2.2	2.3	2.8	3.8	4.0	3.3	3.3	3.6	4.7	4.2	3.7	3.9	3.4	3.0	3.0	3.0	2.7	2.8	3.1	3.1	2.8
		広義求職計	10.3	10.2	10.1	9.0	9.5	9.9	11.9	12.9	13.9	13.4	13.4	15.6	16.4	16.1	16.0	16.2	15.1	14.4	13.7	13.6	13.4	13.9	14.2	14.6	13.7
	参考	継続就業希望「増やしたい」（万人）	52	54	48	45	49	56	74	64	68	72	84	106	110	115	170	187	171	147	149	158	147	189	187	160	173
		継続就業希望「減らしたい」（万人）			283	267	269	236	254	219	200	216	196	189	204	210	283	256	249	265	264	280	264	222	205	214	222
		就業状況変更希望 計（万人）			2112	2050	2105	1960	2086	1930	1926	2053	2053	2131	2164	2174	2035	2001	1972	1961	1907	1943	1955	1917	1844	1756	1833
		同上 対労働力人口比率（%）			35.0	33.3	33.4	31.2	33.2	30.6	30.6	32.0	32.1	33.7	34.4	34.3	32.5	32.2	31.7	31.4	30.4	30.8	31.0	30.6	29.8	29.6	29.5

注）2011年は岩手・宮城・福島の激甚被災３県を除いた数字である。

出典）総務省「労働力調査特別調査」1988～2001年各年２月，および，「労働力調査（詳細集計）」2002～2012年各年１～３月平均。

完全就業・求職（転職／追加就業希望・求職の非正規。以下、半失業非正規と表示）に代表させて検討する。

雇用保険非受給失業者数と半失業非正規数の合致・平行

図13をみると、雇用保険基本給付を受給していない失業者の線（年度平均、二年遅れ表示）と半失業非正規の線は、ほぼ重なっている。

これを男女別にみたのが、図14である。女性では半失業非正規が非受給失業者を大きく上回る（二〇一二年で一・五四倍）が、男性では逆に半失業非正規が小さい（同〇・五四倍）。

なお、半失業総数は男性で半失業非正規のほぼ二倍、女性で一・三倍弱になると推計できるため、男性の半失業総数は非受給失業者とほぼ同数、女性は非受給失業者の二倍程度と予想できる。

国際比較でも、半失業と失業の比と失業時保障カバー率には相関関係があったが、国内の時系列でそれを比較したのが図15－1、15－2である。雇用保険非受給失業者の数と半失業非正規の数が平行して動くことはすでにみたが、雇用保険非受給失業者と半失業非正規の数は、ともに失業者数によって変動する。そこで、図15は、失業者数に対するそれぞれの比率、すなわち、失業者中の雇用保険非受給者割合と、半失業非正規の失業者に対する比率をとって比較した。男女とも二つの線の変動はほぼ平行しているため、失業者数が同じであっても、雇用保険給付のカバー率が下がれば半失業非正規が増えることが明らかとなった。*34

図13　雇用保険非受給失業者と半失業非正規

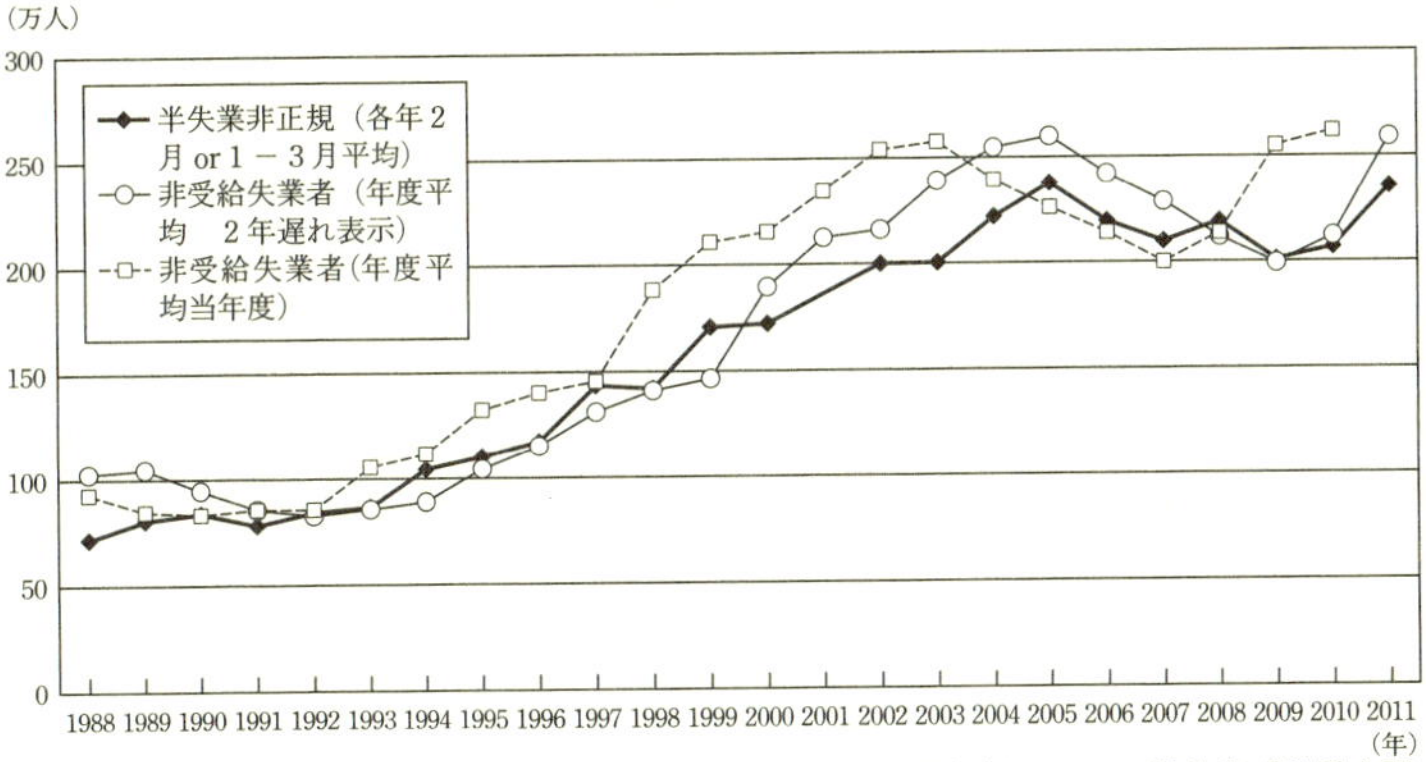

出典）雇用保険非受給失業者数は，厚生労働省「雇用保険事業年報」および総務省「労働力調査」(2002年から「労働力調査（基本集計)」) の各年度平均から作成。
半失業非正規は，総務省「労働力調査特別調査」1988～2001年各２月，および，「労働力調査（詳細集計)」2002～2011年各年１～３月平均から作成。

図14　男女別の雇用保険非受給失業者と半失業非正規

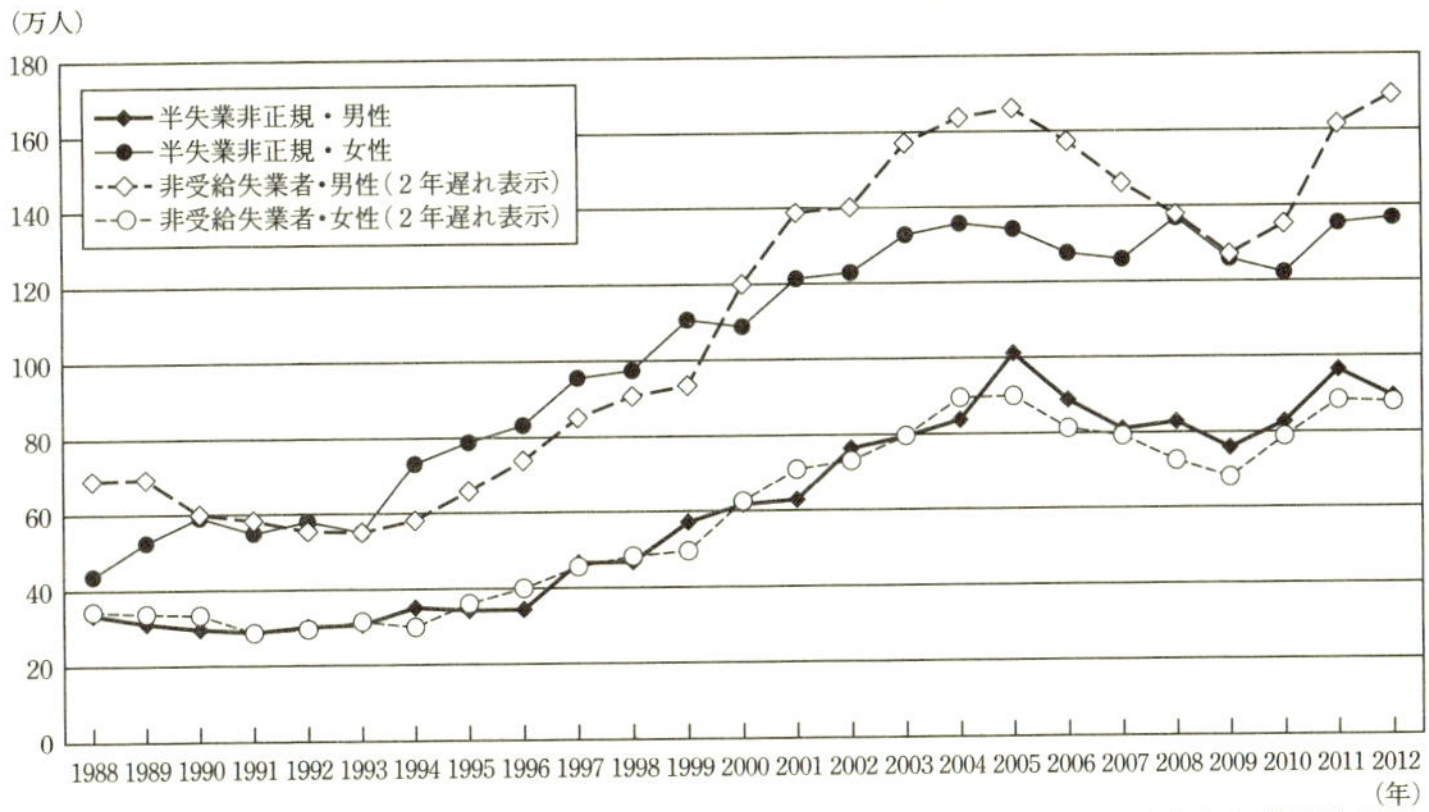

出典）雇用保険非受給失業者数は，厚生労働省「雇用保険事業年報」および総務省「労働力調査」(2002年から「労働力調査（基本集計)」) の各年度平均から作成。
半失業非正規は，総務省「労働力調査特別調査」1988～2001年各２月，および，「労働力調査（詳細集計)」2002～2012年各年１～３月平均から作成。

図15−1　失業者における雇用保険非受給割合と半失業非正規／失業（男性）

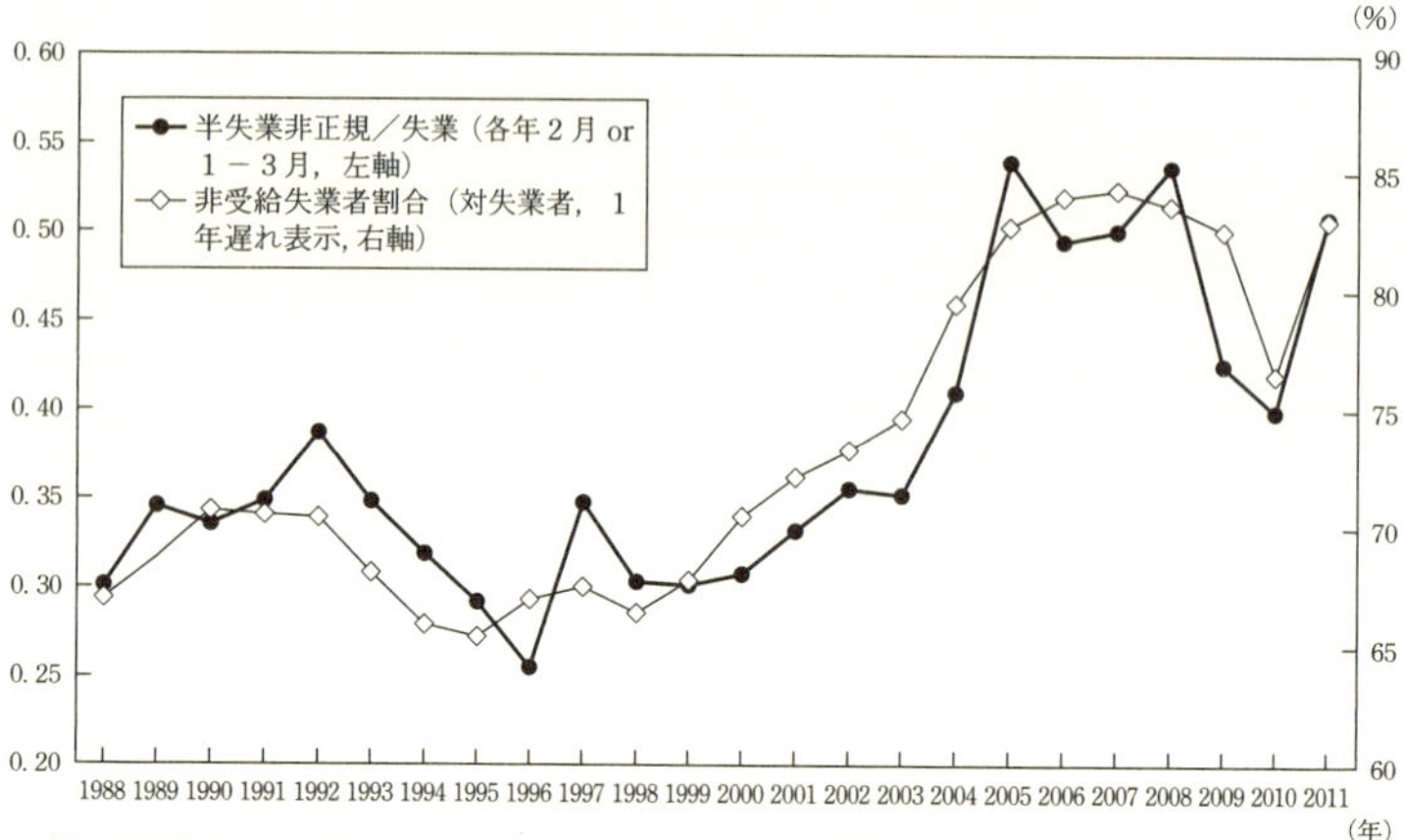

出典）雇用保険非受給失業者割合（対失業者）は，厚生労働省「雇用保険事業年報」および総務省「労働力調査」（2002年から「労働力調査（基本集計）」）の各年度平均から作成。半失業非正規／失業（各年２月 or１～３月平均）は，半失業非正規は，総務省「労働力調査特別調査」1988～2001年各２月，および，「労働力調査（詳細集計）」2002～2011年各年１～３月平均から作成。

雇用保険給付のカバー率は雇用保険制度を変えれば上昇させることができるため、高失業率であっても、半失業非正規に代表されるワーキングプアを減らすことは可能である。

雇用保険受給者割合の決定要因

次に、失業者に対する雇用保険受給者割合の決まり方を検討しよう。

第2章でみたように、まず雇用保険給付が受給可能となるための条件がいくつかある。

主なものは、①雇用保険に加入していること、②離職時に被保険者期間が給付資格を満たしていること（二〇〇七年実施の改正で一般の離職者は過去二年間に一年以上の被保険者期間が必要となった）、③給付制限期間（いわゆる自己都合離職では九〇日）および手続き期間（五～六週間程

図15−2　失業者における雇用保険非受給割合と半失業非正規／失業（女性）

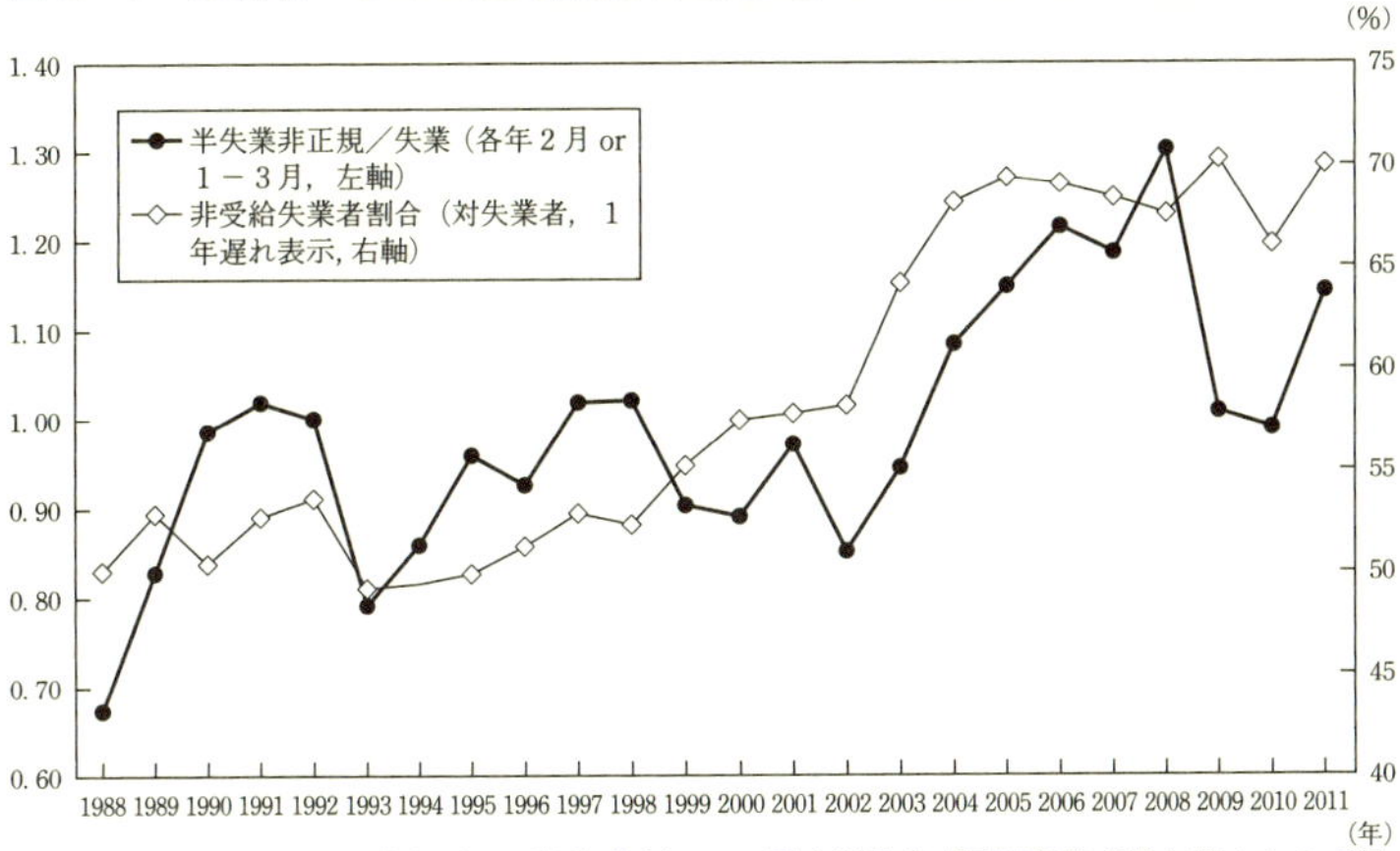

出典）雇用保険非受給失業者割合（対失業者）は，厚生労働省「雇用保険事業年報」および総務省「労働力調査」（2002年から「労働力調査（基本集計）」）の各年度平均から作成。半失業非正規／失業（各年２月 or１～３月平均）は，半失業非正規は，総務省「労働力調査特別調査」1988～2001年各２月，および，「労働力調査（詳細集計）」2002～2011年各年１～３月平均から作成。

度）の間の生活が可能であること、の三つである。自営業・家族従業者からの失業および新規求職の失業者は雇用保険加入はなく、また、学生は実際に自活していても雇用保険から排除されている。

未加入および給付資格なしの失業者は非受給失業者となり、給付制限期間および手続き期間中も同様である。一九八四年改正でいわゆる自己都合離職の給付制限期間が一か月から三か月に延ばされたため、給付制限中の非受給失業者は増えた。かりに、資格があるすべての失業者が手続き期間あるいは給付制限期間中に就職すれば、求職者給付の受給者割合はゼロになるはずである。

給付にたどりついても、給付される額にアルバイト収入を足した合計が以前の賃金の八〇％

を超えることは不可能であるため、もともとの賃金が少なく、その八〇％では生活が不可能であって、かつ、貯金がなければ、雇用保険受給を続けることは難しい。なお、給付される日額には上限があり、二〇〇三年改正ではそれが大幅に下げられたため（四五～五九歳で一万六〇八円から七九八〇円へ）、雇用保険では暮らせないケースが増えたはずである。こうした場合は、満足できない仕事でも就職する可能性が高くなり、受給者割合は下がることが予想される。

仕事がみつからず、所定の給付日数が終わっても失業が続いた場合は、非受給失業者となり、そうした人が多ければ受給者割合が下がる。つまり、長期失業割合が高ければ、あるいは受給可能な日数（所定給付日数）が短ければ、受給者割合は低くなる。

結局、ある時期の雇用保険受給者割合は主として、①受給が可能となる諸条件のあり方、②受給可能な所定日数と上限日額、③失業期間の長短、によって決まると考えてよかろう。

構造改革期以降で、①の条件を下げたのは二〇〇七年一〇月から実施された〇五年改正である。特定受給資格者を除き、離職前二年間に一年以上の被保険者期間が給付資格となった。それ以前は一年間に六か月である。急激な非正規化の影響が重なり、給付資格に達しない人々が増えた。その年度に初回の雇用保険給付を受けた人々のうち、被保険者期間が一年未満の割合はもともと一〇％前後であったが、二〇〇八年度には五％に落ちている。なお、二〇〇九年と一〇年の改正は加入資格の緩和を行なったが、まだその受給者割合への影響ははっきりしない。

数の平均値を用いて検討した。

②についてはいくつかの指標が考えられるが、ここでは、各年度の初回受給者（男女計）の所定給付日数の平均値を用いて検討した。

初回受給者の所定給付日数平均に最も強い影響を与えているのは、被保険者期間、年齢、離職理由（二〇〇一年から）によって所定給付日数がどのように決まるか、という制度設計である。同時に、その年度の所定給付日数平均は、初回受給者の被保険者期間構成と年齢構成、離職理由構成によっても変化する。たとえば、所定給付日数の構成そのものは二〇〇三年改正から〇八年まで変わっていないが、特定受給資格者の割合が解雇の状況によって変動し、年齢構成、被保険者期間構成も変わっているため、所定日数平均はこの期間、一二五〜一四一日の間で変動している。[*35] ちなみに、二〇〇一年、〇三年と連続した大きな日数削減が行なわれる前の一九九七年では、所定給付日数平均は一七八日であった。この時期の変化から推察すると、所定給付日数平均の決定要因の八割程度は給付日数の制度設計にあると考えてよかろう。ここでは制度設計を強く表現する指標として男女計の所定給付日数平均を用いた。

雇用保険給付の受給者割合は、所定給付日数平均が上昇すれば上がり、また、半年未満失業者割合が増えても、給付期間切れの失業者が減るため受給者割合は上がるはずである。受給者割合（男女別）を従属変数とし、初回受給者の所定給付日数平均（男女計）、および、失業者中の半年未満失業者の割合（男女別）を独立変数とする重回帰式を求め、それによる予想値と実際の受給者割合を比較したのが図16である。[*36]

この回帰式によれば、平均所定日数を一か月伸ばすと、受給者割合は男で七・三ポイント、女で七・一ポ

図16　雇用保険受給者割合の予想と実際

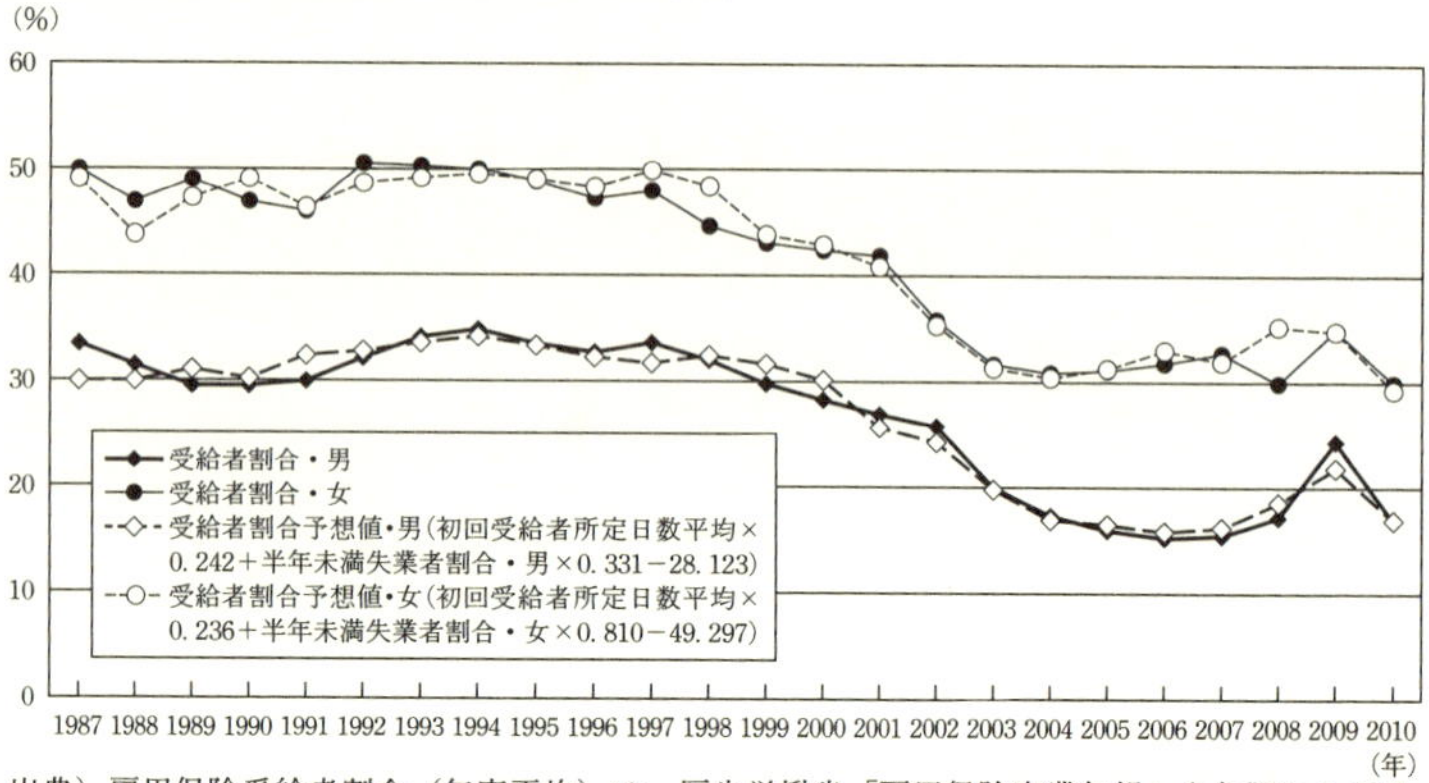

出典）雇用保険受給者割合（年度平均）は，厚生労働省「雇用保険事業年報」各年版および総務省「労働力調査」（2002年から「労働力調査（基本集計）」）から，雇用保険初回受給者所定日数平均は「雇用保険事業年報」各年版から作成。

半年未満失業者割合（各年２月 or１～３月平均）は，総務省「労働力調査特別調査」1988～2001年各２月，および，「労働力調査（詳細集計）」2002～2010年各年１～３月平均から作成。

イント上昇することになる。たとえば、二〇一〇年の半年未満失業者割合は男三九・六％、女五八・三％だが、この数字をそのままにして、失業者数も変化させずに所定日数平均を一九九七年の一七八日にもどすと（一〇年は一三三日）、受給者割合計算値は男で一一・一ポイント、女で一〇・八ポイント上昇し、非受給失業者は合計で三六万人減り、男女平均の受給者割合計算値は二一・七％から三二・七％に上がることになる。[*37] 図13によれば、一、二年後の半失業非正規も三〇万～四〇万人程度減ると期待できよう。

雇用保険給付の推移

あらためて、受給者割合、平均受給月数、半年以上失業者の割合、給付平均月額等について、ここ三〇年ほどの雇用保険受給状況の推移をみたのが表17である。

失業者に占める受給者割合を一九八二年から現代までみると、男で四九・〇%から一七・一%へ、女が七六・七%から二九・七%へと、男女とも三分の一強への激減である。

一九八〇年代半ばの減少は一九八四年の雇用保険制度改革によるものである。離職理由による給付制限が三か月に延ばされ、給付日数が抑えられ、賃銀日額から賞与分がはずされるなど、給付が縮減された。この時期については第1章を参照されたい。

リーマンショック前の構造改革の時期の変化をみるべく、一九九七年から二〇〇七年をとってみると、男が三三・七%から一六・五%へ、女が四七・八%から三二・二%へと、一六、七ポイントの減少である。この時期の変化は、日本型雇用の解体・縮小を含む労働市場全体の構造転換と一体になっているため、数字上の変化では一九八〇年代前半よりも小さいものの、その影響はきわめて大きい。受給平均月数は男で二・〇か月、女で一・〇か月減少し、給付月額は男女平均で二・一万円下がった。

この時期には、雇用保険の大きな制度変更が矢継ぎ早に行なわれている。詳細は第2章をみていただきたいが、離職理由による給付日数の格差化を通じた大幅な給付日数短縮、給付上限日額の大幅な減額、非正規に対する給付資格の厳格化などが大きい。重要なことは、失業率が上昇し、長期失業割合が増加し、正規雇用が急激に縮小され、非正規雇用の新たなタイプを可能とする大規模な規制撤廃が行なわれた、ちょうどその時期に、こうした大幅な給付縮小が実行されたということである。

表17　雇用保険受給状況の推移

			1982	1983	1984	1985	1986	1987	1988	1989	1990	1991	1992	1993	1994	1995	1996	1997	1998	1999	2000	2001	2002	2003	2004	2005	2006	2007	2008	2009	2010
男女	初回受給者数　年度総数　a	千人	1728	1783	1540	1400	1486	1345	1170	1075	1037	1088	1298	1566	1643	1717	1706	1881	2178	2168	2100	2375	2312	1909	1791	1705	1606	1568	1816	2073	1648
	基本給付 受給実人員　年度平均　b	千人	852	897	828	647	693	675	570	521	496	507	583	710	791	857	870	931	1091	1107	1069	1129	1064	853	697	643	597	579	618	944	722
	平均受給月数（b×12÷a）	月	5.9	6.0	6.5	5.5	5.6	6.0	5.8	5.8	5.7	5.6	5.4	5.4	5.8	6.0	6.1	5.9	6.0	6.1	6.1	5.7	5.5	5.4	4.7	4.5	4.5	4.4	4.1	5.5	5.3
	初回受給者所定給付日数平均							167	166	167	168	167	168	170	174	177	177	178	176	177	176	157	152	141	128	127	125	126	133	139	133
	失業者数（「労働力調査（基本集計）」年度平均）	万人	143	157	159	158	171	170	150	139	134	137	146	175	194	216	225	236	294	320	319	348	360	342	308	289	271	255	275	343	328
	失業率（同上）	%	2.5	2.7	2.7	2.6	2.8	2.8	2.4	2.2	2.1	2.1	2.2	2.6	2.9	3.2	3.3	3.5	4.3	4.7	4.7	5.2	5.4	5.1	4.6	4.3	4.1	3.8	4.1	5.2	5.0
	基本給付受給割合（対失業者）	%	57.8	57.1	52.1	40.9	40.5	39.7	38.0	37.5	37.0	37.0	39.9	40.6	40.8	39.7	38.7	39.4	37.1	34.6	33.5	32.4	29.5	24.9	22.6	22.2	22.0	22.7	22.5	27.5	22.0
	6か月以上失業者割合（「労働力特別調査」各年2月，「労働力調査（詳細集計）」各年1～3月）	%			37.0	35.0	39.5	38.9	41.2	37.6	38.6	36.3	35.3	33.8	35.3	38.2	40.5	41.1	39.3	44.5	47.3	45.9	48.2	51.0	50.0	48.8	48.0	48.1	47.5	46.1	53.6
	正規雇用比率（同上）	%			84.7	83.6	83.4	82.4	81.7	80.9	79.8	80.2	79.4	79.2	79.7	79.1	78.5	76.8	76.4	75.1	74.2	72.9	71.3	69.7	68.5	67.7	66.8	66.3	66.0	66.6	66.3
	基本給付平均月額（所定給付，延長給付，特例訓練手当）2005年度物価により調整済み	万円	11.6	12.0	12.1	11.2	11.6	11.7	11.8	11.8	11.8	12.4	13.1	13.4	13.8	14.0	14.1	14.0	14.2	14.6	14.5	14.7	15.1	14.1	12.5	12.2	11.9	11.9	12.1	12.9	12.6

			1982	1983	1984	1985	1986	1987	1988	1989	1990	1991	1992	1993	1994	1995	1996	1997	1998	1999	2000	2001	2002	2003	2004	2005	2006	2007	2008	2009	2010
男	初回受給者数　年度総数　a	千人	791	832	713	622	684	598	488	435	416	432	531	674	724	758	748	848	1019	1037	969	1133	1136	927	788	718	657	647	840	998	729
	基本給付 受給実人員　年度平均　b	千人	431	465	428	317	343	342	272	240	227	229	267	337	392	422	436	472	567	583	545	567	563	433	329	288	259	251	288	491	348
	平均受給月数（b×12÷a）	月	6.5	6.7	7.2	6.1	6.0	6.9	6.7	6.6	6.5	6.4	6.0	6.0	6.5	6.7	7.0	6.7	6.7	6.7	6.7	6.0	5.9	5.6	5.0	4.8	4.7	4.7	4.1	5.9	5.7
	失業者数（「労働力調査（基本集計）」年度平均）	万人	88	95	95	94	102	103	87	82	77	77	84	100	114	127	134	140	177	197	195	213	221	210	189	176	164	152	164	210	204
	失業率（同上）	%	2.5	2.7	2.6	2.6	2.8	2.8	2.4	2.2	2.0	2.0	2.2	2.5	2.9	3.2	3.3	3.5	4.4	4.9	4.9	5.3	5.6	5.3	4.8	4.5	4.2	3.9	4.2	5.5	5.3
	基本給付受給割合（対失業者）	%	49.0	48.9	45.1	33.7	33.6	33.2	31.3	29.3	29.5	29.7	31.8	33.7	34.4	33.2	32.5	33.7	32.0	29.6	27.9	26.6	25.5	20.6	17.4	16.4	15.8	16.5	17.6	23.4	17.1
	6か月以上失業者割合（「労働力特別調査」各年2月，「労働力調査（詳細集計）」各年1～3月）	%			41.0	40.0	43.8	46.3	45.7	43.7	47.0	40.2	40.0	39.3	40.0	43.6	47.3	48.5	45.3	49.5	53.0	52.7	53.6	56.8	57.1	56.3	56.1	55.3	55.1	51.7	60.4
	正規雇用比率（同上）	%			92.3	92.6	92.6	92.4	91.9	91.3	91.2	91.5	91.1	90.6	91.5	91.1	90.6	89.5	89.7	88.9	88.3	87.5	85.2	84.8	84.0	82.2	81.5	81.6	81.3	82.2	83.7

			1982	1983	1984	1985	1986	1987	1988	1989	1990	1991	1992	1993	1994	1995	1996
女	初回受給者数　年度総数　a	千人	937	951	827	777	802	747	682	641	622	656	767	892	919	959	958
	基本給付　受給実人員　年度平均　b	千人	422	431	400	329	351	333	298	281	270	278	315	373	400	435	434
	平均受給月数（b×12÷a）	月	5.4	5.4	5.8	5.1	5.3	5.3	5.2	5.3	5.2	5.1	4.9	5.0	5.2	5.4	5.4
	失業者数（「労働力調査（基本集計）」年度平均）	万人	55	63	64	65	69	67	63	57	57	60	62	74	80	89	92
	失業率（同上）	%	2.4	2.7	2.7	2.7	2.9	2.7	2.5	2.2	2.2	2.3	2.3	2.8	3.0	3.3	3.4
	基本給付受給割合（対失業者）	%	76.7	68.4	62.5	50.6	50.9	49.7	47.3	49.3	47.4	46.3	50.8	50.4	50.0	48.9	47.2
	6か月以上失業者割合（「労働力特別調査」各年2月,「労働力調査（詳細集計）」各年1～3月）	%			30.3	26.9	32.3	28.0	33.3	29.0	27.1	30.2	28.1	27.9	28.9	30.5	31.1
	正規雇用比率（同上）	%			71.0	67.9	67.8	65.6	64.9	64.0	61.9	62.8	61.7	61.5	61.6	60.9	60.2

			1997	1998	1999	2000	2001	2002	2003	2004	2005	2006	2007	2008	2009	2010
女	初回受給者数　年度総数　a	千人	1033	1160	1131	1131	1242	1176	1063	1003	987	949	921	976	1076	919
	基本給付　受給実人員　年度平均　b	千人	459	524	525	523	562	501	420	368	355	338	328	330	452	374
	平均受給月数（b×12÷a）	月	5.3	5.4	5.6	5.5	5.4	5.1	4.7	4.4	4.3	4.3	4.3	4.1	5.0	4.9
	失業者数（「労働力調査（基本集計）」年度平均）	万人	96	117	123	124	135	139	131	119	114	107	102	111	133	126
	失業率（同上）	%	3.5	4.2	4.5	4.5	4.9	5.1	4.8	4.3	4.1	3.9	3.7	4.0	4.8	4.5
	基本給付受給割合（対失業者）	%	47.8	44.8	42.7	42.2	41.6	36.0	32.1	30.9	31.1	31.6	32.2	29.8	34.0	29.7
	6か月以上失業者割合（「労働力特別調査」各年2月,「労働力調査（詳細集計）」各年1～3月）	%	29.8	30.5	36.8	37.4	34.6	40.0	41.5	39.2	37.4	35.2	36.9	35.6	37.6	41.7
	正規雇用比率（同上）	%	58.2	57.1	54.8	53.8	52.3	51.9	48.8	47.4	48.2	47.1	45.9	45.7	46.3	46.8

注）1．2010年度の「労働力調査」は岩手・宮城・福島の激甚被災3県に関する総務省補完データを含む。
　　2．基本給付受給実人員は所定給付と2009年からの個別延長給付を含む。
出典）「雇用保険事業年報」各年版，総務省「労働力調査」（2002年から「労働力調査（基本集計）」各年度，「労働力調査特別調査」（1982～2001年各年2月，および「労働力調査（詳細集計）」2002～2010年各年1～3月。

失業率が上がり、長期失業者割合が増えるときには、まず給付期間の延長がなされるのが通常の失業保険運用であろう。実際、構造改革政治への批判が強まっていたリーマン・ショックの時期には、給付の個別延長が実施されている。だが、世紀転換点の数年間は、まったく逆のことが行なわれた。第1章で言及されているように、この給付縮小は雇用の大規模な非正規化を支える手立てとして行なわれたとみるべきである。

図17は、初回受給者所定給付日数平均、半年以上失業者割合、雇用保険受給者割合（対失業者）の推移

図17　雇用保険給付日数の削減と雇用保険受給者割合（対失業者）の下落

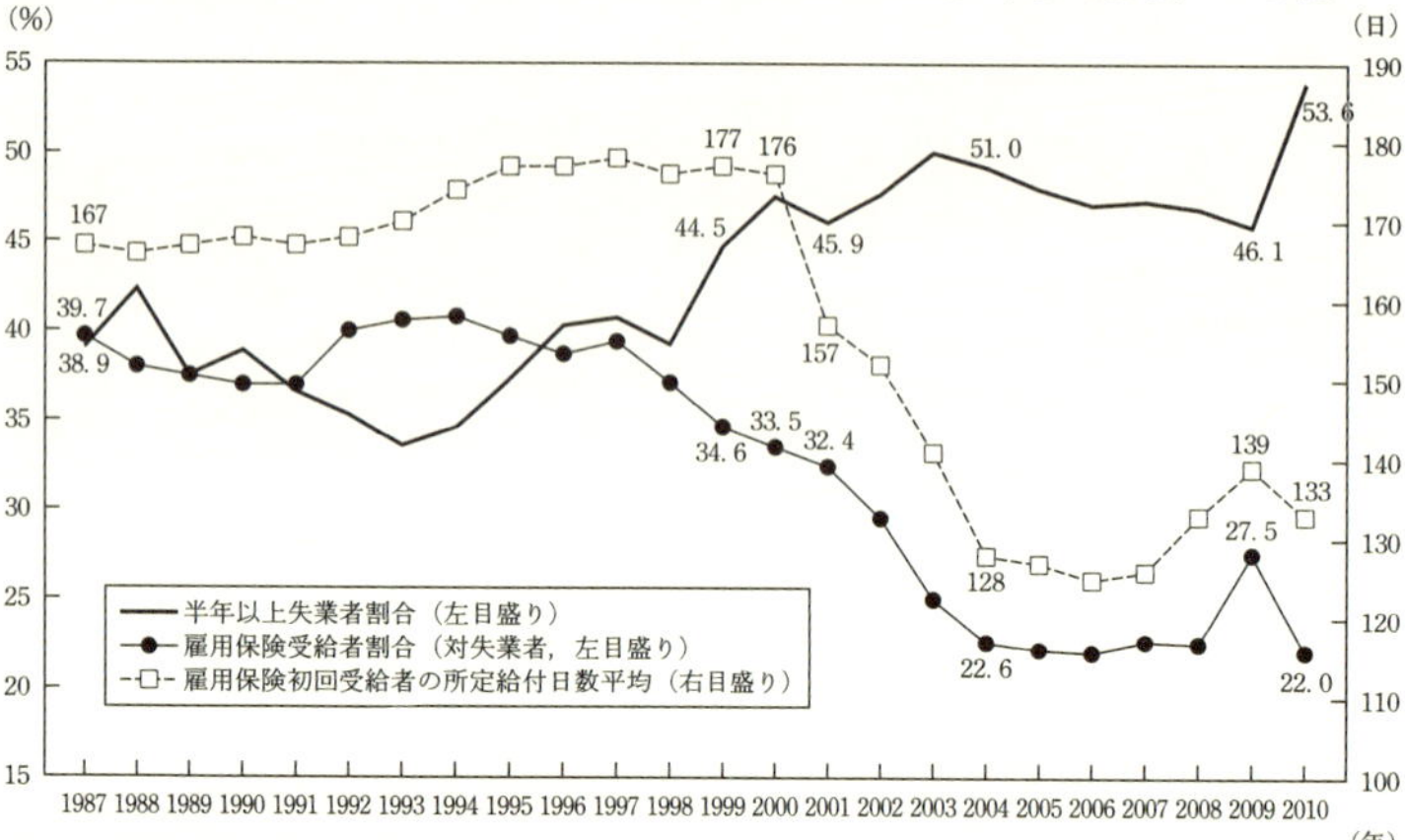

出典）雇用保険受給者割合（年度平均）は，厚生労働省「雇用保険事業年報」各年版および総務省「労働力調査」(2002年から「労働力調査（基本集計）」）から，雇用保険初回受給者所定日数平均は「雇用保険事業年報」各年版から作成。

半年以上失業者割合（各年２月 or １～３月平均）は，総務省「労働力調査特別調査」1988～2001年各２月，および，「労働力調査（詳細集計）」2002～2010年各年１～３月平均から作成。

を図示したものである。一九九〇年代末から半年以上失業者の割合が急上昇しており、九九年、二〇〇〇年の受給者割合の下落はそれによるものと考えられる。二〇〇一年、〇三年には大幅な所定給付日数削減が行なわれ、〇四年までの四年間で所定給付日数平均は大幅に減った。二〇〇一年から〇四年の受給者割合の下落は、この制度改正と半年以上失業者割合の上昇・高止まりの二重の影響によるものである。

受給平均月額の減少と給付期間の短縮は、「雇用保険給付が主な収入」である世帯のいっそうの貧困化をもたらした。「就業構造基本調査」によって、「雇用保険が主」な収入と答えた世帯の貧困率を推計すると、一九九七年三〇・〇%、二〇〇二年三四・五%、〇

表18　無業・求職者がいる世帯の世帯所得

(%)

	1997年			2007年		
	100万円未満	200万円未満	300万円未満	100万円未満	200万円未満	300万円未満
男の無業・求職者がいる一般世帯	3.6	11.2	25.7	6.5	18.6	37.1
女の無業・求職者がいる一般世帯	1.7	6.0	14.8	3.8	10.7	23.3
男の無業・求職の単身世帯	39.9	75.1	86.9	52.6	78.2	87.0
女の無業・求職者の単身世帯	39.9	78.5	89.4	47.5	77.6	86.7

出典)「就業構造基本調査」1997年，2007年より作成。

七年四三・九%と二〇〇〇年代に入ってからの上昇が急である。[*38]雇用保険を受給しながら生活保護制度における最低生活費に達しない世帯の割合がこれほど高いのは、雇用保険給付額と給付期間があまりにも低く抑えられたことのあらわれであろう。

二〇〇七年現在、無業で求職活動を行なっている男性がいる複数人数世帯（一四六万世帯）では、世帯所得二〇〇万円未満が一八・六%、三〇〇万円未満が三七・一%となり、無業・求職の男性単身世帯（四四万世帯）では、一〇〇万円未満が五二・六%を占めている（表18)。雇用保険を含め、社会保障はきわめて小さな位置しかもっていない。[*39]失業が極貧に直結するこのような野蛮状態を放置すべきではなかろう。

◉注

＊1　ディディエ・ドマジエールは次のように述べている。「失業と雇用の間には、余儀なくされたパートタイム雇用と非自発的不安定雇用があり、失業と非労働力の間には、早期退職、職業養成実習で対処されている失業、求職活動の免除、求職活動の断念がみられる」（『失業の

社会学』都留民子訳、二〇〇二年、法律文化社、一八九頁)。

＊2　不完全就業の実態についての研究としては、時代的にはあとにまとめられたものだが、江口英一『現代の「低所得層」――「貧困」研究の方法　上中下』(未来社、一九七九年)を代表的なものとしてあげることができる。

＊3　伍賀一道「戦後日本の社会政策の発展」(西村豁通・荒又重雄編著『新社会政策を学ぶ』(第二版)有斐閣、一九九九年)および、後藤道夫「最低生活保障と労働市場」(竹内章郎ほか『平等主義が福祉をすくう――脱〈自己責任＝格差社会〉の理論』青木書店、二〇〇五年)等。

＊4　岩井浩『雇用・失業指標と不安定就業の研究』関西大学出版部、二〇一〇年、一一九〜一二〇頁。また、厚生労働省『平成一四年版　労働経済の分析』第七章、参照。

＊5　二〇一〇年の ***Employment Outlook*** では、U指標の改良版である新U指標(一九九四年)のU6(「失業」者＋労働力への限界接触者＋時間関係の不完全就業者)の数字が参照されている。労働力への限界接触者、および求職意欲喪失者については序章四〜五頁、一六頁の注2、および本章の注30、参照。

＊6　前掲、岩井『雇用・失業指標と不安定就業の研究』。第1章注2も参照されたい。

＊7　同前、一一七頁、一七七頁、および補論3、参照。本章ではワーキングプアとしてではなく、「半失業」の問題として議論を進める。それは、高失業の現実とそこに大きく欠けている根本的な失業対策の必要に焦点をあてるためであり、もう一つは、「持続困難」による不完全就業を問題としたいからである。これはたんなる賃金不足ではない。

＊8　「労働力調査(詳細集計)」年平均掲載表5表は一〜三四時間で、就業希望ごとの時間増希望を集計しており、6表は〇〜三四時間についての時間増希望を集計している。ＯＥＣＤによる非自発的パートタイマーの集計の説明によると、二〇〇二年以降の日本の数字は〇〜三四時間で集計されたものを用いているとのことである。「時間関係の不完全就業」について、ＩＬＯがＯＥＣＤの集計としてＫＩＬＭデータ第七版で掲載している日本の数字は非自発的パートタイマーの数字と同一であった。

＊9　"Resolution concerning the measurement of underemployment and inadequate employment situations, adopted by the Sixteenth International Conference of Labour Statisticians," (17), (C).

*10 二〇〇八年のICLSの一般報告では、週四八時間以上の長時間労働かつ賃金が中央値の半分以下の低収入雇用が「労働の非効率活用の指標」の一部としてあげられ、そこに「特別の関心」が表明されている。("Report I General report" 18th International Conference of Labour Statisticians, 228)。

*11 転職希望等の区分は「就業希望意識」からのアプローチである。これと別に、「半失業」が多いと考えられる産業、職種、企業規模の分析による把握も不可欠だが、他日を期したい。正規雇用でも、二九人以下企業でみると、年齢による賃金の上昇がわずかで、五〇歳代前半の男性の平均賃金が三〇〇万円前後の職種も少なくない。低処遇の職種では、遅い年齢でその職に就き、勤続が短いケースが少なくないが、こうした職種群は、中高年の「失業」、半失業のあり方と密接に関係しながら存在していると思われる。かつて江口英一が行なった社会階層としての低所得層の分析の現代版が必要であろう。

*12 これは江口英一の考え方によっている。江口は不完全就業を「単純労働」を軸としてとらえたが、「単純労働」は、「破壊されつつある労働力」と特徴づけられている(前掲、江口『現代の「低所得層」』)。

*13 ILOの「不十分な就業状況」には、自分の本来の能力を発揮できない場合が含まれていたが、ここでは、「持続困難ではないが、本来の能力を発揮できない」場合は、考慮の外におく。

*14 平成二三年度「脳・心臓疾患と精神障害の労災補償状況」まとめ(二〇一二年六月一五日厚生労働省発表)。

*15 「就業構造基本調査」二〇〇七年によれば、年間二〇〇日以上就業者で週六〇時間以上就業は正規四九七万人、非正規四六万人、自営一一四万人、役員七一万人である。なお、この正規と非正規の割合に照らすと、労災での正規率は脳・心臓疾患で九三・九%、精神障害で九三・二%と正規が高くなっている。労災申請の条件を奪われているケースが非正規にはより多く存在する可能性があろう。

*16 たとえば雑誌『POSSE』(九号)の特集「もう、逃げ出せない。ブラック企業」、今野晴貴『ブラック企業——日本を食いつぶす妖怪』(文春新書、二〇一二年)などを参照。

＊17　男性労働者における六〇時間以上就業比率は、転職希望総数では二〇・八％、継続就業希望で時間希望「今のまま」の場合は九・五％であるのに対し、転職希望「時間的・肉体的に負担が大きい」では四一・三％である。

＊18　Measurement of decent work : Discussion paper for the Tripartite Meeting of Experts on the Measurement of Decent Work, Geneva, 8-10 September 2008 ILO.

＊19　追加就業希望者にも過剰労働はあり、時間減希望も存在する。二〇〇七年の「就業構造基本調査」によれば、追加就業希望の有業者三四六万人中、三八万人が週六〇時間以上である。「労働力調査（詳細集計）」二〇一〇年平均の数字を用いると、追加就業希望の有業者で、時間増希望が九七万人、時間減希望が四三万人、今のままを希望が一二九万人である。より収入効率のよい追加就業を確保することによって現在の職での労働時間を減らし、合計でも減るようにしたい、という希望が想定できる。

＊20　一九九七年の不完全就業推計も同様の方法で行なった。雇用形態別の労働時間と所得のクロス集計は「就業構造基本調査」一九九七年、全国編報告書23表の閲覧プリントによる。

＊21　正規男性の場合、四〇〇万円未満を基準として「生活困難」不完全就業者の割合をみると、転職希望・非求職のうちでは五四・五％、転職希望・求職では六三・三％である。

＊22　「労働力調査」は各月末一週間を調査期間とし、その間の就業状況と求職活動の有無等を聞いているが、「就業構造基本調査」は調査期間を限定せず、調査がなされた年の一〇月一日現在で「ふだん」の状況を答えさせている。

＊23　正規／非正規別に転職希望理由分布をみると、正規では「収入が少ない」「時間的・肉体的に負担が大きい」、非正規では「一時的についた仕事だから」「収入が少ない」が多い（表A参照）。

＊24　「就業構造基本調査」二〇〇七年で集計・公表されているデータによっては、就業希望意識のそれぞれにそって、就業時間と所得のクロスデータを得ることはできない。そこで次善の策として、有業者総計（男女別）の就業時間・収入のクロスデータから得られる、四〇〇万円未満における三五時間以上就業比率（男）と二五〇万円未満における月就業比率（女）を、そのまま男女別の「生活困難」不完全就業者数に乗じて、三五時間以上就業の「生活困難」不完全就業

表A　転職希望理由分布

	総数	一時的についた仕事だから	収入が少ない	事業不振や先行き不安	定年または雇用契約の満了に備えて	時間的・肉体的に負担が大きい	知識や技能を生かしたい	余暇を増やしたい	家事の都合	その他
男　非正規雇用	100.0	**30.1**	**34.6**	4.8	3.2	7.7	11.8	0.8	0.5	6.6
女　非正規雇用	100.0	**19.2**	**34.3**	4.3	3.0	13.4	12.4	1.1	2.1	10.1
男　正規雇用	100.0	2.8	**34.9**	14.5	2.6	**19.4**	14.3	2.9	0.5	8.1
女　正規雇用	100.0	3.6	**24.9**	8.6	0.8	**27.8**	15.1	3.2	2.7	13.2

出典）総務省「就業構造基本調査」2007年より作成。

を推計すると七一九万人となり、この差に近づく。

*25　二級地－2の事例として栃木県の足利市を選び、住宅扶助特別基準額、冬季加算を計算しくわえた。期末一時扶助もくわえてある。二級地－1の金沢市の場合では一三六万円である。

*26　「全国消費実態調査」二〇〇九年によれば、単身勤労世帯で年収が二〇〇万～二五〇万円未満の保健医療費の平均月額は四七六〇円であり、年額に直すと五万七一二〇円となる。

*27　「就業構造基本調査」二〇〇七年、全国編第4表。

*28　転職希望、追加就業希望の女性世帯主世帯の「主な収入の種類」をみると、勤労収入が主の世帯が転職希望で九三・七％、追加就業希望で八七・六％である（「就業構造基本調査」二〇〇七年、全国編第3表）。

*29　「就業構造基本調査」二〇〇七年、全国編の60表と65表（原表番号）による。

*30　「労働力調査」による「求職意欲喪失者」方式で集計した数字がOECDの統計抜粋でも採用されている（無業・就業希望・調査期間中は非求職・非求職理由が「適当な仕事がないため」・仕事があればつける）。だが、この方式の場合、二〇〇一年と〇二年の間で調査方式（就業希望を答えさせる項目の選択肢の数）が変わったためと思われるが、数値が大きく飛躍して連続しない。「労働市場への限界接触者」方式では連続し、二〇〇二年以降の数値は両方式で

大きな差がないため、こちらを採用した。

＊31　不完全就業・求職、あるいは就業状況変更希望・求職に隣接・連続して、「潜在的」な不完全就業・求職、「潜在的」な就業状況変更希望・求職があるはずである。二〇〇二年の四、五月および一〇、一一月に行なわれた「就業希望調査」によれば、就業者で求職活動を行なっている者が三三二万人（四、五月平均）、三四五万人（一〇、一一月平均）に対して、「近々探す予定」がそれぞれ二〇四万人、二一七万人を数える。後者の数字は潜在的な就業状況変更希望・求職の一つの指標と考えてよかろう。就業状況変更希望・求職の六割程度の規模である。

＊32　不完全就業・求職における非正規の割合は、「就業構造基本調査」二〇〇七年によると五九・五%であった。この推計における就業状況変更希望・求職における不完全就業・求職の割合を、「労働力調査」二〇一二年春の就業状況変更希望・求職にあてはめて推計すると、一二年春の不完全就業・求職は三三八万人となり、そのうちの非正規・不完全就業・求職は二二五万人である。不完全就業・求職に占める非正規の割合は、男が四九・四%、女八〇・〇%、男女計六三・八%である。

＊33　「就業構造基本調査」二〇〇七年による数字は、男が四四・二五%、女が六六・八%、男女計五七・一%である。

＊34　失業者中の雇用保険非受給者割合と、半失業非正規の失業者に対する比率のピアソン相関係数は男が〇・九二六（一%水準で有意）、女が〇・七一五（一%水準で有意）であった。

＊35　所定給付日数平均を出すためのデータのうち、各年度の旧法分、および、就職困難者分の詳細が「雇用保険事業年報」の各年度に表示されていない場合があったため、これらを除いて集計した。

＊36　予想式の決定率だが、調整済みR２は男〇・九五三、女〇・九四五である。なお、両独立変数間のＶＩＦは男が二・四八五、女が一・八三七であり、独立変数間にある程度の相関が認められるが、所定給付日数平均と半年未満失業者割合は、実際には相互に独立した背景で決まる度合いが大きいと考えられるため、モデルとして採用できると判断した。

＊37　初回受給者の所定日数平均のみを独立変数とする単回帰式は以下のとおりである。
受給割合（男）＝所定日数平均×0.324－24.258

受給割合（女）＝所定日数平均×0.366－15.976

これによれば、所定日数平均が一か月増えると、受給割合計算値は男で九・七ポイント、女で一一・〇ポイントの上昇となる。単回帰式の調整済みR２は、男が〇・九一四、女が〇・八一七である。

＊38　厚生労働省「被保護者全国一斉調査」によって、生活保護受給世帯ごとに福祉事務所が計算する最低生活費の世帯人数別全国平均値を各年ごとに計算して（表B）、「就業構造基本調査」における「世帯収入の種類」において「雇用保険が主」と答えた世帯で、世帯収入がその値未満の世帯数を世帯人数別に出し、それを合計して貧困世帯数を推計した。なお、この最低生活費には医療費、社会保険料、直接税は含まれていない。

表B　生活保護基準による最低生活費の全国平均値　（万円）

	1人世帯	2人世帯	3人世帯	4人世帯	5人以上世帯
1997	106	182	250	303	366
2002	115	192	261	316	384
2007	115	186	262	313	371

＊39　二〇〇二年一〇、一一月の総務省「就業希望状況調査」によれば、完全失業者で「一か月の収入なし」が男で四七・〇％、女で五二・七％、一か月の「主な収入の種類」に雇用保険給付をあげた者は男で一九・二％、女で二一・四％である。

（後藤　道夫）

終章　社会保障のすき間の拡大を許さないために

失業時保障の本格的構築をめざして集団的研究をはじめてから、ほぼ三年になる。その間に政治の状況は大きく変わった。民主党政権を誕生させた、構造改革による社会危機は持続し深刻化しているが、民主党政権は支配層からの強い保守復帰圧力を受け変質した。この変質は国民の広い失望をまねき、政治的絶望と新たな小党の乱立のなかで、強い保守志向をもつ第二次安倍政権が誕生した。

本書による現状把握と提言は、社会危機、とりわけ、「底が抜けた」労働市場の惨状に対処するための実際的政策群の一部として考えられたものだが、政治状況のこうした変化のため、本格的に復活した保守政治と構造改革路線への対抗運動の政策と理論という性格をより強くもつことになった。

本書を終わるにあたって、民主党政権末期から開始された「社会保障と税の一体改革」、および、そのなかでとくに本書と関係が深い生活保護制度をめぐる動向にふれ、最後に、失業時保障の本格的整備を実施したさいの効果と必要財政額の試算を示したい。

1　生活保障と逆行する「社会保障と税の一体改革」

当初、民主党菅政権は、社会保障の機能強化に充てるための消費税増税を主張した。しかし、二〇一二年六月に成立した「社会保障改革促進法」に代表される「一体改革」は枠組みの重点を大きく変え、消費税増税と社会保障給付の大幅な抑制とを「一体的」に推進するという、一九九〇年代からの財界の主張にそったものとなった。

社会保障改革促進法は、民主、自民の保守大連立によって、国民的な議論はおろか、まともな国会審議もされないまま、短期間で成立した。この法律は、民主党の二〇〇九年マニフェストの考え方を廃棄する宣言といってよいもので、消費税増税への協力の確保と引き換えに、自民党の「反福祉国家」思想を強力に盛りこんだものであった。

立法主旨には消費税増税と社会保障財政の抑制が掲げられ、第二条「基本的な考え方」の第一項では、「自助、共助及び公助」の最も適切な組み合わせが最初におかれた。「国民が自立した生活」を営む手立てが「家族相互及び国民相互の助け合いの仕組み」とされ、公的責任への言及はない。第二項では「社会保障の機能の充実と給付の重点化及び制度の運営の効率化とを同時に行」なうことで、社会保障に用いられる税と社会保険料を抑制することが謳われ、第三項は、社会保険における公的資金投入を「社会保険料に係る国民の負担の適正化に充てる」ことに限るべきことが主張され（＝社会保険の私保険への接近）[*1]、第四項で社会保障財源は消費税収を充てるべきことが宣言されている。

ひと言でいえば、社会保障改革促進法は、国民の生存権を謳った日本国憲法第二五条の「解釈改憲」たる「社会保障抑制基本法第一弾」である。年金を含め、改革の詳しい設計は「社会保障国民会議」にゆだねられたが、この法文そのものでも、医療保険へのすべての国民の加入に「原則として」という限定がくわえられ、医療保険と介護保険について、その給付対象となる療養やサービスの「範囲の適正化」（＝「保険給付対象外」の拡大）が主張されている。

社会保障抑制の各論内容は、二〇一二年一月に出された政府の「社会保障・税一体改革素案」でみることができるが、そこには、消費税増税にくわえて、年金給付額の切り下げ、保育の市場化をめざす「新システム」、医療・介護の地域責任化と保険給付抑制、医療扶助抑制、生活保護基準切り下げなど、社会保障給付を短期的・長期的に抑制する仕掛けが多く含まれていた。

これらのうち、保育「新システム」は、多くの反対運動によって自治体の「保育実施義務」が併存することになったため、その実行の相当部分が自治体にゆだねられたかっこうとなった。年金について民主党野田政権は、二〇一二年一一月に年金切り下げを法制化した。生活保護については、野田政権期から準備された生活保護基準の大幅切り下げと医療扶助抑制を、第二次安倍政権は二〇一三年度予算に組みこんだ(後述)。

安倍政権は、実質二%成長という消費税増税の実施条件をクリアするため、また、自民党支持基盤の維持のために、赤字国債による公共事業大盤振る舞いをはじめた。その一方で、財政赤字の増大を少しでも食い止めるために、その分よけいに厳しい社会保障削減と、さらに「成長戦略」の重要部分としていっそうの規制撤廃が推進されようとしている。退行した開発主義と新自由主義の併用は、雇用と社会保障の分野で、構造改革のより本格的・急進的な再開をもたらす可能性が高い。

二〇一三年二月、財政制度審議会は、一〇%への消費税増税ののちも「更なる消費税率引き上げは不可避」と主張し、同時に、七〇~七四歳の医療窓口負担の二割への引き上げ、介護保険の窓口負担率の引き上げ、年金支給開始年齢の引き上げなど、社会保障給付への公費負担の大幅削減を政府に迫っている。

安倍政権は民主党政権が廃止した「規制改革会議」を復活させたが、その第二回会議では、混合診療の拡大や解雇規制緩和など五九項目が規制撤廃課題として提示された。

今後、「社会保障と税の一体改革」は、野田政権時代の自民・民主二大政党の大連立ではなく、課題ごとに、民主、公明、日本維新の会、みんなの党とのいずれか(単独あるいは複数)と自民党との保守連合によって、より激しいかたちで推進される可能性が高くなった。

2 生活保護制度の大幅な改悪

生活保護制度の大幅縮小、および、それによって引き起こされる多方面にわたる低所得者支援の諸制度の後退は、本書のテーマと密接に関係するものであるため、ここでやや詳しくふれておきたい。

今回の生活保護縮小は、第二次安倍政権の景気浮揚策とは明らかに齟齬をきたす。だが、この齟齬は、退行した開発主義施策と新自由主義施策の同時並行という政権維持戦略が生み出したものである。同時に、今回の措置は、生活保護利用の拡大の趨勢そのものを転換しようとする、より射程の長い「反福祉国家」施策と考えられる。順を追ってみていこう。

生活保護基準の引き下げは、二〇〇七年にも行なわれようとしたが、強い反対運動によって見送られた。大きな反対論拠は次の二点であった。

第一に、現行の生活保護基準はおよそ高いものではない。厚生労働省（厚労省）は所得第Ⅰ十分位世帯の消費水準が被保護世帯のそれを下回ることをもって「高すぎる」理由とするが、それは転倒した理由づけである。というのは生活保護基準未満の所得で、実際に生活保護を利用している世帯は一～二割にすぎず、膨大な「漏給」が存在するからである。貧困層のなかに膨大な漏給が存在すれば、必ず、被保護世帯の消費水準は、生活保護を利用できない貧困世帯よりも高くなるため、高い漏給率を維持したままでこの両者を比較するかぎり、際限のない基準引き下げが必要になってしまう。

第二に、生活保護基準と連動しながら運用されている低所得層のための諸制度（地方税非課税、就学援助、福祉資金貸し付け、国民健康保険／介護保険の保険料や利用料の減免など）が多数あるなかで、生活保護基準の切り下げは、低所得層の生活に巨大な影響を与える。

だが今回、第二次安倍政権は、二〇一三年度予算案において、生活保護の生活扶助基準を平均六・五％（最大一〇％）引き下げた。生活扶助費は三年間で六七〇億円の削減であり、たとえば、都市部の夫婦二人と小中学生の世帯の場合、二〇一五年度からは月額二万円の減となる。二〇一三年度の生活扶助費削減分は一五〇億円であり、そのほかに期末一時扶助の見直しで七〇億円が削減される。さらに新聞報道によれば、生活扶助基準等の切り下げのほかに、就労支援の強化、医療費扶助抑制など「生活保護制度の見直し」によって二〇一三年度から四五〇億円を削減し、全体として二〇一三年度の削減額は六七〇億円になるという。[*2]

今回の削減理由の最大のものは「デフレ分の調整」という、基準見直しの検討を行なってきた社会保障制度審議会・生活保護基準部会の議論にもなく、従来の生活保護基準の検討のさいにもなかった理屈が突然浮上した、「言いがかり」に近いしろものであった。[*3] 自民党の一〇％削減要求に応ずる意図が先行した強引な政治的決定である。

今回も、基準部会の検討中から、前回問題となった二つの論点について多くの批判があった。なかでも他制度への影響を心配する批判が相次いだためか、二〇一三年二月になって、政府は生活扶助基準引き下げが他制度に及ぼす影響への「対応方針」を列挙した表をつくった。だがこれも、実効性のないもの、薄いもの、未定がほとんどである。

たとえば、就学援助の基準引き下げについても、大多数を占める「準要保護児童」についての対応方針は「国の取組を説明のうえ、その趣旨を理解した上で各自治体において判断して頂くよう各自治体に依頼」というものである。準要保護児童についての国庫負担金はすでに廃止されて交付税化されている。国庫負担金方式に戻さないかぎり、国は指示することができない。このままでは、就学援助の基準を切り下げる自治体が多く出るだろう。

保育料は現在、所得が生活保護基準未満の世帯（第一階層）が無料、生活保護基準以上で地方税非課税の世帯（第二階層）が最低額となっているが、対応方針では、基準引き下げで増えるであろう第二階層について、「特に困窮していると市町村長が認めた世帯については、無料とすることが可能となっている」と記すのみである。就学援助と同様、これも、失業者や半失業の世帯には大きな影響が出ると思われる。

生活保護基準に連動する地方税非課税基準について、「対応方針」では「平成二六年度以降の税制改正において、与党の税制調査会における議論も踏まえて検討」となっており、先行きは不明である。国民健康保険の保険料や窓口負担など、多くの社会保障制度の負担減免基準が地方税非課税基準と連動しているため、そうした領域での対応方針は「未定」ということである。

いずれにしても、厚労省のまとめだけでも、影響を受ける国の制度が三四、地方単独を含む他制度が四を数え、最低賃金制度、地方税非課税基準を含めると、四〇もの制度が基準引き下げの影響を受けることになる。深刻化した貧困をいっそう拡大する蛮行であることは疑いない。

さらに、基準引き下げと並行して行なわれる「生活保護制度の見直し」は、生活保護制度の利用そのものをいっそう厳しく抑圧する。生活扶助と期末一時扶助の切り下げ分以外に、二〇一三年度で削減と報じられた四五〇億円については、厚労省の「予算案の主要事項」の説明にも出てこない、いわば「削減目標」と解釈できるため、窓口対応は現在にもまして抑圧的なものとなるだろう。

実際、「社会保障審議会生活困窮者の生活支援の在り方に関する特別部会報告書」(二〇一三年一月二五日)には、保護開始後三〜六か月段階で「低額であっても一旦就労することを基本的考え方とする」と明記されており、「月三万円でも、五万円でも」[*4]就労強制に従わなければ保護廃止とされる危険性が現実的なものとなってきた。これは、本書の第2章で提言されている「権利としての自立支援」とは無縁なものである。

第2章にあるように、現在の「第二のセーフティネット」は、職業訓練の講義等への出席について異常に高いハードルを設けており、訓練対象となる職業の幅の狭さとあいまって、たいへん使いにくいものとなっている。勤労年齢の生活保護利用者がこうした高ハードルの訓練か、あるいは、きわめて低賃金の労働を強制されることは、実際には自立支援とはならず、生活保護からの排除といっそうの消耗を利用者にもたらすものとなろう。

くわえて厚労省は、生活保護利用者に対する自治体の調査権限強化、不正・不適正受給があったさいの返還金の上乗せ、医療機関が受給者に対し後発医薬品の使用を促すことの法制化等を主張しており、これらも、生活保護利用に対する強い抑制効果を発揮することが見込まれているものと思われる。

ところで、今回の生活保護縮小には、財政削減だけなく、現在の社会保障制度のあり方につらなる、より根本的なねらいがあると推測される。それは、この十数年間伸びつづけている生活保護利用の趨勢を変えることである。

二〇一一年度の世帯被保護率は三・一%と、一九五六年以来の高さとなった。一九九六年が一・四%であったから、この一五年間で、利用世帯の割合は二倍以上になっている(人員保護率〇・七%→一・六%)。こうした利用率上昇の原因は貧困の拡大と深刻化にある。だが、以下でみるように、この趨勢が続くと、日本の旧来の「小さな社会保障」が、小さなままでいられず、大きな社会保障へと転換を余儀なくされる巨大な社会圧力が生み出される可能性がある。それを恐れ、こうした趨勢を断ち切ることに、今回の生活保護制度大幅縮小のもう一つのねらいがあるだろう。

第3章でふれられているように、日本の社会保障では年金、雇用保険、健康保険の傷病手当など各種社会保険の給付も、児童手当も、最低生活保障の機能をもっておらず、最低生活保障はもっぱら生活保護制度によってになわれてきた。だが、同時に、その生活保護の利用が、資産活用、稼働能力活用、親族の扶養義務などにかかわって、強く抑制されつづけたことも周知のとおりである。生活保護の利用にはきわめて強いスティグマが押しつけられ、生活保護の利用者は「特別な弱者」「社会の落ちこぼれ」であって、「ふつうの貧困者」とは無縁なものとみなす、そうした風潮が長期にわたってつくられてきたのである。

その結果、最低生活を保障するはずの生活保障システムに膨大な穴とすき間が存在し、どの制度によっても救済されない多くの貧困層が存在しつづけてきた。この穴とすき間があまりに大きいため、保障されない多数の貧困者は、各自の自己努力と家族の努力で困窮をきりぬけ、あるいは耐えつづけなければならないと考えさせられてきた。この「ふつうの貧困者」のがんばりは、「特別な弱者」「社会の落ちこぼれ」となることへの恐怖と一体のものである。

本来、勤労世帯が生活保護利用世帯よりも低い生活水準で暮らすことを余儀なくされるのは、「理不尽」と感じられて当然である。しかし、この「理不尽」という感覚は、生活保護利用者は「特別な弱者」で自分とは違う、と考えることで押さえつけられてきた。生活保護利用者に対するバッシングは、この不満とガマンが、政治的意図を含むマスコミ報道などによってきっかけを与えられて外側に噴出したもの、と考えることができる。

いままでこの噴出は、生活保護利用を抑制する手段として使われてきた。今回も同様である。しかし、利用者世帯の比率が現在の趨勢のまま上昇して、四％、五％となった場合、バッシングのエネルギーが向きを変えることは考えられないことではない。

生活保護利用者の割合が増えつづければ、「特別な弱者」のはずが、「特別」というレッテルを維持できなくなり、「生活保護と自分は無関係」と思いこんで耐えつづけてきた大量の貧困世帯の「棲み分け意識」は大きく動揺するだろう。生活保護申請を忌避しつづけてきた人々が、いっせいに生活保護利用に意識を向ける可能性も生まれる。自分たちも最低生活を保障されて当然なのではないか、という意識への転換である。生活保護利用への「特別」視が減じれば、生活保障システムの大きな穴とすき間の存在余地は急激に小さくなろう。

さらに、生活保護利用が権利化すれば、勤労者には生活保護利用者以上の生活水準が保障されて当然であり、社会保険料を払いつづけてきた自分への保障は生活保護基準以上の水準でなされて当然、という意識転換も起こるだろう。「小さな社会保障」を支えてきた大黒柱は、生活保障システムの膨大な穴とすき間、および、それによって形成された「自己責任」「家族責任」の受容意識であった。生活保護利用の権利化は、これらを吹き飛ばし、社会保障の全体的な転換をもたらす可能性があると思われる。

現在の生活保護バッシングの激しさは、むしろ、多くの低所得層が、「特別な弱者」を自分とはまったく違う存在だと思えなくなり、「棲み分け意識」が動揺している証であろう。忌避すべき「特別な弱者」に自分も転落しかねないという、不安と恐怖の無意識・無自覚なあらわれである。このエネルギーの方向転換を支配層が恐れるのは不思議ではない。

現在のような高失業社会、高貧困社会における生活保護制度の大幅な縮小は、政府施策としては、本来、きわめて異例のやり方である。生活保護基準を大幅に下げ、生活保護利用を強く抑制すれば、激しい貧困、居住喪失、自死、躁うつ病等の精神疾患、手遅れの病死、犯罪、学校への不適応等がいっそう増え、社会危機が拡大することは明らかだからである。二〇一三年度予算の膨大な公共事業費にみられるように、生活保護縮小は単なる財政難の産物ではなく、生活保障システムにおける大きな穴とすき間を維持しつづけようとする、反福祉国家型の政治枠組みとイデオロギーの産物である。それが生み出す矛盾は激しいものなろう。

福祉国家型の対抗構想と対抗政策の意義はいっそう大きなものとなっているというべきである。

3 失業時保障の抜本的整備に向けて
——受給者数と必要額の試算

最後に、本書が提案する失業時保障の抜本的整備によって、どれほどの失業者・半失業者が雇用保険給付あるいは求職者保障を受けることになるのか、また、それには新たな費用をどれほど必要とするのか、試算を示す。

試算は、二〇一一年度の雇用保険給付実績値と「労働力調査」による失業者数を計算のベースとした。

表1　雇用保険の所定給付日数見直しによる改善

	2011年度実績	見直し後試算	増加分
所定給付日数平均	132日	239日	107日
給付延日数	1億8, 845万日	3億4, 126万日	1億5, 281万日
受給実人員	62万人	113万人	51万人
支給総額	9, 014億円	1兆6, 154億円	7, 140億円

注）1．一般求職者給付基本手当基本分のみの計算である。
2．初回受給者の所定給付日数平均は，受給資格・年齢・被保険者期間による所定日数区分ごとに，初回受給者数に所定給付日数を乗じてこれを合計し，それを初回受給者の合計で除して求めた。
3．見直し後の受給実人員（月ごとの受給者の年平均値，基本手当基本分のみ）は，まず，年齢別，被保険者期間別に，見直し前の所定日数と見直し後の所定日数の比を見直し前の給付延日数2011年度実績に乗じて，これを合計し，見直し後の給付延日数を求める。
2011年度実績では，給付延日数を受給実人員で除した値は301. 67であった。この数値をそのまま用い，試算された見直し後の給付延日数を301. 67で除して，受給実人員を求めた。
4．見直し後の支給総額は，年齢別・被保険者期間別に，見直し前の所定日数と見直し後の所定日数の比を支給総額実績に乗じて，これを合計して求めた（受給実人員と支給総額については，章末に計算表を掲載した）。

出典）厚生労働省「雇用保険事業年報」2011年度，および，所定給付日数見直し案（本書第2章表7）より作成。

もとより、変動要因が多く、試算に必要な失業者・半失業者の状態についてデータが十分でないため、ごく粗い試算となる。

(1) 雇用保険制度改革による受給者増と必要額の試算

給付日額は現在のままにして、所定給付日数を第2章表7に示されたものに変えた結果は表1のとおりである。

給付日数の制度的水準を示すと考えられる初回受給者の所定給付日数平均は、一三二日から二三九日へと大幅に改善されている。

受給実人員は六二万人から一一三万人へと増える。二〇一一年度の平均失業者数は二九八万人であるため、[*5]受給者割合は実績で二〇・九％だが、見直し後は三八・〇％に上昇する（基本手当基本分のみ)。

支給総額は、二〇一一年度実績が九〇一四億円であるのに対し、見直し後の支給予想額は一兆六一五四億円となり、七一四〇億円の増加である(基本手当基本分のみ)。

(2) 求職者保障制度による保障受給者数と必要額の試算

第2章の提言では、求職者で、住宅費を支払ったあとの本人所得が月に一一万円未満であり、かつ、預貯金が一〇〇万円未満であれば、求職者保障を受給できるとした。就業中、あるいは雇用保険給付受給中でも、この基準を満たせば、基準(+加算)との差額が給付される。このうち、以下では、①雇用保険給付を受けていない失業者、および、②転職希望または追加就業希望で求職活動を行なっている者のうち上記基準を満たす者、について試算を行なった。

雇用保険給付を受けていながら上記基準未満の失業者についても推計が必要だが、本書では給付日額を上げる改訂が想定されていることにくわえ、現在の給付日額の分布も不明なため、今回は試算していない。

雇用保険給付を受けていない失業者

まず年齢階層ごとに、二〇一一年度の失業者数から見直し後の受給実人員を減じて雇用保険を受給していない失業者の年度平均値を出す。次に、預貯金が一〇〇万円未満の者の割合を、年齢階層ごとに「国民

表2　求職者保障制度による雇用保険非受給失業者への給付必要額

	(万人)	(万人)	(万人)	(%)	(万人)
	2011年度失業者数	見直し後の受給実人員	見直し後の非受給失業者	貯蓄100万未満割合	求職者保障給付対象者
30歳未満	84	19	64	60.7	39
30歳以上45歳未満	96	36	61	33.2	20
45歳以上60歳未満	72	33	39	25.3	10
60歳以上65歳未満	32	25	7	19.9	1
(15～64歳，失業者計)	284	113	170		70
必要額	1兆3,494億円（1人当たり192万円）				

注）1．2011年度平均の年齢階層別失業者数は，大震災・原発事故による未調査がある 2011年4～6月，7～9月については，「労働力調査（基本集計）」の「補完推計（新基準）」を用い，2011年10～12月，2012年1～3月については「労働力調査（基本集計）」を用い，平均した。補完推計は10歳ごとに集計されているため，その数字を，全県で調査が再開された2011年10～12期以降1年分の5歳階級ごとの失業者数を用いて，5歳ごとの数字に転換した。

2．雇用保険受給実人員数は章末の計算表による。

3．求職者本人の預貯金100万円未満の割合は「国民生活基礎調査」を用いたが，預貯金については世帯単位で調査されているため，便法として，単独世帯と1人親世帯については，預貯金の持ち主が1人と考えて，世帯預貯金額100万円未満（預貯金なしを含む）を基準とし，〈夫婦のみ〉世帯，および，〈夫婦と未婚の子〉世帯については，預貯金の持ち主を2人とみなして世帯預貯金額200万円未満（同）を基準とし，この4つの世帯類型の合計で，基準未満世帯の預貯金の持ち主（想定）の割合を世帯主年齢別に推計し，これを預貯金100万円未満の個人の年齢別割合とした。「国民生活基礎調査」の預貯金調査の年齢区分は10歳きざみとなっているため，年齢階層内部の均等分布を想定して，雇用保険の年齢区分に調整した。

出典）総務省「労働力調査（基本集計）」2011年10～12月，2012年1～3月，同「補完推計（新基準）」2011年4～6月，7～9月，厚生労働省「雇用保険事業年報」2011年度，厚生労働省「国民生活基礎調査」2010年所得票第1巻149表，および，所定給付日数見直し案（本書第2章表7）より作成。

生活基礎調査」を資料として推計し、非受給失業者数に乗じて、年齢階層ごとに基準を満たす人数を推計し、これを合計した。

雇用保険給付を受けていない失業者の所得については、データがほとんど得られていないこともあり、ゼロと仮定した。

給付月額は基礎額が一一万円、求職活動費加算が二万円、平均住宅費を三万円と想定して[*6]計一六万円、年額一九二万円と仮定した。

推計結果は、給付対象七

表3　求職者保障制度による転職希望・追加就業希望の求職者への給付必要額

		50万円未満	50〜99万円	100〜149万円	150〜199万円	合計
転職/追加就業希望　求職者計	(万人)	42	58	58	43	201
うち192万円未満の求職者推計	(万人)	42	58	58	36	194
うち預貯金が100万円未満(×0.453)	(万人)	19	26	26	16	88
各所得階層の補塡差額総額(階層内均等分布を仮定)	(億円)	3,177	3,074	1,760	344	8,355
激甚被災3県を除く集計であることを補正した合計						8,706億円

注）1．各所得階層の転職希望／追加就業希望の求職者数は，「労働力調査年報」2011年，詳細集計（激甚被災３県を除く）Ⅱ－Ｂ－第５表（年平均）を用いた。
2．うち192万円以下の人数，および，192万円との差額の総額は，それぞれの所得階層の金額別均等分布を仮定して求めた。
3．預貯金100万円未満の割合は，年齢別で大きく異なるが，そもそも転職希望等求職者の所得分布は年齢別に集計されていない。そのためここでは所得第Ⅰ五分位についての世帯類型別の預貯金分布集計を用い，表２と同じ方法で四世帯類型について集計して，預貯金の100万未満割合を求めた（45.3%）。
4．３県を除く集計に対する補正は，2010年１～３月の転職希望/追加就業希望かつ求職者のデータを用いて行なった。2010年１～３月の転職希望/追加就業希望かつ求職者は全県合計で396万人，2010年１～３月で３県を除き380万人である。396／380＝1.042。8355×1.042＝8706。

出典）総務省「労働力調査年報」2011年，詳細集計（被災３県を除く）Ⅱ－Ｂ－第５表，「労働力調査（詳細集計）」2010年１～３月および2010年１～３月（激甚被災３県を除く集計），厚生労働省「国民生活基礎調査」2010年所得票第１巻148表より作成。

〇万人、必要額一兆三四九四億円である（表2）。

求職中の低所得就業者

求職者保障の大きな役割の一つは、求職中のワーキングプアの生活を保障しながら、生活可能かつ持続可能な職への就職を支えることである。ここでは、転職希望あるいは追加就業希望の求職者で、所得と預貯金が基準未満の者に一九二万円との差額分を給付する想定で、給付対象者数と必要額を推計した。

転職希望／追加就業希望の求職者の所得分布は「労働力調査（詳細集計）」二〇一一年度を用い、預貯金一

表4　失業時保障整備による被保障人口と必要額の総計

	被保障人員（年度平均，万人）		給付総額（必要額，億円）		
	2011年度実績	整備後の推計	2011年度実績	整備後の推計	新たに必要な額
雇用保険求職者給付基本手当基本分	62	113	9,014	16,154	7,140
雇用保険非受給失業者への求職者保障分	0	70	0	13,494	13,494
低所得の就業・求職者への求職者保障分	0	88	0	8,706	8,706
計	62	271	9,014	38,354	29,340

注）雇用保険給付額が基準未満のものへの求職者保障，および，求職者保障における各種加算（求職活動加算費は除く）は含まれていない。
出典）表1，2，3より作成。

〇〇万円未満割合については、「国民生活基礎調査」（二〇一〇年）を用いて推計した。推計結果は、給付対象八八万人、必要額八七〇六億円である（表3）。

表4は、本書が提言する失業時保障整備を行なったあとの、被保障人口と必要財政額についての推計総括表である。何らかの失業時保障・半失業時保障を受ける人口が二〇〇万人以上増えることになるため、労働市場の基礎的環境が大きく改善されることは疑いない。新たに必要な費用は、雇用保険給付上限日額を現在のまま計算して、約三兆円弱である。

なお、今回の作業では、雇用保険の三事業全体の分析・検討は行なっていないため、雇用保険改革が保険料にどのように跳ね返ることになるかを含め、財源確保の問題については検討できていない。財源確保の考え方の原則については、福祉国家と基本法研究会・井上英夫・後藤道夫・渡辺治編著『新たな福祉国家を展望する――社会保障基本法・社会保障憲章の提言』（旬報社）を参照していただきたい。

あらためて確認したいことだが、経済グローバリズムが猛威をふるう市場経済は人間の営為の産物であって、自然の産物ではない。その暴威を緩和し縮小することは、資本主義経済の数百年の歴史のなかで積み重ねられてきた経験と知識を用いれば、不可能ではない。そうした経験の非常に大きな一要素が、福祉国家型の社会保障と労働規制・労働市場規制、環境規制であろう。経済グローバリズムと市場の暴威への抵抗力は、ヨーロッパ福祉国家諸国において日本とは比較にならない水準で強力である。

3・11による大きな被害を含め、現代日本の社会危機に対処するにあたって大きな問題となるのは、国家に多くの施策を実施させて、経済グローバリズムと市場の暴威を緩和・縮小し、復興の責任を果たさせようとする展望と意思を、国民が喪失しつつあるかにみえることである。本書は福祉国家構想研究会による政策提言「シリーズ新福祉国家構想」の第三弾にあたる。こうした作業が、人間と社会がもつ本来の力への自覚と自信につながる広汎な議論の一助となることがあれば幸いである。

〔**付記**〕雇用保険改革にともなう財政試算は小川洋・河村直樹が行ない（表1）、受給実人員の試算、求職者保障にかかわる保障対象者数と必要額の試算は後藤道夫が行なった（表1、2、3、4）。

計算表　所定日数の見直しに係る受給実人員・財源試算

H23年度実績をベースに，年齢層および被保険者期間ごとに分けて試算　　同左

		単位：日		単位：日		単位：円	
特定受給資格者および特定理由離職者		現行	見直し	H23年度給付延日数	見直し後試算	H23年度支給総額	見直し後試算
30歳未満							
被保険者期間	1年未満	90	180	1, 496, 340	2, 992, 680	6, 399, 346, 810	12, 798, 693, 620
	1年以上5年未満	90	180	4, 341, 088	8, 682, 176	19, 599, 706, 990	39, 199, 413, 980
	5年以上10年未満	120	210	1, 596, 472	2, 793, 826	7, 586, 787, 265	13, 276, 877, 714
	10年以上20年未満	180	240	122, 401	163, 201	584, 674, 399	779, 565, 865
30歳以上45歳未満							
被保険者期間	1年未満	90	180	2, 362, 645	4, 725, 290	10, 404, 820, 311	20, 809, 640, 622
	1年以上5年未満	90	180	7, 784, 250	15, 568, 500	35, 884, 236, 162	71, 768, 472, 324
	5年以上10年未満	180	240	7, 420, 373	9, 893, 831	36, 864, 869, 048	49, 153, 158, 731
	10年以上20年未満	210	270	1, 509, 627	1, 940, 949	7, 630, 422, 627	9, 810, 543, 378
	10年以上20年未満	240	270	5, 403, 094	6, 078, 481	29, 040, 429, 445	32, 670, 483, 126
	20年以上	240	300	0	0	0	0
	20年以上	270	300	2, 028, 872	2, 254, 302	11, 354, 737, 618	12, 616, 375, 131
45歳以上60歳未満							
被保険者期間	1年未満	90	180	1, 437, 630	2, 875, 260	6, 351, 995, 635	12, 703, 991, 270
	1年以上5年未満	180	210	10, 000, 020	11, 666, 690	44, 324, 409, 880	51, 711, 811, 527
	5年以上10年未満	240	270	7, 692, 152	8, 653, 671	34, 458, 750, 411	38, 766, 094, 212
	10年以上20年未満	270	300	7, 420, 203	8, 244, 670	35, 172, 318, 957	39, 080, 354, 397
	20年以上	330	330	13, 848, 337	13, 848, 337	84, 671, 498, 390	84, 671, 498, 390
60歳以上65歳未満							
被保険者期間	1年未満	90	180	272, 509	545, 018	1, 071, 691, 717	2, 143, 383, 434
	1年以上5年未満	150	240	2, 382, 302	3, 811, 683	9, 530, 506, 371	15, 248, 810, 194
	5年以上10年未満	180	300	2, 419, 074	4, 031, 790	9, 601, 174, 282	16, 001, 957, 137
	10年以上20年未満	210	330	3, 389, 434	5, 326, 253	13, 560, 497, 456	21, 309, 353, 145
	20年以上	240	360	6, 127, 445	9, 191, 168	29, 387, 435, 760	44, 081, 153, 640

		単位：日		単位：日		単位：円	
特定受給資格者以外の者		現行	見直し	H23年度給付延日数	見直し後試算	H23年度支給総額	見直し後試算
30歳未満							
被保険者期間	1年未満	90	180	43, 006	86, 012	175, 037, 025	350, 074, 050
	1年以上5年未満	90	180	14, 944, 483	29, 888, 966	68, 363, 508, 756	136, 727, 017, 512
	5年以上10年未満	90	210	5, 176, 031	12, 077, 406	25, 131, 249, 764	58, 639, 582, 783
	10年以上20年未満	120	240	252, 267	504, 534	1, 215, 417, 798	2, 430, 835, 596
30歳以上45歳未満							
被保険者期間	1年未満	90	180	49, 381	98, 762	192, 531, 821	385, 063, 642
	1年以上5年未満	90	180	13, 734, 614	27, 469, 228	59, 136, 474, 908	118, 272, 949, 816
	5年以上10年未満	90	240	7, 122, 299	18, 992, 797	35, 114, 566, 188	93, 638, 843, 168
	10年以上20年未満	120	270	6, 668, 172	15, 003, 387	35, 314, 079, 265	79, 456, 678, 346
	20年以上	150	300	1, 125, 106	2, 250, 212	6, 409, 322, 228	12, 818, 644, 456
45歳以上60歳未満							
被保険者期間	1年未満	90	180	15, 600	31, 200	61, 015, 470	122, 030, 940
	1年以上5年未満	90	210	7, 538, 772	17, 590, 468	30, 000, 156, 249	70, 000, 364, 581
	5年以上10年未満	90	270	3, 723, 658	11, 170, 974	15, 416, 346, 607	46, 249, 039, 821
	10年以上20年未満	120	300	3, 608, 701	9, 021, 753	16, 500, 027, 059	41, 250, 067, 648
	20年以上	150	330	5, 865, 304	12, 903, 669	36, 492, 402, 368	80, 283, 285, 210
60歳以上65歳未満							
被保険者期間	1年未満	90	180	3, 605	7, 210	13, 821, 586	27, 643, 172
	1年以上5年未満	90	240	2, 184, 089	5, 824, 237	8, 256, 785, 237	22, 018, 093, 965
	5年以上10年未満	90	300	1, 895, 335	6, 317, 783	7, 325, 692, 797	24, 418, 975, 990
	10年以上20年未満	120	330	3, 437, 301	9, 452, 578	13, 817, 777, 218	37, 998, 887, 350
	20年以上	150	360	12, 118, 644	29, 084, 746	65, 306, 323, 528	156, 735, 176, 467

		単位：日		単位：日		単位：円	
就職困難者		現行	見直し	H23年度給付延日数	見直し後試算	H23年度支給総額	見直し後試算
30歳未満							
被保険者期間	1年未満	150	180	45, 411	54, 493	161, 314, 097	193, 576, 916
	1年以上	300	300	1, 020, 168	1, 020, 168	3, 890, 093, 465	3, 890, 093, 465
30歳以上45歳未満							
被保険者期間	1年未満	150	180	110, 180	132, 216	440, 836, 219	529, 003, 463
	1年以上	300	330	2, 588, 765	2, 847, 642	11, 071, 778, 290	12, 178, 956, 119
45歳以上65歳未満							
被保険者期間	1年未満	150	180	94, 009	112, 811	383, 835, 660	460, 602, 792
	1年以上	360	360	6, 033, 589	6, 033, 589	27, 683, 154, 711	27, 683, 154, 711

注）旧法分を除いて計算。

合計

単位：日		単位：円	
①H23年度給付延日数	見直し後試算	H23年度支給総額	見直し後試算
188, 452, 758	341, 264, 616	901, 353, 857, 848	1, 615, 360, 273, 813
		増加額	714, 006, 415, 965

単位：人	
②H23年度受給実人員	見直し後受給実人員試算
624, 702	1, 131, 258
増加人員	506, 556

注）①/②＝301. 67。

◉注

＊1　社会保険と私保険の原理的差異、公的財政が社会保険において占めるべき本質的な位置、および、介護保険や後期高齢者医療制度における財政負担方式と協会けんぽや組合健保におけるそれとの質的な違いについては、二宮厚美・福祉国家構想研究会編『誰でも安心できる医療保障へ――皆保険50年目の岐路』（大月書店、二〇一一年）序章、3章を参照されたい。

＊2　『日本経済新聞』二〇一三年一月二八日。

＊3　食料、光熱水費、被服費などの物価は、むしろ上がっているのが実際であり、消費者物価指数を押し下げているのは、相対的に高価格の商品群であるため、この理屈は異様にうつる。また、従来からの基準決定方式の考え方のなかに、デフレ分のカットというものは存在しない。そもそも、これからインフレを起こすといっている政府が、まず、社会保障給付の「デフレ分」をカットするのは、すじが通らない。これらの論点は、二〇一三年二月に発表された、二二二団体の署名による「『STOP!生活保護基準引き下げ』アクション／生活保護費を大幅削減する平成二五年度予算案の撤回を求める緊急声明」を参照されたい。

＊4　同報告書、三七頁。

＊5　二〇一一年度平均の失業者数は、大震災・原発事故による未調査がある二〇一一年四～六月、七～九月については、「労働力調査（基本推計）」の補完推計（新基準）を用い、一一年一〇～一二月、一二年一～三月については「労働力調査（基本推計）」を用い、平均した。

＊6　持ち家か否か、また、地域や世帯人数によっても家賃額は多様であるため、ここでは、住宅扶助費総額を利用世帯数で除した平均月額二万八八七三円（厚生労働省「被保護者全国一斉調査」二〇一〇年）を参考とした。

（後藤　道夫）

執筆者
伍賀　一道（ごか　かずみち）　1947年生まれ　元金沢大学教授
小川　洋（おがわ　ひろし）　1968年生まれ　全労働省労働組合中央執行委員
河村　直樹（かわむら　なおき）1959年生まれ　全労働省労働組合中央副執行委員長

編者
後藤道夫（ごとう　みちお）1947年生まれ
都留文科大学名誉教授
主な著書：『戦後思想ヘゲモニーの終焉と新福祉国家構想』（旬報社, 2006年），『ワーキングプア原論――大転換と若者』（花伝社, 2011年）ほか。

布川日佐史（ふかわ　ひさし）1954年生まれ
法政大学教授
主な著書：『雇用政策と公的扶助の交錯――日独比較：公的扶助における稼働能力の活用を中心に』（御茶の水書房, 2002年），『生活保護の論点――最低基準・稼働能力・自立支援プログラム』（山吹書店, 2009年）ほか。

福祉国家構想研究会
新たな福祉国家の構築をめざして，現代日本の状況を批判的に分析し，対抗構想を提起する，医療・教育・雇用・税制・財政・政治などの諸領域における研究者と実践家，約80名からなる研究会。代表：岡田知弘（京都大学教授）・後藤道夫（都留文科大学名誉教授）・二宮厚美（神戸大学名誉教授）・渡辺治（一橋大学名誉教授）。

装幀　臼井弘志

新福祉国家構想③
失業・半失業者が暮らせる制度の構築――雇用崩壊からの脱却

2013年4月19日　第1刷発行

定価はカバーに
表示してあります

編　者　後藤道夫
　　　　布川日佐史
　　　　福祉国家構想研究会
発行者　中川　進

〒113-0033　東京都文京区本郷2-11-9

発行所　株式会社　大月書店

印刷　三晃印刷
製本　中永製本

電話（代表）03-3813-4651　FAX 03-3813-4656　振替 00130-7-16387
http://www.otsukishoten.co.jp/

ISBN978-4-272-36073-4　C0336　Printed in Japan

小川政亮著作集1
人権としての社会保障
小川政亮著作集編集委員会編
A5判四〇八頁
本体四五〇〇円

小川政亮著作集2
社会保障法の史的展開
小川政亮著作集編集委員会編
A5判四〇〇頁
本体四五〇〇円

小川政亮著作集3
社会保障の権利と組織・財政
小川政亮著作集編集委員会編
A5判三三六頁
本体四五〇〇円

小川政亮著作集4
家族・子どもと社会保障
小川政亮著作集編集委員会編
A5判三六八頁
本体四五〇〇円

大月書店刊
価格税別